중용의 길

중용의 길

류성룡 리더십

송 복

(연세대학교 명예교수)

기파랑

이 책의 본문 각 장은 저자의 다음 저술들을 단행본에 걸맞도록 체재를 다듬고 내용을 일부 수정, 보완한 것입니다.

(제1장)「류성룡의 중용리더십」,『서애연구』제2호(2020), 6~35쪽
(제2장) 송복·서재진,『서애 류성룡의 리더십』(법문사, 2019), 제1장 '류성룡의 시관(時觀): 미래지향성 리더십'(3~54쪽)
(제3장)「닫힌 제국의 닫힘과 류성룡의 열림 정책」,『서애연구』제6호(2022), 5~53쪽
(제4장)「서애정신이란 무엇인가」,『서애연구』제1호(2020), 5~39쪽
(제5장)「서애 류성룡의 징비철학과 징비현실 그리고 본질」, 서애학회 학술대회(2024년 9월 27일) 기조강연, 同 자료집 5~22쪽
(제6장)「위대한 만남 그리고 대한민국」,『서애연구』제8호(2023), 64~88쪽
(제7장)「자유와 귀의: 류성룡 시심에서 읽다(1)」,『서애연구』제3호(2021), 374~394쪽
(제8장)「자유와 귀의: 류성룡 시심에서 읽다(2)」,『서애연구』제4호(2021), 5~32쪽
(제9장)「자유와 귀의: 류성룡의 시심에서 읽다(3)」,『서애연구』제5호, 278~302쪽

서 문

중용 변증법

— '다름'의 인식

1. 우리는 너무 '치우쳐' 있다

우리를 설명하는 단 한마디 키워드(keyword)는 '지나치다'는 것이다. 본론에 준해서 말한다면 '중용(中庸)'을 완전히 잃고 있다는 것, 중용에서 '지나치게' 벗어나 있다는 것이다. 중용이 무엇인가는 굳이 설명하지 않아도 세상을 얼마큼 살아 본 사람이면 누구나 감각적으로 안다. '이건 중용이 아닌데', '이건 중용에서 상당히 벗어난 것인데', 혹은 '이 정도면 중용에 아주 가까운데'를, 알게 모르게 은연중 느끼고 생각한다. 물론 이는 인생을 최소한 중년이 넘도록 살아 본 사람들의 생각이며 이해다. 젊거나 청춘이라 해서 모르고 못 느끼는 것은 아니지만, 그래도 '중용'이라는 말의 무게가 갖는 것만큼 삶의 시간, 삶의 깊이, 삶의 성숙이 필요하다.

그 같은 우리 모두의 느낌, 감각, 생각에서 보면 지금 우리는 '지나치게' 중용에서 벗어나 한쪽으로 치우쳐 있다. 늘상 쓰는 말 그대로 '지나치게' 편중(偏重)되어 있고 편파적(偏頗的)이 되어 있다. '편중'은 어느 한쪽만을 소중하게 생각한다는 것이고, '편파'는 어느 한쪽만에 치우쳐서 공평(公平)을 잃는다는 의미다. 문제는 그 편중·편파, 어느 한쪽만을 고집하고 지지하고 그 어느 한쪽만에 집착해서 다른 한쪽을 배척하고 증오하는 정도가 지금 우리는 너무 '지나쳐서' 거의 광적(狂的)이 되어 있다는 것이다. 지금 우리 내부는 '전부 아니면 무(all or nothing)'라는 위험하기 그지없는 극한 대결의 상태가 되어 있다.

다른 어느 분야보다 지금 우리 정치가 그러하다. 문제는 그 같은 대결이 어제 오늘의 일이 아니라 역사적으로 늘 그러해 왔다는 것이다. 조선조 500년만큼 '정치'가 없고 정치를 할 줄 모르던 시대나 사회는 다른 어느 사회, 어느 세계사에서도 찾기 어렵다. 정치는 어느 시대고 정치인들끼리 그리고 그 정치인들이 속한 당파나 정당끼리 서로 '경쟁'하는 것이다. 그 경쟁은 더 이를 것도 없이 누가, 어느 당파가 '권력'이라는 수단을 획득하느냐의 경쟁이다. 그 경쟁은 누가, 어느 편이 더 시의(時宜)에 맞는 정책을 펴느냐, 어느 편이 낡은 구조 개혁과 미래 비전 제시 능력 그리고 실현 능력을 보이느냐의 경쟁이다. 그 '경쟁'에서 이긴 자가 실현 수단인 '권력'이란 것을 잡는 것이다.

그러나 조선조의 정치 전통은 경쟁(競爭, competition)은 없고 오직 대결(對決, confrontation)만 있었다. 대결은 더 낫고 못한 것의 겨룸이 아니라 아예 '죽느냐 사느냐'의 싸움이다. 그 싸움은 끝장을 보는 사생결단(死生決斷)이다. 경쟁은 져도 반드시 기회가 온다. 그러나 대결은 지면 오직 죽음이 있을 뿐이다. 연좌제로 가족까지 연루된다. 설혹 죽지 않는다 해도 단지 죽음을 모면할 뿐, 다시 일어날 수 있는 기회는 거의 오지 않는다. 조선은 임진왜란이 끝나고 1610년대 이후의 광해군과 인조반정, 그 후 300년 이상을 그래 왔다. 그 대결의 끝은 인재 고갈

이고, 폭정(暴政)의 연속이고, 마침내 끝없는 가난의 지속이며 정체(停滯)
였다. 역사가 한 걸음도 앞으로 나아가지 못했다. 그리고 망했다.

지금의 우리 정치도 크게 다를 바가 없다. 정치 마당이 '경쟁'의 마
당이 아니라 '대결'의 마당이 되어 있다. 상대에 대한 배려며 존중·관
용이 없고, 적의(敵意)며 악의, 심지어는 같은 하늘 아래 다시 안 보고
다시 안 만날 것같이 싸움을 한다. 배움도 없고 지식도 없고, 인품이며
인격, 그 지위에 합당한 위신(威信)은 더더욱 찾기 어렵다. 가진 것이라
곤 간지(奸知)고, 그래서 더욱 무지(無知)며 막지(莫知)로 싸울 수밖에 없
고, 마침내는 이 지구 위 어느 나라 어느 민주 국가의 정치인이 저토록
두려움 없이 싸울까 할 정도로 대결을 한다. 거기에 조선조에는 없던
팬덤까지 가세해서 완전히 '소용돌이'치는 정치가 되어 있다.

왜 그토록 지나칠까? 왜 그토록 자기 편 쪽으로만 기울어지고 치우
쳐 있을까? 세계 10대 경제 대국에 5~6대 군사 강국까지, 거기에 '중
진국 함정'에서 벗어나 선진국으로 진입한 유일한 나라, 그래서 모든
중진국들의 교본(敎本)이 되어 있는 나라, 그 나라의 정치판이 어째서
생(生)과 사(死)를 거는 '대결'의 장이 되어 있을까? 더 나은 미래를 기약
하고, 더 새롭고 지속적인 발전을 가능케 하는 원동력, 서로의 에너지
를 충전·재충전시켜 전혀 다른 차원의 새 방법을 찾고 새 길을 열어 가
는 그 '경쟁'을 어째서 우리 정치는 하지 못할까? 이유는 명백히 단 하
나, 지난날 우리 '역사의 그 트라우마(the trauma in history)' 때문이다.

2. 중용인 때도 있었다

우리 역사에서도 '경쟁'이란 것이 한때나마 있었다. 그것이 언제였

던가는 잠시 접어 두고 정치 원론으로 새삼 돌아가 보면, 정치는 전통 사회든 현대 사회든 반드시 '여(與)'가 있고 '야(野)'가 있다. 여는 국가 정책을 주도해 가는 사람들이고 야는 그 반대편에 선 사람들이다. 국가가 만들어져 백성이든 국민이든 '통합'을 해 가는 과정에선 반드시 이 두 편이 생기고, 이 두 편이 생겨서 국가는 '진화'해 간다. 오늘날까지 국가는 모두 그래 왔다. 그렇다면 여와 야는 국가가 존재하는 한 생래적(生來的)이고, 또한 그렇다면 이 여와 야의 다툼도 생래적인 것이다. 그 생래적인 다툼이 정치이고 정치의 본질이다. 이 정치의 본질인 '다툼'이 정상일 경우 '경쟁'이고 비정상일 경우 '대결'이 된다.

우리 정치에서도 이 정치가 대결이 아닌 경쟁인 시대가 있었다. 그 '경쟁의 시대'도 간헐적으로 '대결'로 돌변하곤 했지만, 그래도 상당 기간 큰 다툼 없이 온전하게 경쟁이 유지되었다. 그 시대가 바로 '류성룡 시대'였다. 1589년 기축옥사(정여립의 난)에서 송강(松江) 정철(鄭澈, 1536~1593)이 보인 동인(東人) 숙청의 참혹한 '대결'도 있었지만 그것은 일시에 불과했고, 전반적으로는 서애(西厓) 류성룡(柳成龍, 1542~1607)이 조정에 들어서는 선조 초기(1567년)에서 류성룡이 물러나는 1598년까지 30여 년은 동인과 서인(西人)이 여와 야를 서로 번갈아 하는, 조선조 역사에서 드물게 보는 경쟁의 시대였다.

무엇보다 임진왜란이란 엄청난 전쟁을 치르면서도, 다른 역사에서 으레 있었고 흔히 볼 수 있었던 내부의 예의 그 적전(敵前) 싸움이란 것이 류성룡 주도의 이 시기에는 없었다. 언제나 전쟁이 야기(惹起)하는 승패 득실의 반복 속에선 여야의 의견 충돌이 있고 그 충돌이 급기야 극렬 '대결'로 이어지는 전례가 수도 없이 많았지만, 적어도 임진왜란 중에는 그런 상황이 한 번도 일어나지 않았다. 이는 임진왜란 중 여야의 소통이 그만큼 원활히 이루어졌다는 증좌이고, 또한 전쟁을 치르는 주도자의 전략이며 여러 정책적 대안들이 이견 충돌 없이 여야 공(共)히 함께할 만큼 실제적이었으며 현실 상황에 맞았다는 증거이기도 하다.

조선조 역사에선 드물게도 그렇게 '대결'이 아닌 '경쟁'이 이루어질 수 있었던 것은 말할 것도 없이 여 편에는 류성룡이라는 주도자와 그리고 늘 그와 함께했던 오리(梧里) 이원익(李元翼, 1547~1634), 파곡(坡谷) 이성중(李誠中, 1539~1593)이 있었고, 그 여의 저편에는 오음(梧陰) 윤두수(尹斗壽, 1533~1601)·월정(月汀) 윤근수(尹根壽, 1537~1616) 형제와 백사(白沙) 이항복(李恒福, 1556~1618), 한음(漢陰) 이덕형(李德馨, 1561~1613) 등의 인물들이 있어서였다. 거기에 이런 인물들을 대결 아닌 경쟁으로 이끌면서 다 함께 힘을 쏟게 할 수 있었던 이면이며 바탕에는 전쟁을 주도·주관하던 류성룡이라는 인물의 중용의 덕이 있어서라 할 수 있다. 정책적 협의에서 극단을 취하지 않음은 물론, 조신(朝臣)들 간 사적인 인간 교류에서도 편파·편중이 없었다. 내 편 네 편 가리지 않고 좋은 의견이면 취하고 좋은 인재면 잡았다. 사심이 없었다. 당파가 있으면 파벌 간 의견 충돌이 있고 쟁투도 일기 마련이지만, 그러나 서로간 신뢰가 있었다.

어떻게 그것이 가능했을까? 류성룡에게는 일찍부터 그런 기미(幾微)가 있었다. 1565년 명종(明宗) 말, 명종의 어머니 문정왕후(文定王后, 1501~1565)가 죽자 문정왕후를 끼고 정치를 좌지우지하던 승려 보우(普雨, 1515~1565)와 그 일파를 죽이고 몰아내라는 소리가 사방에 진동했다. 성균관에서도 학생들이 '동맹휴학'을 내걸며 시위가 대단했다. 그러나 학생들 중에는 동맹휴학까지는 안 된다는 자제파도 있었다. 내분은 으레 격화되게 마련이어서 동맹휴학파들은 휴학에 불참하는 학생들을 '당적아세(黨賊阿世)'로 매도했다. 적에 편들고 권력에 아부하는 놈들이라는 것이다. 같이 공부하는 유생들끼리 매도하는 구호가 그같이 극렬했다.

이에 류성룡이 붓으로 '당적아세'를 지우고 '점신오명(玷身汚名)'으로 갈아 썼다. 자기 몸에 흠집을 내고 이름을 더럽히는 자들이라는 의미다. 많은 동맹휴학생들이 반대하고 나섰지만, 결국은 설득되어 '당적아세'란 과격한 구호를 내리고 '점신오명'이란 온건한 소리로 구호를 바꿔 썼다. 당시 류성룡의 나이 23세, 성균관에 들어간 지도 얼마 안 되어서다. 예나 이제나 극렬파를 설득하기란 꼭 같이 어려운 일이다. 어떻게 과격파들의 '당적아세'란 기치가 내려지고 '점신오명'이란 기치가 올라갈 수 있었을까? 두 구호 간 어떤 차이가 있어서일까?

'당적아세'는 1980년대 386 운동권 학생들이 내건 구호나 다름없이 맹렬한 적개심과 증오, 분노 그리고 극한 대결로 이어지는 언어다. 그것은 아직도 공부하는 학생들이며 수기(修己) 중인 유생(儒生)들이 쓰기엔 너무 지나친 구호다. 대조적으로 '점신오명'은 훨씬 순화된 언어다. 선비로서 몸가짐이며 행동·행신(行身)을 닦는 자의 언어이며, 공맹(孔孟)의 도에서 벗어나 스스로를 욕되게 하고 급기야는 후대에까지 이름을 더럽히는 자가 되지 않으려는, 그야말로 유생들의 몸가짐 언어다. 더욱이 성균관 유생은 정치인이 아니며 때 묻은 사회인도 아니다. 그들에게는 그들에 합당한 예이며 지식, 미래 동량(棟梁)으로서의 품격이 있어야 하고, 따라서 거기에 맞는 언어를 구사할 수 있어야 한다.

두 구호 간의 이 같은 차이를 겨우 20대 초반의 류성룡이, 지금으로 치면 대학 3~4학년생에 불과한, 아직도 지적 성숙을 기대하기 어려울 때의 학생이 어떻게 그같이 인지하며 그같이 추심(推尋)할 수 있었을까? 오늘날 흔히 쓰는 언어로 두 구호를 구분하면, '당적아세'는 타자 지향적이고 대자적(對自的)이다. 모든 잘못, 모든 책임을 타자에게 묻고, 묻는 것만큼 타자에 대해 공격적이다. 타자에 대한 분노며 증오도 거기서 절로 분출되어 나온다. 반대로 '점신오명'은 자아 지향적이고 즉자적(卽自的)이다. 모든 책임, 모든 지탄은 나에게 앞서 묻고, 타자에 앞서 내 내면을 먼저 돌아보며 성찰한다. 분노며 증오도 내 안에서 먼저 끓고 식으면서 소화된다. 몸과 마음을 바로 세우는 수기(修己)가 바로 그것이고, 마음과 행실을 바르게 닦는 수신(修身)이 바로 그것이다.

'당적아세'와 '점신오명'—중용(中庸)은 멀리 있지 않다. 이 간단한, 그러면서 긴 간극을 보이는 이 몇 글자의 구호에서 판명되고 판가름 된다. 류성룡의 중용의 도(道)는 분명코 이런 차이를 천부적(天賦的)으로 감지한 데서 나온 것이 아닐까. 그것은 배워서 되는 것도 아니고 스스로 글을 많이 읽어서 되는 것도 아니다. 천도무타(天道無他)—천도는 글 속에도 있지 않고 남의 가르침 속에도 있지 않다. 오직 스스로 깨침 속에서만 있다. 그렇다면 천부적이다. 류성룡의 그 천부적으로 터득된 중용—그 중용이 있어서 적어도 그의 시대만은 '대결의 정치'가 아닌 '경쟁의 정치'가 될 수 있었던 것이 아닐까.

3. 중용은 변증법이다

중용(中庸)의 '중(中)'은 글자 그대로 가운데이고, '용(庸)'은 역시 글자 그대로 항시 늘 한결같음이다. 그래서 중용의 의미는 다른 설명이 필요 없이 '항시 가운데'며 '한결같이 가운데'다. 그런데 묘한 것은, 그것도 그냥 묘한 것이 아니라 절묘(絶妙)하기도 하고 신묘(神妙)하기도 한 것은, 그 '가운데'가 고정된 가운데가 아니고 '움직이는 가운데'라는 것이다. 우리의 고정 관념은 '가운데'는, 그것도 '한가운데'는 한중심이고, 그 한중심은 고정되어 움직여서는 안 된다고 생각하는 것이다. 중심이 움직이면 중심은 필연코 흔들리고, 중심이 흔들리면 전체도 흔들려서 전쟁에서는 물론 일상 생활세계에서도 필패든 붕괴든 끝장을 보게 된다는 것이다.

하지만 중용의 '가운데'는 움직이는 한가운데, 왔다 갔다 이동하는 한가운데다. 그 한가운데도 이쪽 오른쪽 극단으로 갔다가 다시 저쪽 왼쪽 극단으로 가기도 하는, 좌우로 아주 폭넓게 움직이는 한가운데다. 오른쪽 극단으로 가는 것은 오른쪽 극단에 선 사람들의 소리, 주의와 주장을 듣는 것이고, 왼쪽 극단으로 가는 것 또한 그 극단에 선 사람들의 주의·주장·요구며 소망을 듣는 것이다. 단순히 듣기만 하는 것이 아니고 옳고 그름의 차이·차별·차등을 깊이 사려(思慮)하는 것이다. 분석하고 해석하고 그리고 그 실현 가능과 불가능, 그 현실적 유용과 무용을 세세히 따져 헤아리는 것이다.

그 한쪽이 정(正)이라면 다른 한 쪽은 반(反)이다. 서로 극단에 선 만큼 어느 쪽이든 정이 되고 반이 된다. 순서상으로는 먼저 주장이 정이고 뒤의 주장이 반이다. 이유는 먼저 주장을 뒤의 주장이 반대하고 부정하고 공격하고 나옴으로써이다. 중용은 정·반 양쪽에 똑같이 무게를 둔다. 그리고 저울처럼 그 무게를 단다. 편견·편파·편중이 있으면 중용은 깨진다. 가장 객관적으로, 최상의 허심(虛心)으로, 정과 반의 주의·주장, 그 바름과 틀림, 그 이(利)와 손(損), 그 허(虛)와 실(實), 그 가능과 불가능을 총체적으로 파지(把持)하고 분석해서 종합(綜合)한다. 이 종합의 결과이며 산물이 진테제(synthesis)다. 이 진테제는 정과 반에서 나오지만 정·반과는 전혀 다른 새로운 가치이며 이론, 그리고 미래 전망이며 미래 가치다.

중용은 이 진테제의 창출 과정이며 창출의 결과다. 중용이 중용인 것은 이같이 끝에까지 가서 어느 것 하나 놓침이 없이 실제를 확인하고 파악하는 '움직이는 중용'이고, 또한 양극단의 끝에까지 가서 확인하고 파지한 실제들을 편향 없이 취사하고 선택하는 '종합하는 중용'이라는 것이다. 그리고 마침내는 이 모든 움직이는 실상, 살아 숨 쉬고 있는 실제들을 종합해서 내놓은 '미래 전망 창출의 중용'이라는 것이다. '움직이는 중용'임으로 해서 '있는 그대로의 현실이며 실상'을 보는 것이고, '종합하는 중용'임으로 해서 현실 정시(正視)의 체계화한 지식을 창출하는 것이며, '미래 전망 창출의 중용'임으로 해서 더 나은 미래 가치, 진화하고 발전해 가는 현실을 만들어 낼 수 있는 것이다.

그러나 이 중용은 사서(四書) 『중용』에 나오는 중용과는 전혀 다른 중용이다. '사서 중용'은 변증법적 중용, '움직이는 중용'이 아니고 '항시 가운데'를 의미하는 고정 관념의 그 '고정된 중용'이다. '사서 중용'은 희로애락애오욕(喜怒哀樂愛惡欲)이 마음에서, 감정에서 솟아나기 전의 중(中)과, 그 칠정(七情)이 마음속 감정 밖으로 뚫고 나왔을 때의 자제하고 조절하는 화(和)로 구성된다. 중용은 이 '중화'가 핵심이며 근거다. 그러나 이 중화에 대한 더 진전된 설명이며 이론은 '사서 중용'에는 없다. 구태여 중용에 결부시켜 더 나아가 본다면 그것은 성(誠)이다. '사서 중용'에서는 '불성무물(不誠無物)', 성이 없으면 물(物)도 없다고 할 만큼 성(誠)을 중요시한다. 성하지 않으면 중용도 안 된다는 시사다.

조선시대 우리도 중화(中和)를 최고로 내세웠다. 중용이라는 말을 흔히 쓰기는 했지만 상소문을 보면 중화만큼 그렇게 자주 쓰지는 않는다. 중종(中宗) 36년(1540) 4월 이황(李滉, 1501~1570)이 이언적(李彦迪, 1491~1553), 이준경(李浚慶, 1499~1572) 등 당시 홍문관 교리·부제학·직제학 하던 관리들과 의기투합해서 중종에게 올린 유명한 상소문이 지금도 인구(人口)에 자주 오르내리는 '일강구목(一綱九目)'이다. 일강은 원칙이고 구목은 실천 방안을 이른다. 그 '일강'이 치중화(致中和)다. 치중화는 감정의 치우침이 없는 올바른 상태, 혹은 중용을 잃지 않는 평온한 상태를 이루고 지속하는 것을 말한다. 이 치중화는 조선시대 내내 으레 상소문에 오르내리는 것이어서 다산(茶山) 정약용(丁若鏞, 1762~1836)은 이를 예담투어(例談套語)라 표현했다. 하나마나한 소리며, 너무 써서 버릇이 되어 버린 말투라는 것이다.

조선시대 치중화는 어느 한 당파만 쓰지 말고 다른 파도 고루고루 기용하라는 것이었지만, 이미 말한 대로 17세기를 넘어오면 빈말, 빈 외침, 빈 절규가 되고 만다. 중화도 중용도 기할 수 없는 것이 조선정치사다. 당시 홍문관 관리들의 상소문에서 '구목' 중 최상위에 올라 있는 실천 방안에 '궁금불가불엄(宮禁不可不嚴)', '간쟁불가불납(諫諍不可不納)'이라는 것이 있다. 앞의 '궁금~' 부문은 궁중의 왕비와 후궁들을, 임금님이시여 철저히 단속해서 조정의 지탄이며 백성의 원성을 듣지 않도록 하소서 하는 것이고, 뒤의 '간쟁~' 부문은 임금님과 대신들의 잘못을 상소하는 글을 반드시 받으소서, 언로(言路)를 막지 마소서 하는 글이다. 예나 이제나 다름이 없다.

우리는 왜 중용이 안 될까? 근대 사회 이전은 물론이고, 세계 최고의 교육 수준을 자랑하는 지금도 어째서 그다지 달라짐이 없을까? 이유는 단 하나—물론 여럿 있지만—그중 첫째의 것은 '다름'에 대한 우리의 인식이며 태도다. 우리는 여전히 '나와 다름'을 수용하지 못한다. 옛날에도 그러했고 지금도 나와 다른 것은 틀린 것, 잘못된 것, 배척해야 할 것, 급기야 나와 같은 것으로 고쳐야 할 것으로 생각한다. '다름'이 매력이고 '다름'이 내 눈을 뜨게 하고, 그리고 나를 깨치는 나의 스승임을 왜 깨닫지 못했고 지금도 깨닫지 못할까? 세계 200여 타국으로 나가 무역해 먹고살면서도 문 닫고 살던 농업 사회, 전통 사회나 다름없이 사고한다. 아직도 나와 같은 사람이 살던 그 고향을 그리워하고, 그 고향과 별다를 것도 없는 멀지도 않은 그 이웃을 타향, 타지방이라 해서 마음을 붙이지 못한다.

왜 그럴까? 요즘 자주 쓰는 소시오패스(sociopath), 사회병리일까? 현대 사회에선 '다름'을 수용하지 못하면 그건 분명 병리(病理)다. 전통 사회에선 병리일 리 없지만 현대 사회에선 그것은 분명 병리일 수밖에 없다. 그만큼 '다름'이 '같음'을 추월하고 그것도 훨씬 능가하고 있기 때문이다. 달라지지 않으면 살아남을 수 없다는 말도 있지만, 이때의 달라짐은 내가 변신(變身)한다는 것이고, 앞서의 남의 '다름' 혹은 '나와 다름'은 남의 다름을 내가 인식하고 받아들인다는 것이며, 받아들여야 한다는 것이다. 중요한 것, 요지는 다름을 인지하고 수용하는 것이다.

중용은 다름을 인식하는 데서 출발한다. 다름을 인식하는 데서 중용의 변증법은 시작된다. 아니, 모든 변증법은 다름의 인식이 원류다. 그 '다름'을 인식하지 못하면 오로지 '같은 나'만 있고, '다른 남'이 없다.

다른 남이 없으면 변증법은 이루어지지 않는다. 같은 나인 정(正)만 있고 다른 남인 반(反)이 없기 때문이다. 물론 중용도 되지 않는다. 동양에서 중용이 말만 있고 이론화하지 못한 것은, 아니, 이론화는 고사하고 실제(實際)조차 찾기 어려웠던 것은 이 같은 나인 정(正)만 있고, 다른 남인 반(反)이 없었기 때문이다.

왜 다름이 그토록 중요할까? 왜 다름이 반(反)이고 변증법의 한 축이며 중용의 다른 한 기둥일까? 나와 다름은 크게는 나와 다른 발전의 한 방식, 한 축(軸)이고, 그리고 전혀 다른 한 양태의 긴 역사다. 다른 역사는 다른 발전의 축적이고, 다른 진화의 긴 장거리 경주다. 작게는 나와 다른 사고방식이고, 전혀 다른 행동 양태(behavior pattern)이다. 그 사고방식, 그 행동 양태는 내가 존중하는 것만큼 나를 바꾼다. 그로 해서 나는 더 발전하고 달라진다. 크게는 한 문명, 한 나라가, 작게는 내가 속한 한 집단이며 나 자신이, 이 남의 '다름'으로 해서 탈바꿈하고 진화하고 발전한다.

누구보다 헤겔(G. W. Friedrich Hegel, 1770~1831)이 이 다름을 이론화해서 정-반-합(正反合)의 변증법을 만들어 냈다. 우리는 중용을 내세우면서도 어떻게 중용을 할지, 더구나 어떻게 이론화할지 상상도 못 했다. 다름을 알고 반대를 알고, 그리고 그 다름, 그 반대가 얼마나 기막힌 역사를 만들어 내는지를 일찍 깨달은 서구가 근대 이후의 역사를 '서구의 역사'로 만들고, 근대 이후의 세계를 '서구의 세계'로 만든 것은 기(氣)가 막힐 일이지만, 너무나 당연했다.

제 1 장

중용, 무엇인가

— 류성룡의 심덕 중용

I. 리더십 연구: 어제와 오늘

류성룡(柳成龍) 리더십은 여러 면(面)을 갖는다. 사물이나 현상이 한 가지 면만 아닌 다양한 여러 측면(側面)을 지니듯이, 역사적 인물 또한 상황에 따라 역할에 따라 발휘되는 리더십의 양상도 한 가지일 수가 없다. 시간의 급박성과 변화의 속도, 그것이 가져오는 긴장도에 따라 리더의 의사 결정이 다르고 처리 방식이 다르고, 상하 관계며 행동 양태가 달라진다. 이른바 리더십의 다양성이며 다(多)측면성이다. 다역할성이며 다기능성이며, 그에 따르는 다모험성이며 위험성이며, 필연적으로 수반되는 성공과 실패에 대한 책임성이다. 결과에 이르는 과정의 합리성이며 합법성, 도덕성 또한 리더의 몫이다. 국가든 기업이든 자기 조직 안에서 벌어지는 근간(根幹), 뿌리며 줄기에 해당하는 중대사는 모두 리더의 것이고, 리더십의 대상이다.

리더십은 리더라는 지위에 앉은 사람의 권능(權能)이다. 권능은 권력과 능력을 함께하는 말이다. 권력은 리더라는 자리에 앉으면 생래적으로 주어진다. 리더는 이 권력을 가지고 자기 역할 수행은 물론, 구조를 바꾸고 새로운 기능을 창출하며 소기의 목적을 달성해 간다. 이 목적을 달성해 가는 힘, 그것이 리더의 능력이다. 이러한 리더의 권력과 능력, 이른바 리더의 권능을 영어로는 authority며 power라 한다. 우리말로 통상 번역해 쓰는 authority는 권위(權威)이고, power는 권력(權力)이다. 둘의 공통점은 아랫사람들의 리더에 대한 복종이며 충성심이다. 차이는, 권위가 존경심에 의한 자발적 복종이며 충성심이라면, 권력은 힘과 두려움에 의한 강제적 복종이며 충성심이다. 적어도 리더는 자발과 강제, 이 둘을 함께 가짐으로써 목적을 달성하고 목표에 도달할 수 있는 리더십을 전방위적으로 발휘할 수 있다.

그런 면에서 이는 모든 리더들이 공통적으로 갖는 리더 공동의 기반이며, 리더십 본연의 모습이고, 따라서 리더십 본질에 해당하는 것이다. 류성룡의 리더십이든 또 다른 리더들의 리더십이든 권능이라는 그 본연의 모습, 본질에서는 다를 것이 없다. 거기에 이 권능을 각기 어떻게 장악해 어떤 결과를 내느냐를 규명하는 것도 기본적으로는 리더들 간에 차이가 없다. 각각의 리더들이 어떤 역할을 어떻게 수행하고, 어떻게 위기를 극복하고 난관을 돌파하며 문제를 해결해 갔는가, 그래서 그 결과로서 나타난 업적에 대한—더구나 실패도 결과로서의 하나의 업적이라면—이 업적에 대한 관찰과 해부 및 역사적 해석은 모든 리더들에게 공통적으로 조명되고 기록된다. 지금까지 리더십 연구는 사실상 이 업적과 공과(功過)에 대한 연구라는 공통점에서 벗어날 수 없고, 류성룡의 리더십 연구도 그런 공통성에서 예외일 수 없다.

II. 두 개의 리더십: 권능과 심덕

1. 권능(權能)의 리더십: 외면적 리더십

그러나 리더와 리더십에서 이 '업적과 공과' 중심의 연구는 사실상 리더들의 리더십 외면(外面) 연구에 지나지 않는다. '업적과 공과' 자체가 성격상 밖으로 드러나는 외면적인 것일 수밖에 없고, 또 밖으로 드러나야만 누구에게나 인정되고 받아들여지는 경험적 사실(empirical fact)이며 역사적 사실(historical fact)이 된다. 경험적이든 역사적이든 이러한 사실들은 또한 리더가 처한 당시의 시대적 상황과 맞닿아 있고, 따라서 그 시대적 상황의 산물이라는 점에서 리더의 입장에선 더더욱 리더 내면의 세계가 아닌 리더 외면의 세계가 된다. 설혹 한 리더의 내면세계와 외면세계가 명백한 경계가 있어 안과 밖이 흑백처럼 갈라질 수 있는 것이 아니라 해도, 외면세계는 역시 외면세계대로 그리고 내면세계는 내면세계대로 존재한다.

예컨대 류성룡의 경우, 크게는 왜군과의 대치며 명군과의 교섭에서 보인 임진·정유 양란(兩亂)에서의 그의 역할은 모두 그의 외면적 리더십에 속한다. 더 자세히는 왜군과의 싸움을 가능한 한 피하려는 명군들의 전투 기피증, 더 치욕적으로는 명 사신들의 오만과 독선, 그리고 조선이라는 속국에 대한 심층적이고도 실제적인 멸시, 거기에 명군 장군들의 조선군에 대한 행패며 절대적인 횡포, 침략군 이상으로 백성을 약탈하는 소위 구원군으로서 명 병사들의 양민 수탈이며 야만적 행위, 이를 어떻게 무마하고 극복하고, 그러면서 그들과 좋은 관계를 만들고 유지하면서 전쟁을 이끌어 가는 고군분투의 전 과정은 모두 리더로서 류성룡의 외면이며 외면적 리더십이다.

  안으로는 조선군 내의 장수 발탁과 적재적소 배치, 속오군 등 군제 개편과 초(哨)·기(旗)·대(隊)·오(伍) 등으로 나눠 사(司)를 만드는 군 조직 재편, 공명첩(空名帖)으로 소외 계층을 끌어들여 전쟁 참여도와 협조심 강화, 최대 난관인 군량미 조달과 확보, 의심 많은 왕의 심기일전과 불안 해소, 그리고 이리저리 갈린 조신들 간의 화합 조화며 관리들의 사기 진작, 이 모든 역할 수행 과정에서 일궈 낸 류성룡의 업적과 공과 역시 공간적으로는 나라 안이며 조정 안에서 일어난 것이라 해도, 모두 류성룡의 외면 활동이며 외면으로 드러난 리더십의 결과다. 오직 외면으로만 기록되고 외면으로만 관찰된 리더십이다. 이는 물론 류성룡 아닌 다른 리더의 경우에도, 그 리더십은 모두 '외면적 리더십'이라는 점에서는 예외가 없다. 다만 하나의 전형적 예로 류성룡을 내세웠을 뿐이다.

2. 심덕(心德)의 리더십: 내면적 리더십

  그렇다면 외면으로만 밝혀지는 '외면의 리더십' 아닌 또 다른 리더십은 어떤 것인가? 그것은 당연히 밖이 아닌 속, 내면세계에서 발휘되는 '내면의 리더십'이다. 내면세계는 표면(表面)에서나 전면(前面)에서는 보이지 않는, 한 리더의 안과 속의 세계, 바로 이면(裏面)의 세계다. 그것은 물체로 말하면 물체 안쪽 면에 자리해서 아직 누구도 눈으로 확인하지 못한 세계이고, 사람으로 말하면 몸속 깊고 깊은 곳에 숨어 있어 파악이 어려운 그윽한 심연의 세계다. 그 세계는 물체이든 사람이든 관찰자의 소위 말하는 '관찰 행위(the act of observing)'가 되지 않는 세계다. 그렇다 하여 미궁(迷宮)이나 신비의 세계는 아니다.

그 세계는 관찰자의 그 일상의 관찰 행위로만 관찰되지 않을 뿐, 얼마든지 파악되고 이해 가능한 세계다. 그 파악과 이해는 오로지 마음과 마음의 눈(심안心眼)을 통해서다. 오직 마음으로만 읽을 수 있고 마음의 눈으로만 보아야 볼 수 있는 세계다. 그래서 지나친 주관의 세계로 치부될지언정, 그러나 누구나 함께 인정하고 함께 받아들여지고 있는 세계다. 누구나의 마음이 제각각의 다른 마음이라 해도, 누구든 다 같이 통하고 느끼는 마음을 갖고 있기 때문이다. 이런 내면의 세계라면 구태여 앞서 본 외면적 리더십의 표상인 업적이나 공과도 논의 대상으로 삼을 필요가 없다. 그것은 얼마든지 기록되고 관찰되고 심지어는 계량화할 수 있는 것이어서 내면세계의 마음으로 읽고 마음의 눈으로만 보아야 하는 것과는 역시 같을 수가 없기 때문이다.

그렇다면 문제는 리더의 내면세계이며, 그 내면세계에서 만들어지는 한 리더의 '내면적 리더십'이다. 이 리더십은 도시 그 무엇으로써 리더십이 발휘되고, 그리고 그 무엇으로써 리더 스스로 목적한 바를 성취해 가는가? 대조적으로 외면적 리더십이 그 업적과 공과를 절대적으로 리더의 '권능'에 의거해 달성해 간다면, 그에 맞서는 내면적 리더십의 그것은 무엇인가? 권능 아닌 그 무엇으로 내면적 리더십은 발휘되고 리더는 리더로서 기능과 역할을 다할 수 있는가? 부연하면 지금까지 리더십 연구에서 '권능' 이외의 것을 상정하거나 시도해 본 일이 있는가? 만일 '권능'이 아니라면, 그에 맞서는, 혹은 그에 대신하는 그 무엇을 내세워 본 적이 있는가?

그것은 미상불 리더의 '심덕(心德)', 그리고 '권능의 리더십'에 대비되는 '심덕의 리더십'이라 할 수 있다. '심덕의 리더십'은 이름 그대로 리더의 심덕이 발휘하는 리더십이다. 심덕은 리더 내면세계에 깊숙이 자리하고 있는 리더 '마음의 덕'이다. 그 덕(德)은 올바름이며 선(善)함이며 인도(人道)에 합당한 마음 상태다. 그러면서 너그러움이며, 인자함이며, 은혜로움이며, 그로 하여 남을 경복(敬服)케 하는, 관(寬)·인(仁)·은(恩)·경(敬)의 마음 작용이다. 이런 마음 상태며 마음 작용의 리더는 한결같이 도량(度量)이 크고 아량(雅量)이 넓다는 높임을 받는다. 도량은 그 마음 헤아림이 깊고도 큰 것을 이르고, 아량은 그 마음 쓰임이 너그럽고도 자애로운 것을 이른다.[01]

3. 류성룡의 리더십: 심덕의 내면화(內面化)

이러한 심덕은 마음과 마음으로만 느껴지고, 마음의 눈으로만 보인다. 대화에서 흔히 쓰는 이심전심(以心傳心)도 그 하나다. 마음에서부터 마음으로 전해져 뜻이 통하고 의기투합(意氣投合) 혹은 의기상투(相投)하는 것, 그것은 모두 마음으로 마음을 읽고 느끼는 것이고, 마음의 눈으로 그 마음을 보는 것이며 헤아리는 것이다. 심덕의 리더십은 이 이심전심의 리더십이다. 권능을 작용해서 복종시키고 그리고 임무를 다하게 하는 권능의 리더십과는 확연히 대조되는 것이다. 권능의 리더십에서 권능이 '인위적'이라면, 심덕은 '자연적'이다. 심덕은 일부러 의도적으로 마음을 작심(作心)해서 만드는 것이 아니라 자연적으로 내면에서 생겨나고 솟아나는 것이다. 샘에서 물이 흘러나오듯 그 덕이 몸속 깊은 내면의 샘에서 절로 흘러나오는 것이다.

---

01 '권능(權能)'이며 '심덕(心德)'은 지금까지 리더십 연구에서 한 번도 주제어(主題語)로 등장된 적이 없음. 이 글을 통해 처음으로 대비되는 두 주제어를 창작해 본 것임.

이러한 심덕은 어느 특별한 사람에게만 있는 것이 아니라 누구나 태어나면서 갖는 천부적인 것이라 할 수 있다. 사람이 선하게 태어난 것만큼 심덕 또한 모든 이의 내면 깊숙한 곳에 심어져 있다고 할 것이다. 다만 환경 따라 상황 따라 그리고 주어지는 기회에 따라 다른 모습 다른 크기로 나타날 뿐이다. 이는 무리를 이끄는 리더들에게도 다름이 있을 수 없다. 인류가 남과 더불어 사는 집단을 구성해 온 이래, 그 집단을 이끄는 리더 또한 자연발생적으로 존재해 왔고, 리더십 또한 각양각색으로 발휘되어서, 어떤 리더는 권능으로 어떤 리더는 심덕으로 집단을 이끌어 왔다 할 수 있다.

이 글은 심덕을 바탕으로 한 심덕의 리더십으로 류성룡 리더십의 또다른 면을 보려는 것이다. 그 다른 면은 다른 리더들의 리더십 발휘에서는 아직 찾아보지 못한 전혀 다른 유형의 리더십 연구가 될 수도 있고, 따라서 지금까지의 리더십 연구에서는 한 번도 논의되지 않은 새로운 주제, 새로운 방법의 리더십 연구가 될 수도 있다. 그것은 먼저 새로운 주제어(主題語)로서 '내면적 리더십'과 '외면적 리더십'의 사용이며, 거기 따라 역시 이제까지 관계 부문에서 거론된 적이 없는 '심덕의 리더십'과 '권능의 리더십'이라는 새 용어(terminology)가 새롭게 자리(位)했다는 점에서다. 어떤 연구이든 어떤 주제어이냐가 어떤 연구이냐를 설정한다.

이 글의 류성룡 리더십 연구는 내면세계의 심덕을 바탕으로 한 심덕의 리더십이고, 심덕의 리더십은 현실 정치에서나 실제 정책에서는 '중용(中庸)'으로 재생(再生)되고, 중용으로 재현(再現)되며 재활(再活)한다. 중용으로 다시 살아나서 중용으로 다시 나타나고, 그리고 중용으로 다시 활용된다는 것이다. 그래서 '심덕'은 곧 '중용'이고 심덕의 리더십은 중용의 리더십이다. 물론 류성룡 리더십에 있어 '심덕'은 중용만이 아니다. 그 특유의 '통찰(洞察)'에서도 심덕은 나타나고 지감(知鑑)에서도 보이고, 그의 독특한 '신퇴(身退)'에서도 심덕은 드러난다.[02] 특히 '신퇴'는 업(業)을 다하면 직(職)을 그만두고 물러난다는 '물러남'의 리더십으로, 이는 후인들에게 공직자로서 높은 도덕적 지표를 제시하는 그 특유의 심덕이라 할 수 있다.

문제는 오로지 중용에 초점을 맞추어, 지금까지 그 어떤 연구에서도 드러난 적이 없는 심덕이 어떻게 중용을 만들어 내는가이다. 더 분명히는 심덕과 중용은 어떤 인과 관계를 갖는가이다. 인과 관계가 아니라면 어떤 상관관계, 아니면 어떤 선택적 친화력(selective affinity)이라도 그 사이에 있는가이다. 더욱이 현실에서, 그 무엇보다 실생활에서 심덕은 왜 중용으로 나아가고, 중용은 어째서 심덕을 발판으로 해서 구해지는가이다. 둘의 상호 관계든 상호 작용(interaction)이든, 거기서 만들어지는 중용의 리더십은 또 어떤 가치를 갖고 어떤 효과를 드러내는가, 왜 사람들은 그 오랜 세월 동안 중용의 가치를 말하고 혹은 중용의 덕을 칭송하고, 그리고 중용의 리더십을 강조하는가? 그것이 이 연구의 중심 과제이고, 류성룡의 리더십—류성룡의 심덕과 중용, 그리고 그 특유의 심덕으로서의 중용의 리더십을 보려 하는 것이다.

---

02 공성신퇴(功成身退)—공을 이루고 성공하면 자리에서 물러난다는 이 신퇴(身退)는 성공한 지도자들의 주요 덕목인데, 대개의 성공한 지도자는 성공했기 때문에 뒷사람에게 자리를 양보하지 않는다.

III. 사변중용(思辨中庸)과 중화(中和)
─ 사서(四書) 『중용』의 의미

1. 일상(日常)의 중용

중용(中庸)이란 무엇인가? 옛 사람들은 중용에 도(道)를 붙여 중용지도(中庸之道)라 했다. 중용은 그냥 중용이 아니라 유교나 불교에 도(道)를 붙여 유도(儒道)니 불도(佛道)니 하는 것처럼 중용도 일종의 '도'라고 생각했다. 그러나 그것이 의미하는 바는 일정치 않아서 말하는 사람도 듣는 사람도 얼마든지 자기 마음대로 풀이할 수 있는 모호(模糊)함이 있다. 그 모호함이란 유도나 불도와 달리 그 어떤 경계나 테두리가 느껴지는 것이 아니라 대강 대충 대략 그러하다는 것이다. 크게 줄거리만 보면 그러하다든가, 주요 내용 중요 부문만 추려서 보면 그러하다는 식의 모호함이다.

이는 '중용지위덕(中庸之爲德)'[03]이라는 『논어(論語)』에 나오는 공자(孔子)의 말씀에서도 마찬가지다. 중용은 다름 아닌 바로 덕(德)이라는 것이다. 덕은 남에게 베푸는 혜택도 되고, 공덕·은덕·이익도 되고, 마음 닦음과 교화도 된다. 이 '중용지위덕'을 중용의 '덕됨'이라고 풀이도 한다. 중용을 하면 그만큼 큰 은덕─지극한 은덕이 있다는 것이다. 그러나 중용을 덕으로 풀이하든 덕됨으로 풀이하든 중용은 어떻든 덕이고, 그 덕은 우리 일상에서 너무 큰 개념과 추리, 너무 넓은 행위 대상을 품고 있음으로써 그 의미가 모호하고 막연(漠然)하기는 도(道)에서 보

---

03 공자가 『논어』 「옹야(雍也)」 27에서 한 말인데, 『논어』에서 중용은 이 한마디가 유일하다.

는 것이나 다름이 없다. '중용지도'나 '중용지위덕'이나 명확히 알기는
다 같이 힘들다는 것이다.

그럼에도 이 중용에는 묘한 공통된 인식이 있고 묘한 공통된 원리가
있다. '아, 그것은 좀 지나친 것이구나' 혹은 '아, 그것은 좀 모자라는
것이구나' 하는 누구나 같이, 또는 비슷하게, 때로는 공통으로 갖는 인
식이 있는 것이다. 그 인식에는 그 얼마나 지나치고 그 얼마나 모자라
는지 그것을 재는 자도 없고 저울도 없고, 그래서 막연하고 모호할 수
밖에 없다 해도, 그 지나치고 모자람을 분별하고 판단하는 그 나름의
묘한 원리가 있다. 그 원리는 미상불 오랜 역사와 긴 세대를 거치며 살
아온 삶 속에서 절로 마음에 묵혀 터득된 슬기일 수도 있고, 자연 몸에
배어 익혀진 배움 없이도 태어나면서 알게 된 지식—생이지(生而知)일
수도 있다.

그래서 지나침도 안 되고 모자람도 안 되는, 혹은 지나침도 없고 모
자람도 없는 그 무과불급(無過不及)의 중용, 그 중용이 누구나의 바람이
고 누구나의 기대 행위(act of expectation)가 된 것이라 할 수 있다. 그
바람, 그 기대 행위가 더불어 같이 사는 모두에게 공통으로 나타나서,
더불어 살다 작의(作意) 없이 만들어진 관행 관습처럼 습관적으로 중용
을 생각하고 무의지며 무의식적으로 중용을 바라는 것이 되어 버렸는
지도 모른다. 그래서 또한 중용은 그 경계와 테두리가 아무리 불분명
하고 모호하고 실현이 힘들다 해도 사람들은 중용을 떠날 수 없고, 일
을 벌일 때마다 중용을 먼저 생각지 않을 수 없고, 일이 잘못되었을 땐
어디서부터 중용에서 벗어나게 됐는가를 조용히 숙의하지 않을 수 없
게 된다는 것이다.

2. 동어반복의 중용

　이러한 중용은 두 개로 나눠 해석해 볼 수 있다. '사변중용(思辨中庸)' 혹은 같은 의미로 '철학중용', 그리고 '심덕중용(心德中庸)'이 그것이다. 지금까지 중용 연구나 설명은 모두 하나의 중용이었다. 그것은 오직 "중용은 중용이다"이다. "중용은 둘이 될 수 없다", "중용은 나누어질 수도 없다" 하는 것이다. 물론 중용의 대강(大綱)에서는 그러하다. 중용의 대체(大體)는 하나다. 하늘은 하나다. 땅이 두 개로 나눠질 수 없다. 그것을 부정할 수 없는 것과 같다. 그러나 누구의 하늘이냐에 따라 하늘은 여러 개로 나눠진다. 누구의 땅이냐에 따라 땅은 여러 개로 나눠진다. 중용도 대체 대강에서는 하나라 해도, 누가 생각하는 중용이냐 누가 행동하는 중용이냐에 따라, 곧 사고의 주체가 누구며 행위 주체가 누구냐에 따라 중용을 몇 개로 나눠 볼 수 있다는 것이다.

　지금까지 중용 연구는 중용이 무엇이냐보다 대체로 누가 생각하는 중용이냐에 집중되어 왔다. 중용이 무엇이냐의 중용에 대한 정의는 사서(四書)의 하나인 『중용』 장구(章句) 안에 들어 있는 바로 그 중용이고, 그에 대한 해석도 주희(朱熹)의 주석(註釋) 이상도 이하도 아닌, 오직 그 주석이 모두라 할 수 있다. 특히 주희 주석을 성역화해 온 조선에서 중용의 정의는 주희를 벗어나 한 자라도 새로운 의미를 가해서는 안 된다는 금기(禁忌)가 있어, 중용이 무엇이냐의 정의를 둘러싼 논란이나 시비는 사서 『중용』에 있는 자구(字句) 해석 상의 차이가 전부라 해도 지나치지 않다. 그것은 지금도 중용 연구에서 일관되게 계속되어서 중용이 무엇이냐의 논쟁은 거의 찾아볼 수 없다.

　대신 누가 말했고 누가 생각한 중용이냐에 중용 연구는 대체로 모아져 있다. 예컨대『논어』에서 공자가 말하는 중용, 사서『맹자(孟子)』에서 맹자가 암시한 중용, 그리고 송대(宋代)의 여러 유학자들이 내놓은 중용에, 조선에 와서는 다산(茶山) 정약용(丁若鏞)의『중용강의보(中庸講義補)』나『중용자잠(中庸自箴)』등을 연구한 중용론들이다. 이 중용 연구들의 공통성은 누구의 중용론을 내세워도 중용론의 본론은 오직 하나, "중용은 중정(中正)이고 중화(中和)다"이다. 그리고 그 중정 중화의 "중(中)은 천하의 대본(大本)이고 화(和)는 천하의 달도(達道)다"[04]이다. 따라서 중용은 '천하 모든 것의 근본이며 천하 모두에게 두루 통하는 도리'로 귀결된다. 지금까지 중용 연구는 이 같은 중용 정의를 넘어서지 못함으로써 결국 "중용은 중용이다"의 동어반복이나 다름없는 연구를 해 왔다 할 수 있다.

3. 사변중용(思辨中庸)

1) 중화(中和)

사서『중용』은 모두 33장으로 나뉘어 있다. 이는 원래부터 그렇게 나뉜 것이 아니고,『중용』첫머리 주희가 쓴「독중용법(讀中庸法)」에 따르면 "망령되이 내 뜻으로 장구를 나누었다"[05]고 하고 있다. 이『중용』은 주희가 말하듯이 "귀(鬼)도 나오고 신(神)도 나오고, 인사(人事)는 적고 형체 없는 천리(天理)가 많아서 도무지 이해하기 어렵다(中庸說鬼說神, 都無

---

04 『중용』제1장에서 中은 천하의 이치가 모두 여기서 나오니(天下之理皆由此出), 이 中은 道의 몸체이고(道之體), 和는 천하 사람들이 예나 이제나 다같이 행하는 길(達道)이니 도의 쓰임(道之用)이라 했다.

05 주희는「중용 읽는 법(讀中庸法)」의 첫머리에 "『중용』한 책을 내가 망령되이 내 뜻으로 장구를 나누었다(中庸一篇, 某妄以己意分其章句)"고 했다.

理會)" 했다. 중국 고전들이 대개 그러하듯이 현대인들이 읽으면 논리적으로 앞뒤가 바로 서지 않는, 주희 말 그대로 도무이회(都無理會, 도무지 이해가 안 됨)의 부분이 너무 많다. 사서 『중용』은 더욱더 그러해서 중용을 현대식 철학으로 논하는 데는 많은 새로운 구성이 요구된다. 『중용』 장구를 수없이 왔다 갔다 하면서 새로이 짜맞춤을 해야 한다는 것이다.

사서 『중용』 속의 중용이 무엇을 말하는가를 이해하려면 먼저 사서 『중용』 제1장 뒷부분에 나오는 중화(中和), 곧 희로애락(喜怒哀樂) 미발(未發)-기발(旣發)부터 논할 필요가 있다. 그 미발-기발이 중용이 어떻게 가능한가를 설명해 주는 시작이며 기본이기 때문이다. 물론 사서 『중용』에는 중용과 중화를 함께 묶는 관계 설정은 없다. 중용 따로, 중화 따로여서 그 사이 연계며 관계는 연구자가 새로이 재구성해야 한다. 그래서 사서 『중용』의 중용 설명은 얼마든지 연구자 자신의 해석일 수도 있고, 더 나아가 연구자의 창작일 수도 있다. 그리고 사서 『중용』에서 중(中)의 의미도 중화의 중(中)과 중용의 중(中)이 각기 서로 다르다.

먼저 중화(中和)의 중(中)과 화(和)를, 다음 중용의 중(中)과 용(庸)을 차례로 보면, 중화의 중은 희로애락이 아직 마음에 나타나지 않은 상태, 글자 그대로 미발(未發)의 상태를 이른다 했다. 따라서 이 중의 상태는 희로애락으로 마음이 움직이거나 요동치지 않는, 희로애락의 작용이 전혀 없는 상태를 이르는 것이다. 그다음 중화의 화(和)는 희로애락이 이미 마음에 나타난 상태—글자 그대로 기발(旣發)의 상태다. 이 상태에선 희로애락이 이미 마음에서 솟아나 마음 안과 밖에서 작용하고 작동하는 상태다. 기뻐서 분노해서 요동치고, 슬퍼서 즐거워서 마음이 마구 뛰는 상태다. 그러면 어떻게 해야 하는가? 말할 것도 없이 그 뛰는 마음을 붙잡아야 하고, 잡은 마음을 조절해야 하고, 그리고 절도(節度)에 맞춰야 한다. 이 절도에 맞게 한 상태를 사서 『중용』에서는 화(和)라 했다.

사서 『중용』에서는 이 미발 상태에서 중(中)이 되는 것과 기발 상태에서 화(和)를 이루는 것이 사실상 『중용』의 핵심이며 전부라 할 수 있다. 왜냐하면 사서 『중용』은 시작부터 미발로서의 중(中)을 '천하의 대본(大本)'―천하 모든 사물의 으뜸이 되는 근본이라 하고, 기발 후의 조절된 화(和)를 '천하의 정도(正道)'―천하 모두에 두루 통하는 도리라 하고 있기 때문이다. 이 중과 화가 천하의 대본이며 정도이면, 중이 안 될 경우 천하는 근본이 무너지고, 화가 안 될 경우 천하는 정도가 깨어져서 혼란의 도가니로 떨어지고 만다. 현대식 표현으로 중과 화가 있음으로써 천하는 코스모스(kosmos)가 되고, 그것이 파괴됨으로써 천하는 카오스(khaos)로 바뀐다는 것이다.

2) 중용(中庸)

그렇다면 다음, 중용이란 무엇이며, 중용을 말하면서 중화를 왜 앞서 내세웠는가? 사서 『중용』의 원문에 들어가기 전 첫머리에, 정자(程子)의 말을 인용한 중용의 정의가 있다. 중용의 "중(中)은 한쪽으로 치우치지 않는 것"을 말하고, 중용의 "용(庸)은 어떤 상태에서도 바뀌지 않는 것"을 이른다고 한 것이다.[06] 이어서 "중(中)은 치우치지 않음으로써 천하의 정도(正道)―바른 길 바른 도리"이고, "용(庸)은 바뀌지 않음으로써 천하의 정리(定理)―정한 이치 또는 정해진 원칙"이라 했다.[07] 그리

---

06 "不偏之謂中, 不易之謂庸."

07 앞의 中和에서는 和가 正道라 했는데 中庸에서는 中도 正道라 하는 용어 상의 중복이 있음.

고 한쪽으로 치우치지 않음으로써 중은 지나침이 없는 것이고, 어떤 경우에도 달라지지 않음으로써 용은 모자람이 없는 것이다. 지나치면 기울어지고 모자라면 바뀌어야 한다. 그래서 중용은 지나침도 모자람도 없는 무과불급(無過不及)으로 또 정의된다.

그렇다면 앞서의 중화와 중용의 관계다. 이는 사서『중용』에서나 주희 주석에서나 다 같이 둘 사이에는 '연결'이 없다. 연결이 없음으로써 중화·중용이 서로 어떤 관계를 갖는지 설명 또한 없다. 이는 산문(散文)이나 다름없어 연결이 쉬운『맹자』를 제하면『논어』며『대학』도『중용』과 마찬가지로 장(章)과 장 사이는 말할 것도 없고, 같은 장 내에서도 연결이 안 되는 구(句)들이 너무 많다. 불가피하게 연구자들이 이 연결을 자의적(恣意的)으로 만들어야 하고 그래서 해석 또한 자의적일 수밖에 없는 경우가 허다하다. 이 글의 중화와 중용의 관계도 그런 점에서 다름이 없다. 어차피 학문은 연결이 필수이고, 이 연결을 어떻게 하느냐에 따라 혁신도 일어나고 창조도 이뤄지지 않던가.

따라서 문제의 요지(要旨)는 중화와 중용의 연결이며 관계이고, 이에 대한 질문의 핵심은 자동적으로 왜 '중화여야 중용인가'이다. 이에 대한 설명과 해답은 또한 오늘날 우리가 하고 있는 사회과학 연구 방법의 중심 과제이기도 하다.[08] 이에 대한 논의는 잠시 뒤로 미루기로 하고, 문제의 중심으로 다시 돌아가면, 사서『중용』제1장에서 중화의 중(中)이라고 정의한 '희로애락 미발(未發)'은 글자 그대로 기뻐하고 분노하고 슬퍼하고 즐거워하는 감정이 마음에 아직 일어나지 않은 상태

---

08 사회과학 방법론에서 Max Weber의 가치 중립론(value neutral method)이라는 것이 있다. 호오, 선악, 의불의를 떠나 사물을 보아야 사물 그대로 사실 그대로 어느 한쪽 기울어짐 없이 객관적으로 볼 수 있다는 것인데, 이 방법론은 여기서 말한 中, 즉 희로애락이 아직 나타나기 전의 상태와 같은 것이다.

다. 그 같은 감정이 일어나지 않았으니 마음 또한 파도가 치듯 요동치지도 않는다. 잔잔한 호수처럼 마음은 고요하고 평온하고 평안하고, 그럼으로써 사물이며 사람을 보고 대하는 눈이며 자세도 흐리거나 흐트러짐 없이 맑고 바르고 깨끗해서, 밝은 거울처럼 비친 그대로 반영하고, 있는 그대로를 주시하고 생각한다.

거기에 무슨 한쪽으로 기울어짐이며 한편으로 치우침이며 한길로의 쏠림이 있겠는가. 무슨 편애(偏愛)며 편견(偏見)이며 편파(偏頗)며 편벽(偏僻)이며 편집(偏執)이며 혹은 편차(偏差)가 있겠는가. 이 모든 '편(偏)'은 그것이 기울어짐이든 쏠림이든 한마디로 치우침이다. 이 치우침, '편(偏)'은 공정을 잃는 것이며 공평을 무너뜨리는 것이며 균형을 깨뜨리는 것이다. 그리고 사람들 사이에 분노와 갈등을 조장해서 내 편(便) 네 편으로 편 가르기를 하고, 우리 패(牌) 그들 패로 패를 갈라 싸우는 분쟁을 야기해서 급기야는 국가 간 전쟁까지 일으키는 것이다. 사서『중용』에서는 이 모든 과정을 생략하고 있다 해도, 결국 치우침의 편(偏)이 편 가르기의 편(便)이 되고, 내 파(派) 네 파의 파당(派黨)을 만들어서 인간 생존 자체를 위협하고 있음을 상정해, 이 편(偏)이 전혀 없는 마음 작용, 이전 미발(未發)의 '불편(不偏) 상태'인 중(中)을 말하고 있다 할 수 있다.

다음, 희로애락이 이미 마음에 드러난 기발(旣發)의 상태에서는 어떻게 되는가? 그것은 감정이 높은 파고를 타고 격정적이 될 수도 있고 기쁘든 슬프든 조울증으로 왔다 갔다 할 수도 있다. 어쨌든 마음은 원숭이처럼 제자리에 가만히 있지 못하는 것이다. 감정은 붉은색이든 푸른색이든 자주 바뀌는 것이다. 이때 이를 조절해서 절도에 맞게 마음을 옮겨 놓고 감정을 순화(順和)시키는 것, 이를 사서 『중용』에서는 화(和)의 상태라 했다. 이 화(和) 또한 중화(中和)의 중(中)과 함께 중용을 만드는 혹은 중용이 되게 하는 절대적인 요소다. 인간의 일상이 희로애락 미발의 중(中)의 상태보다 오히려 희로애락이 이미 마음에 작동한 기발의 상태라는 점에서 중용을 만드는 데는 중화의 중(中)보다 화(和)가 훨씬 더 절실하고 더 현실적이라 할 수 있다.

문제는 이미 마음에 나타나고 감정에 요동치는 이 상태를 어떻게 조절해 절도에 맞게 하느냐, 그렇게 해서 어떻게 치우침의 편(偏)이며 편 가르기의 편(便)을 없애느냐, 그것이 이 중화에서의 화(和)의 관건이다. 중화의 중(中) 상태에서는 이미 마음에 드러나지 않았음으로써 마음에 원래부터 치우침—편(偏)이 있을 수 없고, 마음 밖에 있는 치우침도 밝은 거울처럼 마음에 비추어 볼 수 있음으로써 즉각 치우침을 깨닫는다. 그러나 화(和)에서는 마음의 조절과 절도에 맞춤이라는 단계와 그 다름 편(偏)을 넘어서서 사물을 바로 보고 시무(時務)에 일을 맞추어야 하는 두 단계가 있다. 이를 어떻게 성사해 가느냐,[09] 그것이 바로 화(和)를 풀어 가는 열쇠이고, 화가 어떻게 치우침 편(偏)을 해결해 가느냐의 기본이기도 하다.

다음은 중용의 용(庸)이다. 이 또한 사서 『중용』의 첫머리에 정자(程子)가 한 말, "한쪽으로 치우치지 않음이 중이고(불편지위중不偏之謂中), 변치 않고 바뀌지 않음이 용이다(불역지위용不易之謂庸)"에서 정의된 용(庸)이다. 그러나 무엇이 바뀌지 않는다는 것인지 그 바뀜의 주어가 없다. 물론 앞의 한쪽으로 치우치지 않음, 즉 불편(不偏)이 주어가 될 수도 있고,

---

09 심덕중용에서는 성(誠)을 통해 이룬다고 한다.

아니면 독립구로서 무엇이든 변치 않고 바뀌지 않음 자체를 용이라 할
수도 있다. 그러나 여기서는 앞의 치우치지 않음 불편(不偏)과 '연결'해
서 '불편(不偏)이 불역(不易)하는 것'—치우치지 않음이 변함없이 바뀜
없이 지속하는 것, 그것을 중용이라 한다고 요약할 수 있다.

3) 민선구의(民鮮久矣)
—중용을 하는 사람이 없다, 이미 오래전부터

그렇다면 마지막 물음. 이러한 중용이 인간 세계에서 가능한 일이겠
는가이다. 그러한 중용이 실제로서 실현돼서 우리의 현실이 될 수 있
겠는가이다.

누구나 공통적으로 내릴 수 있는 대답은 "중용은 우리의 현실이 될
수 없다. 불가능한 일이다"일 것이다. 이유는 아주 단순하고 명백하
다. 희로애락이 아직 우리 마음에 나타나지 않은, 그 미발(未發)의 중(中)
의 상태를 생각할 수 있겠는가이다. 인간의 마음이 있고, 마음이 있는
인간은 희로애락에서 벗어날 수 없다. 그 희로애락은 하늘이 인간에게
부여한 것이다. 그 누구도 태어날 때 하늘이 만들어 준 그 인간인 '나'
에게서 분리될 수 없다.

다음, 중용을 만드는 중화의 두 번째 과정인 기발(旣發)의 상태—희로
애락이 이미 마음에 드러남으로써, 이를 조절해 절도에 맞게 하는 화
(和)—이 화는 가능한 것인가? 이 화는 앞의 중과는 전혀 달리 벌써 우
리 일상의 인간계로 들어와 늘상 말하는 것들이다. "네 마음을 다져
라", "네 생각을 조절해라", "네 행동을 절도에 맞춰라", "분수에 넘치
지 않게 알맞게 처신해라" 이 모두 중화의 화를 말하는 것이고, 많은
사람들이 일상에서 실제로 그렇게 하고 있다고 생각하고 있는 것이

다. 그래서 우리 일상에서 화는 앞의 중과 달리 그렇게 어려운 것도 아니고, 따라서 "중용을 해라", "중용을 지켜라"라는 바람이며 훈계도 으레 실행 가능한 것이라고 여기는 것이다.

그러나 그것은 말이나 글을 아름답게 꾸미고 만드는 수사적(修辭的, rhetoric) 표현일 뿐이다. 화(和)에서 이미 마음에 발양(發揚)된 희로애락이 잘 조절돼서 아무리 절도에 잘 맞춘다 해도 거기에는 분명한 한계가 있다. 그것은 편애, 편견, 편파, 편차 등 그 모든 편(偏)이 없어지고 궁극의 상태인 중용을 이룰 만큼 이미 마음에 나타나는 그 희로애락이 기계처럼 조절되고 절도에 맞게 자유자재로 다스려지는가이다. 다스리기 위해 전문 수도사(修道士)처럼 일체를 포기하고 수도한다 해도 그런 수도 역시 끝내 부딪치고 마는 두꺼운 벽이 있다. 우리가 흔히 쓰는 '오로지 마음이 만들 뿐'이라는 유심조(唯心造)란 말도 희로애락이 모두 내 마음에서 나왔지만 내 마음대로 다스려지지 않음을 시사한 것이라 아니 하겠는가.

그래서 성인 공자 역시 『논어』 「옹야(雍也)」편에서 "중용의 덕이 한없이 크고 높지만 이를 지닌 이가 드물고 드문 지 너무 오래되었구나(中庸之爲德也, 其至矣乎, 民鮮久矣)"라고 한탄했다. 그리고 "천하와 국가도 다스릴 수 있고, 벼슬도 사양할 수 있고, 심지어 칼날도 밟을 수 있지만 중용만은 할 수 없다"까지 말하지 않았는가.[10]

사서 『중용』에서 말하는 이 중용(이 글에서는 '사변중용'이라 했다)은 실재(實在)할 수도 없고 그래서 현실적이 될 수도 없다. 그것은 바로 사변(思辨)일 뿐인 사변의 중용이기 때문이다. 그럼에도 사람들은 끊임없이 바라고 생각한다. 심지어는 기구(祈求)까지 한다. 이는 오늘날 사회과

10　張基槿·車相轅, 『故事事典』, 498~499쪽 '中庸之道'.

학 방법론의 '가치 중립'과도 유사하다. 그 가치 중립이 사실상 불가능함에도 우리는 최고 방법론으로 내세우고 바람을 넘어 희구해 마지않는다.

IV. 류성룡 리더십의 새 모형
― 심덕중용의 리더십

류성룡은 한 당파(黨派)의 영수(領袖)다. 당파는 주장과 이해를 같이하는 사람들끼리의 무리다. 이 당파를 특히 우리나라 사람들은 예부터 지긋지긋하게 생각해 왔다. 나라를 망치고 백성을 도탄에 빠트리는 무리가 바로 그들이라는 고정 관념이 있다. 이 당파에, 더구나 그 당파의 영수에 중용이라는 말을 붙인다면 그것이야말로 하나의 형용모순(形容矛盾) 아닌가. 앞뒤가 맞지 않는, 얼굴을 그리는데 코, 입, 눈이 제자리에 붙어 있지 않은―'당파와 중용'이라는 말이 바로 그 격(格) 아닌가. 당파, 그것도 사색당파(四色黨派) 때문에 나라가 망했다고 생각해 온 사람들에겐 지극히 당연한 생각 아닌가.

그러나 한편 생각을 달리해서 보면, 나라가 있으면 정치를 하지 않으면 안 되고, 정치를 하면 어느 시대 어느 나라건 반드시 정파(政派), 곧 당파가 있다. 소위 말하는 당파의 보편성 혹은 당파 편재성(遍在性, ubiquity)이다. 우리 역사에서 성군이라고 하는 세종대왕 때도 훈민정음파와 반(反)훈민정음파가 있었고 더구나 부민고소파(部民告訴派)와 부민고소금지파(禁止派)가 있었다.[11] 역사 교과서에서는 선조 때 동인·서인으로 나눠진 것이 당파의 시초라 하지만, 그것은 당파로 이름이 붙

---

11 『世宗實錄』 15년(1433) 10월 24일 형조 교지.

여진 것이 처음이고, 당파로 생겨난 것이 처음이라는 말은 아니다. 이미 세종 때도 당파가 있었다면 조선조 내내 당파가 있었던 것은 말할 것도 없고, 더 올라가 고려 때도 이성계(李成桂)의 친명파(親明派)와 최영(崔瑩)의 친원파(親元派)가 있었다.[12]

그렇다면 당파가 어찌 류성룡 시대만이랴. 문제는 당파 싸움(오늘날로 말하면 정파 투쟁 혹은 정당 간 싸움)을 하면서도 중용을 하는 정치인의 존재 여부다. 그 존재로서 류성룡의 중용을 살펴보고, 그리고 그것이 어떻게 가능했으며, 어떤 형태를 띠었는가를 보는 것이다. 그것은 앞서 잠시 언급한 그의 심덕(心德)이 근거하는 바를 좇는 것이고, 그 심덕을 다시 사서 『중용』에 의거해 설명하는 것이다. 사서 『중용』의 키노트(keynote), 요지(要旨)며 핵심은 주희 주석에서는 중용과 연관해 말하고 있지 않지만 역시 성(誠)이다. 이 성(誠)에는 원문이며 주석에는 또한 없다 해도 용(容)과 공(公)이 따른다. 이 성·용·공 세 개의 키워드(keyword), 빗장을 풀어 주는 열쇠어를 가지고 류성룡의 심덕 리더십이 어떻게 이루어질 수 있었는가를 보려는 것이다.

1. 성(誠)

류성룡의 일생을 한 글자로 표현하면 단연코 성(誠)이라 할 수 있다. 조선조 정치인들 중 성(誠) 하나로 평한다면 미상불 류성룡은 이 성(誠)의 전형(典型)이라 해도 결코 지나치지 않다. 그만큼 류성룡은 성(誠)의 본보기이며 성(誠)의 존재다. 이 성(誠)을 가장 중시한 사서(四書)는 말할 것도 없이 『중용』이다. 류성룡이 이 『중용』을 읽고 『중용』 속의 성(誠)

12　歐陽脩, 「朋黨論」, "朋黨之說自古有之. 此自然之理也."

을 체화했는지, 아니면 천부적으로 그러했는지는 알 수 없지만, 그의 행적은 그 시기와 장소를 불문하고 매사 성(誠)으로 행하고 성(誠)으로 전심(專心)해 있다. 그래서 그의 심덕 리더십의 제일 요소—심덕 리더십이 만들어지는 첫째 이유로 성(誠)을 들고, 성(誠)의 의미를 캐기로 한다.

성(誠)이란 도대체 무엇인가? 글자 그대로 성(誠)은 정성이고, 참됨이고, 거짓 없음이다. 성실(實) 성의(意) 성심(心), 이 모두 마음이며 뜻이며 행동에 정성스럽고 착하고 거짓이 없음을 나타낸 말이다. 주희는 그의 『중용집주(中庸集註)』에서 "성(誠)은 진실무망(眞實無妄)한 것(誠者, 眞實無妄之謂)"이라는 참으로 주희다운 정의를 내리고 있다. 성(誠)이 진실됨이라는 것은 누구나 익히 잘 안다. 그런데 왜 망령(妄靈)되다는 망(妄)을 써서 진실과 함께 무망(無妄)을 성(誠)의 정의에 사용했을까? 망령은 늙거나 성신이 흐려서 혹은 정신이 맑거나 깨끗지 못해서, 말과 행동이 정상을 벗어나 있음을 말한다. 이치에 전혀 닿지 않는 생각과 행동을 하는 사람을 고래로 '망령 들었다'고 했다. 이는 주희 시대나 지금이나 집권자들, 권력을 잡은 사람들의 사고와 행동이 권력에 마취돼 비정상 행동을 하는 것을 주희가 덧붙여서 내린 것이라 생각된다. 『중용』 원문에는 성(誠)과 관련된 망(妄)자는 찾을 수가 없고 오직 주희 주석에만 있기 때문이다.

『중용』에서 "성(誠)은 하늘의 도(天之道)"라 했다. 그만큼 성(誠)은 『논어』에서 인(仁)처럼 존숭된다. 이 하늘의 도인 성(誠)을 온 정성을 다해 행하려고 하는 것을 사람의 길(人之道)라 하고, 인지도 하는 방법으로 5개를 들고 있다. 이 5개는 어떻게 하면 실제로 성(誠)을 행할 수 있을까이다. 그것은 『중용』에서 보듯 누구나 할 수 있는 길이고, 누구나 또

하고 있는 평범한 길이다. 성(誠)의 길이며 성(誠)하는 사람이 되는 길은 특별한 사람만이 하고 할 수 있는 특별한 길이 아니고, 그날그날 살아가면서 하고 또 할 수 있는 일상의 길이며 매일 하고 있는 생활의 길이다. 닫히고 갇힌 세계에서 하는 수도사 혹은 수도승의 길이 아니고, 열리고 넓혀진 속계(俗界)에서 행해지는 범상한 사람들의 길이 『중용』에서 말하는 바로 성(誠)의 길이다.

그것은 첫째로 박학지(博學之), 즉 널리 읽고 넓게 배우는 길이다. 조선이 학문적으로 미개하고 결국 뒤떨어져 나라가 망하고 만 것은 사문난적(斯文亂賊)이라는 기이한 학문 풍토 때문이었다. 성리학, 그것도 주희가 말하는 것 외의 다른 학문은 모두 학문을 망치는 적대 학문이며 적대 행위로 규정했다. 정상적인 학문을 하려면 성리학도 하고 양명학도 하고 고증학도 하고, 기타 다른 학문도 널리 넓게 두루 섭렵해야 한다는 것이 사서 『중용』의 지론이다. 학문은 지금껏 내가 해 왔던 것과는 전혀 다른 생각의 틀을 지닌, 그 다른 학문을 받아들임으로써 내 생각의 틀을 깨고 진화한다. 그래야 옹졸(壅拙)을 면하고 갈라파고스의 거북 신세를 벗어날 수 있다. 성(誠)은 더 크고 더 넓은 세계를 공부함으로써 내 주장 내 생각, 내가 고집하는 세계보다 훨씬 다른 높고 큰 세계가 있다는 것을 아는 데서 시작된다. 그것이 박학지(博學之)다.

둘째로 심문지(審問之)다. 자세히 상세히 따져서 묻는 것이다. 이런 심문지가 성(誠)과 어떤 관계를 갖는가? 우리는 질문할 때 대충 묻고, 거기에다 큰 것만 골라 대강(大綱) 묻는다. 작은 부분까지 구체적으로 캐내서 치밀히 묻지 않는다. '성실히' 묻지도 않고 따지지도 않고 깊이 들어가려 하지도 않는다. 일반적으로는 질문에 '성의'가 없다. 그래서 질문하는 것을 보면 그 사람의 성(誠)을 알 수 있다. 이 심문지는 앞의 박학지와 불가분의 관계를 갖는다. 널리 넓게 많은 공부를 한 사람이 아니면 자세하고도 구체적인 질문을 할 수가 없고, 더구나 깊은 질문을 할 수가 없다. 그에 앞서 자세하고도 구체적인 그리고 깊은 의문을 갖는 것, 그리고 그런 의문을 좇아 큰 물음을 던지는 것, 그것이 곧 성(誠)이며 성(誠)을 품는 길이다.

셋째로 신사지(愼思之)다. 신중(愼重)히 생각하고 궁리(窮理)하는 것이다. 무슨 일에서건 함부로 쉽게 가볍게 생각하지 말라는 것이다. 신중(愼重)이라고 할 때 신(愼)은 삼가 조심한다는 것이고 중(重)은 입을 무겁게 해 쉽게 열지 않는다는 의미다. 삼가 조심함은 생각하고 생각해서 행동한다는 것이고, 입을 무겁게 함은 세 번 네 번 깊이 생각하고 또 생각한 다음 말을 한다는 것이다. 왜 이렇게 지나칠 정도로 생각(思)에 '신중'을 부착시키는가? 이유는 단 하나, 생각에 혹은 사고(思考)에 신중이 없으면 앞의 '박학지'도 '심문지'도 그 뜻과 효과가 살아나지 않음에서다. 아무리 박학지하고 심문지해도 신사지하지 않으면 닦은 공이 다 무너지고 십년공부가 다 무위로 끝난다는 것이다. 그래서 성(誠)과 신사지는 하나가 된다.

넷째로 명변지(明辨之)다. 명확히 판별하고 분별하는 것이다. 인간의 모든 지식은 분별지(分別知)라는 말이 있다. 사물 간의 차이를 분별하고 인사(人事)며 사람 행동, 사람들 생각의 이해(利害)며 시비(是非) 선악(善惡) 그리고 의불의(義不義)를 명백히 판별하는 것이다.

그렇게 해서 다섯째로 독행지(篤行之). 온 마음을 다하고 온 정성을 쏟으며 성실히 행동하는 것이다.

이상 5개는 모두 성(誠)의 길이다. 사서 『중용』에서는 이 5개를 성(誠)

을 이행하는 '성지지목(誠之之目)', 곧 성(誠)의 조목(條目)이라 했다. 이 말은 성(誠)을 다하지 않고는 이 5개 조목은 실행할 수 없고, 역으로 이 5개 조목을 온 정성 온 마음을 다해 실행해야만 비로소 성(誠)이 이뤄진다는 것이다. 따라서 이 둘은 서로가 서로를 이루는 상성 관계(相成關係)인 동시에 서로가 서로를 높이 올리는 상승 관계(相乘關係)라 할 수 있다.

이렇게 해서 성(誠)을 하면 어떻게 된다는 것인가? 다시 말해 성(誠)의 결과이며 결론은 무엇인가? 성(誠)을 다하면 첫째로 선(善)해진다는 것이다. 인간의 타고난 성(性)은 선한 것이기 때문에 오직 성(誠)하려고 함으로써, 그래서 오직 성(誠)을 다함으로써 그 선한 본성을 갖게 되고, 스스로 선하지 않다고 생각하는 사람도, 심지어는 나는 태어날 때부터 다른 사람과 다른 성(性)을 가지고 태어났다고 주장하는 사람도, 힘써 성(誠)을 다함으로써 그 '선한 인성'의 본성을 회복하고, 다른 선한 사람과 다르다는 내 생각도 얼마든지 변화시킬 수 있다는 것이다. 따라서 힘써 성(誠)을 다하려 노력하지 않고 스스로 성(誠)을 포기하는 것, 그것이 가장 잘못된 것이며 가장 불인(不仁)한 것이라고 『중용』에서는 말한다.[13]

이렇게 성(誠)하는 사람들은 모두 선(善)하다. 그 역(逆) 또한 진(眞)이어서, 선한 사람들은 성(誠)의 정도에 관계없이 가성(假誠)이 아닌 한 모두 진정으로 성(誠)하는 사람들이다. 성(誠)과 선(善)은 둘이 아니라 하나다. 그렇다면 이 성(誠)의 다음 단계는 어딘가? 이 성(誠)에 선(善)을 붙여서 성(誠)과 선(善)의 다음 단계라 해도 좋고, 성(誠)과 선(善)의 중간 단계라

---

13 『中庸』 20장, "自棄, 其爲不仁甚矣."

해도 무방하다. 어쨌든 그다음 단계는 사서 『중용』에서는 명(明)이라 하고 있다. "성(誠)하면 명(明)이 오고, 그것이 성(性)이다(自誠明, 謂之性)"라고 했다(21장). 그리고 이어서 "명(明)하면 성(誠)하다. 그것이 교(敎)다"라고 한 다음, "성(誠)이 곧 명(明)이고, 명(明)이 바로 성(誠)이다"라고 덧붙였다. 그렇다 해도 성(誠)·선(善)·명(明) 간에 차이가 있어 성(誠)과 선(善)은 천부적인 성(性)이고, 명(明)은 인위적인 교(敎)라 했다. 성(誠)과 명(明) 사이에는 누군가의 가르침 교(敎)가 있어야 성(誠)이 된다는 것이다.

요지는 성(誠)하면 명(明), 즉 명철(明哲)해진다는 말이다. 명철은 밝고(明) 밝음(哲)이다. 마음의 어두움이 완전히 가시고 한없이 밝고 밝은 마음을 갖는다는 것이다. 주변에서 보면 누군가는 어두운 마음을 갖고 있고 또 누군가는 밝은 마음을 갖고 있다. 왜 어떤 사람은 마음이 어둡고 어떤 사람은 마음이 밝은가? 이유는 단 하나, 성(誠)하는 사람과 성(誠)하지 않는 사람의 차이다. 무슨 일올 히든 온 마음 온 정성을 쏟으며 성실하게 노력하며 사는 사람과 권모와 술수 잔재주를 부리며 거짓된 행동을 예사로 하는 사람 간의 마음 상태며 마음 작용이 서로 같을 수가 없다는 것이다. 마음가짐이며 행동이 정반대인 만큼 한쪽이 밝다면 그 반대의 다른 한쪽이 어두운 것은 너무나 당연하다.

성(誠)하면 명(明)이 되는 것, 밝고(明) 밝은(哲) 마음만큼, 세상 또한 있는 그대로 거울에 비치듯 마음에 비치고, 그래서 세상을 보는 눈이 올바르게 되고, 현재 진행되고 있는 사태를 진단하고 관찰하는 눈 또한 밝고 정확해서, 사실대로 정확히 밝게 보는 것만큼 내일이 어떻게 될 것인가의 미래 예측도 바르고 확실해지는 것이다. 성(誠)하면 이렇게 명(明)도 함께하는 것, 이른바 『중용』에서 말하는 자성명(自誠明), 거기에는 이론으로는 무어라 설명할 수 없는 오묘하고 신비함이 있다. 그래서 명(明)이 수반된 성(誠)의 지도자 역시 누구보다 미래 통찰력이 깊은 리더십을 발휘한다. 그것은 우리가 지금까지 살아오면서 보아 온 경험지(經驗知)이면서 경험칙(經驗則)이다. 이는 이론도 학설도 아니면서, 오랜 세월 살아오면서 몸소 체험하고 관찰해서 오직 경험으로만 체득된 지혜며 법칙이다.

2. 용(容)

류성룡 심덕중용 리더십의 제2의 키워드며 요소는 용(容)이다. 용(容)은 성(誠)의 하위 개념이면서 실천 개념이다. 마음에 가득 찬 성(誠)은 일에 당면해선 용(容)과 다음 절의 공(公)을 실현하고 실천한다. 여기서 용(容)은 관용(寬容)이고, 공자가 나의 도(道)는 "오직 하나로 일관되어 있다" 했을 때의 그 서(恕), 즉 용서(容恕)이다.[14]

용(容)의 자전적(字典的) 의미는 얼굴이며 몸가짐 외에, 용기(容器) 용량(容量)에서처럼 물건을 '담다', 혹은 동정심을 마음에 담다, 품다의 뜻이 있고, 더 나아가선 꾸짖거나 벌하지 않고 잘못을 덮어 준다는 앞의 그 용서(容恕)나, 용서하고 죄를 면죄해 주는 용사(容赦) 등이 모두 용(容)이 담고 있는 의미들이다. 그 많은 의미들 중에서 성(誠)과 결부해서 그리고 심덕중용의 면에서 용(容)의 핵심 개념은 관용(寬容)이다.

관용은 무엇보다 자신을 넘어서서, 좋든 싫든 자기 감정에 좌우되지 않고 다른 사람을 받아들이는 것이다. 자기 의지의 극복에 의한 타인의 수용(受容)이며 포용(包容)이다. 누구나 격렬한 그리고 적나라한 호오(好惡)의 감정이 있기에 그 감정의 극복은 누구에게나 지난한 일이다.

---

14 『논어』「이인(里仁)」15, "吾道一以貫之."

앞서 본 중화(中和)에서 희로애락이 이미 마음에 나타난 상태면 그 마음 작용의 조절은 그만큼 어렵다는 것이다. 그때 이성(理性)은 어디 갔느냐고 스스로에게 물을 겨를도 없다. 이성은 싸움하지 않는다. 이성은 조절이며 절도(節度)다. 이성은 누구도 적을 만들지 않는다. 그러나 호오가 나타나고 마음이 격화되면 이성은 사라진다.

더구나 그 격화된 호오, 그 마음의 작용이 나 개인의 그것을 넘어서 정치며 경제 사회 등 공(公)의 영역으로 들어갔을 때, 이념과 당파라는 이제까지 없던 강하고 센 밧줄이 내가 감내할 수 없을 만큼 세고 굳게 나를 포박한다. 내가 그 밧줄을 끊거나 풀 수 없는 상태에서, 내가 그 강한 포박을 무너뜨리거나 탈출할 수 없는 절체절명의 상황에서, 사람들은 '관용'을 생각하고 관용을 부르짖는다. 그 절정에 가서야 비로소 찾는, 누구도 서로 함께할 수 없고 그 극한 상황에서야 비로소 구하는 다른 사람을 용서하고 용사하고 그리고 수용하고 포용하는 이 관용은 개인 관계에서든 공적 영역에서든 시작이며 끝이다. 알파며 오메가다.

이렇게 중요한 관용은 성(誠)하지 않으면 안 된다. 성(誠)함으로써 선(善)을 회복하고 그리고 다음 밝은 마음의 눈이 뜬 명(明)을 가짐으로써 가능해지는 것이다. 명(明)이 아직 안 되는 마음이 어두운 상태에서는 내 편 아니면 모두 거부하고 증오한다. 어둠에 갇혀 있음으로써 한쪽 의견, 한쪽 주장, 한쪽 진영의 논리만을 계속 절규한다. 그 마음에 어둠이 가신 명(明)이 왔을 때 비로소 용서의 용(容)을 갖고, 나와 다른 남을 수용하고 포용하는 '관용'의 마음을 갖는다. 이때 이 '관용'의 마음이야말로 중용이다. 한편으로 치우치지 않는 사고며 행동을 하는 것이고, 편애·편견·편파라고 누구도 생각지 않는 그런 편(偏)이 누구에게도 느껴지지 않는 평평(平平)함이며 넓음(廣)이며 너그러움(寬)이 거기 있는 것이다.

3. 공(公)

류성룡 심덕중용 리더십의 세 번째 키워드며 요지(要旨)는 공(公)이다.
공(公)은 공평(公平)이고 공익(公益)이고 공론(公論)이다. 공평 대신 공정(公
正)을 쓰기도 한다. 두 개는 같은 의미로 공평은 치우침이 없이 바른 것
이고, 공정은 바르며 치우침이 없는 것이다. 공평과 공정은 꼭 같이 사
정(私情)을 두지 않는다는 뜻에서 공평무사(公平無私)라 하기도 하고 공
정무사(公正無私)라 하기도 한다. 그런데 우리나라 사람들은 정서적으로
'공평'이라는 어휘보다는 '공정'이라는 어휘에 더 정감을 가져서 특히
정치적으로 공정을 공평보다 더 많이 쓰고 있다. 어느 것을 택하든 요
지는 공(公)에 있다. 공(公)이란 무엇인가? 그것은 어떤 본질을 갖는가?
공(公)의 의미는 '공변되다, 숨기지 않다, 여러 사람이 함께하다'인데,
본질은 '공변되다'에 있다. '공변되다'는 자전에 순한글의 중세 우리
언어로 한자 표기가 없다. '공변되다'의 뜻은 역시 자전에 '공평하고,
정당하며, 치우침이 없다, 사정(私情)을 두지 않는다'이다. 중세 언어지
만 지금 우리가 쓰는 한자어 공정이며 공평과 하나도 차이가 없다. 순
수 우리말이어서인지 공정·공평처럼 공변이라고 명사로 만들어 따로
떼어 쓰지 않고 형용사로 오직 '공변되다'로만 쓰는 점이 특이하다.
문제는 이러한 중차대한 공(公)의 의미를 가진 공정(혹은 공평)은 무엇
을 위한, 혹은 무엇을 향한 공정(혹은 공평)이냐. 그것은 공익(公益)이
다. 공익은 개인이 아닌 공동의 이익이고, 궁극적으로는 국가의 이익
이다. '국가 이익은 그 어떤 이익에 우선한다'는 지론(至論)이 있듯이 국

가 이익 곧 공익은 국가가 존재하는 이유이기도 하다. 국민이 왜 그 많은 세금을 내고 그 큰 국가 권력에 억압당하며 국가를 유지하느냐? 그 대답은 오직 하나, 국가 이익—공익을 위해서라고 말한다. 우리는 종종 국가 권력자를 향해 "나라가 네 것이냐"며 분노를 터트린다. 이 또한 권력자들이 공익 아닌 사익을 탐하고 있다는 데서다.

공정(혹은 공평), 공익에 이어 셋째로 공(公)은 공론(公論)이다. 『논어』마지막 「요왈(堯曰)」편 제1장의 제일 마지막 구절이 '공즉열(公則說)'이다.[15] '공즉열'은 "공(公)하면 기뻐한다"이다. 이제까지 풀이해 온 공(公)의 의미대로 "공정하고 공평하고 공익을 높이면 공론은 즐거워한다"이다. 이때 공론(公論)은 오늘날의 여론(輿論)과 같은 것인가 다른 것인가? 같은 점도 있지만 다른 점이 오히려 더 많다 할 수 있다. 예컨대 오늘날의 포퓰리즘을 추종하고 지지하는 여론은 공론(公論)인가 아닌가? 복지라는 이름으로 현금을 살포하는 정책을 지지하는 여론이 우세하다 해서 그것이 공론(公論)이 될 수 있는가? 그 여론은, 그 정책이 실제 공익(公益)과는 동떨어진 것이라는 점에서 공론(公論)이 되지 못하고 공론(空論)이 된다. 잇따라 후회하고 비판하고 공격하는 목소리가 비등해질 것이기 때문이다.

이러한 공(公)은 공인(公人)의 소관이다. 공인이 아닌 일반인에겐 특별한 경우가 아니면 공(公)을 실현할 기회가 주어지지 않는다. 그럼 공인은 어떻게 공(公)을 실현할 것인가? 앞서 용(容)에서와 같이 오직 성(誠)이다. 성(誠)하지 않으면 공(公)과 사(私)는 혼동된다. 성(誠)함으로써 공인은 공(公)의 위치에서 자기 직분을 다하고, 사인(私人)은 사(私)의 자리

15　James Legge는 그의 『중용』譯 *The Doctrine of the Mean*에서 公則說을 "By his justice all were delighted"로 번역해서 공(公)을 justice로 譯했다.

에서 자기 소임을 다한다. 성(誠)은 흔들림 없이 온 정성을 다 쏟고 온 마음을 다하는 것이다. 그 정성 그 마음에 악(惡)함이 있을 수 없고 내 것만을 찾는 탐심(貪心)이며 사심이 있을 수 없다. 그럼으로써 그것은 선(善)이다. 성(誠)함으로써 선(善)이 된 것이다. 그리고 그 '선을 굳게 잡고 고집스러이 그 선을 지키는 것(擇善而固執)',[16] 그래서 마음은 어둠이 가시고 밝아진다. 성(誠)함으로써 마음의 착함(善)과 그 마음의 밝음(明)이 이루어지는 것이다.[17] 그리고 바르고 공평하고 치우침이 없는 본래의 공(公)이 심덕(心德)이 되고, 중용이 행해지는 것이다.

V. 새 모형 소감(所感)

류성룡은 공인(公人)으로서 30년 이상을 지냈다. 공인으로서 그의 30년간의 행적과 그가 남긴 글 『서애전서(西厓全書)』를 보면 한결같이 하루같이 성(誠)이다. 어떻게 그런 성(誠)이 가능했을까? 그것도 조선조 사상 가장 격렬하고 참담한 시대를 겪으면서 말이다. 그리고 큰 업적을 남긴 채 직분을 다하고는 미련 없이 자리에서 물러났다. 뒤도 돌아봄 없이 서울에서도 멀리 떨어진 한적하고도 궁벽한 곳으로 돌아가서는 다시는 서울로 조정으로 돌아오지 않았다. 공인으로서 우직스러우리만큼 그 직분을 다함이며, 윗사람으로서 권능(權能)이 아닌 심덕(心德)으로써 아랫사람들을 이끌어 갔음이며, 사람을 찾고 대하고 쓰고 그리고 자기 소임을 다하게 하고 각기 능력을 최대한 발휘케 한 심덕의 리

---

16 『중용』 21장.

17 『순자(荀子)』 「불구편(不苟篇)」에 "공생명 편생암(公生明, 偏生闇)"—공정 공평하면 마음은 밝음을 낳고, 편협 편파하면 마음은 어두움을 낳는다는 유명한 구절이 있다.

더십, 치우침도 사심도 편애도 편파도 없는 그것은 바로 중용이며, 중용으로써 사람을 끌어가는 중용의 리더십이었다.

그는 오직 성(誠)에서 정파를 초월해서 관용(寬容)으로 사람을 수용하고 포용했다. 오늘날 정치학 용어로 말하면 그는 수용(inclusive)의 정치며 포용(comprehensive)의 정치를 했다. 그는 배제(exclusive)의 정치며 거부(rejective)의 정치를 하지 않았다. 그의 「진사록(辰巳錄)」 등 『징비록』 전체에 오르내리는 인물만 해도 250명이 넘는다. 한 개인으로서 어떻게 그 많은 사람들을 지감(知鑑)할 수 있었을까? 그의 통찰력은 또 누구보다 깊었다. 적은 육지로 쳐들어오는데 어떻게 바다를 지켜야 한다고 미리 내다보았을까? 도시 그의 앞서 내다보는 그 예지력(豫知力)은 어디서 나왔을까?

나는 오직 성(誠)이라고만 생각한다. 나는 그의 행적을 더듬고 찾아가면서 삼읍(感泣)했다. 나는 그의 글을 읽으며 글 읽기보다 감동을 먼저 읽었다. 가슴에서 눈물이 솟는 경우가 한두 번이 아니었다. 조선조 오랜 역사에 등장한 그 누구에게서 이러함을 느낄 수 있었을까? 그의 나라 위한 충심은 임금이나 조정보다 백성을 연민(憐憫)하는 애민심이었다. 병력(兵力)도 병량(兵糧)도 꼭 같이 바닥에서 헤매는, 자강(自强)의 능력이며 그 가능성이라고는 만에 하나도 보이지 않는 극한의 상태에서, 오직 지키고 버틸 수 있는 것은 산의 성(城)이 아니라 마음의 성(誠), 그 하나만이 아니었을까. 그래서 이 글은 처음부터 사서 『중용』의 핵심인 성(誠)을 주제로 류성룡 리더십을 다시 찾고, 지금까지 논의해 본 일이 없는 '심덕중용의 리더십'이라는 새 모형을 세워, 그의 리더십을 한 번 더 새로이 정립해 보려는 것이다.

제2장

중용, 왜인가

— 미래 지향성

I. 머리의 말

이 글은 류성룡이 그 참담한 임진왜란에서 어떻게 나라를 지켜 낼수 있었는가를 그의 '시관(時觀)'을 통해 밝히려는 데 뜻이 있다. 지금까지 류성룡 연구는 여러 분야에서 여러 주제로 다각도로 진행되어 왔다. 역사적 사실에 근거해 그 시대를 다양하게 조명한 것은 말할 것도 없고, 정치학·사회학·행정학·경제학·경영학 그리고 군사학적 측면에서까지 류성룡의 시대와 그의 행적·업적을 포괄적으로 심도 있게 다루어 왔다. 일찍이 우리 연구에서 이렇게 한 인물을 다측면에서 다각적으로 연구한 예는 흔치 않다. 앞으로의 류성룡 연구는 역사학보다는 사회과학 분야에서 지속될 것이며, 더 좋은 결실이 있을 것이다.

이 글에서는 류성룡이 과연 어떤 '시관'을 가지고 국사(國事)에 임했으며, 난국을 타개하고 미래를 열어 갔는가를 보려 한다. '시관'은 아직까지 우리말 사전에 등재되지 않은 사회학적 용어다. 글자 그대로 시관은 시간에 대한 관점(觀點)이고 시각(視角)이다. 어떤 눈으로, 어느 방향에서 시간을 보고 있느냐가 관점이다. 어떤 각도, 어떤 자세로 시간을 보느냐가 시각이다. 보는 관점에 따라, 각도에 따라 사물이 완전히 다르게 보인다. 시간 또한 그 봄(觀)에 따라 완전히 다르게 보인다. 보임에 따라 인간의 마음도 정신도 행동도 달라진다. 역사의 지향도 달라진다.

우리말 사전에 '시관'이라는 표제어는 아직 없다. 전통 사회에도 '시관'이라는 개념은 없었다. 『역(易)』의 관괘(觀卦)에 육관(六觀)이라는 관(觀)의 분류가 있지만, 이 여섯 가지 분류에도 시간을 보는 관은 없다. 불교에는 관세음(觀世音)처럼 '소리를 본다'는 말은 있어도 '시간을 본다'는 말은 쓰이지 않는다. 영어의 시관은 'perspective'다. 이 단어는 우리말로 투시(透視)·조망(眺望)·원근(遠近) 혹은 원근법(法), 그리고 시각(視角)이라는 의미를 나타낸다. 이때의 perspective는 세상을 보는 관점, 시각을 의미한다. 관점과 시각에 따라 세상은 전혀 다른 새로운 전망으로 펼쳐지기도 하고, 낡은 그대로의 모습으로 존속되기도 한다.[01]

이 글에서 '시관'은 시간 지향(時間志向, time-orientation)이다. 어떤 눈으로 시간을 보느냐에 따라 목표가 달리 정해지고, 목표 따라 마음 향(向)하는 곳, 바로 지향(志向)도 달라진다는 의미에서다. 시간을 보는 눈은 세 가지다. 과거의 눈으로 시간을 보느냐, 현재의 눈, 아니면 미래의 눈으로 보느냐이다. 어떤 시간의 눈으로 보느냐에 따라 과거 지향(past-oriented), 현재 지향(present-oriented) 그리고 미래 지향(future-oriented)으로 나누어진다. 사람의 삶에서 시간이란 이 세 지향 중 하나만 선택되는 것이 아니다. 두 개나 세 개로 얼마든지 중첩될 수 있다. 그럼에도 누구에게나 일관되게 나타나는 중심 지향(中心志向)이 있다.

---

01 웹스터 사전의 용례에 "그 일은 우주를 참신한 관점으로 보게 했다(The event has thrown the universe into a fresh perspective)"가 있다.

어떤 문제, 어떤 사태에 대해 결정적으로 결단을 내릴 때 나타내는 지향이 그것이다.

이 글에서는 류성룡이 어떤 눈, 어떤 지향으로 시간을 보았느냐를 규명한다. 그의 리더십이 어떤 '시관'에서 나왔느냐가 핵심이다. 물론 과거·현재·미래 중 어떤 '지향'이었느냐다. 그러기 위해선 무엇보다 그 시대의 일반적 지향이 먼저 탐지되어야 한다. 류성룡 시대도 그러했지만 류성룡 이전 거의 4세기에 이르는 그 끈질기고도 치열한 적폐 청산, 적(敵)패몰이는 도대체 어떤 '시관'으로 만들어졌는가, 어떤 시관이었기에 그토록 성곽처럼 완고한 진영이 구축되어 헤일 수 없이 많은 사람들을 죽이며 싸웠는가, 그래서 어떤 결과에 이르렀는가를 살펴보아야 한다. 서두에서 조선시대의 적폐 청산, 적패몰이를 상세히 논하는 이유가 바로 그것이다. 이 모두 그 당시 사람들의 시관과 연결되기 때문이다.

조선시대의 그 같은 시관에서 "왜 '오래된 미래'인가?"의 물음이 나온다. 여기서 '오래된 미래'는 오롯이 조선시대 시관의 산물이다. 그것이 오늘 이 시대에, 그 시대의 판박이로 재현되어 나라가 격하게 뒤흔들리고 있다. '특혜는 받되 책임은 지지 않는 사람들'의 행태가 이미 오래전에 예고된 '미래', 지금 우리의 이 '현재'라는 것이다. 그럼에도 '새로운 미래'의 희망의 여지는 우리 사회에 여전히 있다. 이유는 '오래된 미래'를 연출하는, 그래서 우리 사회를 뒤흔드는 그러한 한 축(軸)이 있다 해도, 그것을 압도하는 다른 축들이 있기 때문이다. 그만큼 지금 우리 사회는 다양하고(diverse) 다원적(plural)이다.

II. '오래된 미래', 그 실존의 유래

1. 왜 '오래된 미래'인가

1) '오래된 미래', 시제(時制) 상으로 가능한 이야기인가. 오래된 것은 모두 과거다. 과거는 이미 지나간 것이고 지나간 것은 앞으로 다가올 것과는 반대 방향으로 사라지고 있는 것이다. 사라지는 것은 잊히는 것이다. 그중 일부가 역사의 기록에 혹은 세인의 기억에 남는다 해도, 그것은 '오래된 과거'일 뿐 '다가올 미래'가 될 수는 없다. 흔히들 '역사는 과거와 현재의 대화'라 하지만, 아무리 깊게 대화를 해도 역사는 여전히 '과거'이고, 현재는 역시 '현재'인 것이다. 더구나 아직 이르지 않는 '미래(未來)'임에랴.

그런데 어떻게 그 '다가올 미래', 아직도 '존재하지 않는' 그 내일에 지난 것에만 붙는 '오래된'이라는 말이 붙을 수 있는가? 시간의 역발상(逆發想)인가, 시제의 반어법(反語法)인가? 역발상도 반어법도 아니라면, '오래된 미래'는 대체 우리에게 어떤 의미인가? 20세기도 아닌 21세기, 중단 없이 지속적으로 앞을 열어 나아가야 할 이 시점에서 어째서 '오래된 과거'가 '오래된 미래'로 형상화(形象化)되고 실제화(實際化)될 수 있는가? 오래전의 조선왕조도 아닌 지금 현재, 더구나 '1948년의 건국' 이래 그 어느 시기보다 바로 '지금' 이 시점에서, 이 기이한 '언어 도착(言語倒錯)'이 현실이 되어 있다면, 그것도 가장 참담히, 가장 절망적으로 그 현실이 지금 우리를 포박하고 있다면, 우리가 지금 풀어야 할 초미(焦眉)의 급무는 무엇인가? 어떤 시간 지향으로, 그 어떤 의식과 방법으로 이 문제에 접근해야 하는가?

이 접근에 앞서 우리를 미혹(迷惑)게 하는 것, 우리의 판단을 더욱 헤매게 하고 어지럽게 하는 것은 이 '오래된 미래'가 지금 우리 '한국인들'만이 갖는 특유한(unique) '난제(problem)'이기도 하고, 우리 '한국인들'만의 특유한(peculiar) '역사(history)'이기도 해서다. 물론 시야를 더 넓혀 나라들을 보면 결코 우리만이라 할 수는 없다. 우리와 같은 역설(逆說)의 역사를 가진 나라들은 많다. 그러나 오늘날의 우리처럼 세계화되고, 세계적인 경쟁력을 갖고, 그리고 마치 식민지 시대나 다름없이 다른 나라 영토 안으로 들어가서 자국의 경제 영토를 넓혀 가고 있는 나라들 중에 우리처럼 이같이 기이한 특유의 난제(難題)와 역사를 안고, 그같이 세계적인 나라가 된 경우는 유사 이래 없었다. 그래서 우리 특유라는 그 '특유(peculiarity)'는 지금 현재 우리에게 조금도 지나치지 않다.

어째서 그러한가? 어째서 그러한 '오래된 미래'가 지금 우리의 현재로 재현되고, 현실로 작동하고, 미상불 미래의 그 어느 시점에까지 우리를 이렇게 끌고가게 하지 않을까 우려하게 되는가? 우리는 지금 그 전말서(顚末書)를 찾아내야 한다. 그 자초지종(自初至終)을 현재를 사는 우리 모두에게 말해 주어야 한다. 쉽게, 이 땅에 사는 그 누구나 알 수 있는 이야기처럼, 그러면서도 증거가 명백한 논문처럼 설명해 주어야 한다. 왜 우리는 그러한 '기이한' 역사를 살고 있는지, 그 '기이한' 일상을 가고 있는지, 가감 없이 정직하게, 부끄러우면 부끄러운 대로, 욕되면 욕된 대로 말해 주어야 한다. 여기서 '민족(民族)' 혹은 '민족주의'는 금물이고, '국수(國粹)', 더구나 국수주의는 더 금물이다.

2) '오래된 미래'는 현재 우리를 설명하고 미래의 우리를 설명해 주

는 키워드(keyword)다. 말 그대로 잠겨 있는 쇄문(鎖門)을 열어젖히는 열쇠가 되는 말(word)이며, 단서(端緒)가 되는 개념(concept)이다. 지금 우리가 당면한 문제들을 풀고 해결해 주는 실마리가 되는 언어다. 이 언어 속에 내포된 우리의 긴 과거만큼 우리의 현재며 미래도 이 언어가 말해 준다. 그래서 더 길게, 더 멀리 우리의 앞날을 조명(照明)하는 등(燈)일지도 모른다. 그 등이 실상을 제대로 비추려면, 꺾임 없이 있는 그대로를 비출 수 있게 하려면, 두 가지 금물을 명심해야 한다. 하나는 '민족애'에 포박되지 않는 것이다. 다른 하나는 우리 민족이 정신적으로, 도덕적으로 우수하다는 '국수'에 휘말리지 않는 것이다. 이 두 가지에 포박되고 휘말리면 '오래된 미래'는 '왜곡된 미래'가 된다.

이 등(燈)이 무엇을 비추는지, 또 무엇을 직설(直說)해 주는지, 지금 당장 우리 오감(五感)에 와서 닿는 사례는 헤아릴 수도 없이 많다. 왜 우리는 아직도 선진국이 못 되는가? 1인당 국민소득에서는 이미 선진국에 진입하는 3만 달러가 되었는데, 어째서 나라의 품격(品格), 흔히 말하는 국격(國格)은 일본, 미국, 서유럽 국가들에 훨씬 못 미치는가? 개개인의 품격에서도 우리는 왜 인격적으로 성숙한(mature) 시민이 되지 못하는가? 세계 최고의 교육 수준에도 왜 여전히 우리는 정직성, 투명성, 준법정신, 신뢰도 면에서 미성숙을 보이는가? 지나친 '자기 폄하'인가? 매년 한국인들의 인구 비례 고소·고발 사건이 일본의 120배가 넘는다는 사실을 상기해 보라. 얼마나 우리는 시민적 성숙과 인격적 완성에서 멀어져 있는가.

정치적으로 우리의 내부 분열은 어째서 그토록 가열(苛烈)한가? 갈등은 어째서 그토록 첨예한가? 민주주의의 근저를 이루는 관용, 타협, 협의, 협상의 능력은 어째서 그토록 덜 발달되어 있는가? 어째서 새로

들어서는 정권마다 기묘하게도 하나같이 '진영(陣營)'을 구축해서 내 편과 네 편을 흑백으로 가르고, '배제'와 '닫힘'의 정치로 그토록 일관되게 변함없이 거듭하는가? 오랜 세월 우리 정치는 어째서 그처럼 역진(逆進)하고 또 퇴화하는가? 그래도 민간(民間)이 생동하고, 기업이 역동하고, 시장이 작동해서 기적적으로 선진국의 문턱까지 왔지만, '정권(政權)'은 여전히 그 문턱 밑에 도사리고 있는 함정 속으로 빠져들고 있지 않은가.

왜 '정권'은 그러한가? 특히 지난 세기 90년대 이후 소위 민주화 시대 이래 '정권'들의 역행(逆行)이며 역진은 '단군 이래 최대 호황'이라 했던 이전의 '1980년대'와 너무나 대조되지 않는가. 그러나 다시 생각해 보라. 우리 역사에서 지난 세기의 그 호황은 오히려 별건(別件)이며 예외(例外)다. 지금처럼 젊은이들이 스스로를 방기(放棄)하는 자포 시대(自抛時代)의 정치사회적 행태가 우리의 일상이며 본모습이지 않은가. 이는 오로지 우리의 그 '오래된 미래'로 해명할 수밖에 없다. 그 '오래된 미래'로 우리의 '특유성'을 규명할 수밖에 없다. 그만이 아니라 역사를 거슬러 올라가면 일본도 중국도 왜 우리와 다른가가 이해된다. 특히 일본이 한국과 왜 그토록 차이가 나는지 밝힐 수 있다. 그러기 위해선 지금부터 5세기 거슬러 올라가 '류성룡 시대' 16세기 말의 임진왜란에 초점을 맞춰야만 한다.

2. 어떤 '정치적 결과'인가

1) '모든 정치는 결과(consequence)다'라는 오랜 잠언이 있다. 어떤 정치든 결과로 설명되고 결과로 평가된다는 것이다. 이 정치의 결과

는 두 가지다. 하나는 '업적(業績)'이고, 다른 하나는 '행태'다. 정치는 위대한 업적으로 역사에 기록(記錄)되든지, 아니면 으레 있는 정치행위의 한 행태로 기술(記述)되든지, 둘 중 하나다. 업적은 역사의 다른 업적들과 구분되고 비교된다는 점에서 '기록(record)'한다 하고, 행태는 비슷비슷하거나 같은 여러 정치 행태 중의 하나라는 점에서 '기술(describe)'된다고 말한다.

정치의 얼굴은 복잡하고 다양해서 이 둘만의 유별(類別)로는 얼마든지 부족할 수 있다. 어느 정치든 그 형태(regime) 면에서 군주정(君主政)도 있고 민주정(民主政)도 있고, 또 과두정(寡頭政)도 있고 혼합정(混合政)도 있다. 기능의 측면에선 민간 주도·시장 경제의 정치도 있고, 정부 주도·계획 경제의 정치도 있다. 자유·자율에 기반한 분권화(分權化)·다원주의 정치도 있고 강제·타율에 의거한 집권(執權)·일원주의 정치도 있다. 그러나 어떤 정치의 형태, 어떤 정치 기능이든 정치에는 반드시 '결과'가 있다. 결과는 모든 정치의 '결산'이며 종합화다. 잘했든 못했든, 혹은 잘됐든 못됐든, 결과는 종장에 그려지는 마지막 얼굴, 최후의 그림이다. 그 그림에 미완성은 없다. 있는 그대로가 완결판이다.

이 정치의 '결과'인 업적과 행태는 일반적으로 역사 기술에서는 서로 중복된다. 예컨대 군주정에서 어떤 한 군주의, 혹은 민주정에서 어떤 한 총리, 한 대통령의 업적과 행태는 함께 논의되고 함께 쓰인다. 그것이 일반적이고, 역시 그것이 정상이라 생각한다. 그러한 업적에 그러한 행태가 있고, 그러한 행태 때문에 그러한 업적이 나왔다. 그리고 그 역(逆) 또한 진(眞)으로 보는 것이다. 하지만 여기서는 이들을 각기 다른 종속적 결과로 보고 그런 결과를 가져온 독립 변수를 따로 찾아서 따로 설명한다. 왜 어떤 정치는 그런 '업적'을 냈는데, 왜 어떤 정치는 그런 '행태'를 보였느냐, 무엇이 그런 결과, 그런 차이를 가져오게 했느냐를 말하는 것이다.

　이제까지의 일반적인 기술과는 달리 왜 이런 업적·행태를 분리해서 설명하려 하는가? 그것은 이 글의 주제가 '오래된 미래'이고 이 '오래된 미래'는 정치의 정태적(靜態的) 기술보다 동태적(動態的) 분석을 통해서 더 잘 이해될 수 있기 때문이다. 보다 구체적으로, 정치를 정태적으로 추상화해서 개념화하지 않고 동태적으로 실제화해서 그 실상을 보다 생생히 밝힘으로써, 기존의 정치 설명에서는 이해하기 힘든 이 '오래된 미래'가 보다 분명히 파악될 수 있고, 그 줄기며 가지와 잎, 그것이 만들어지는 원인이며 과정이 이 분리 방식을 통해 보다 생생히 설명될 수 있기 때문이다.

　2) 이 같은 분리 설명을 통해 먼저 업적을 보면, 어느 정치든 업적은 '성취(achievements)'의 결과다. 정치든 역사든 동태적으로 보면 핵심은 이 성취다. '어떤 성취를 했느냐'가 '어떤 업적을 가져오는가'이다. 그렇다면 이 성취는 어떻게 이뤄지는가? 그것은 지금까지 지녀 왔던 사고, 행해져 왔던 제도·법령·관행 등 기존의 규제 방식으로는 안 된다. 그것은 성취를 옥죄는 굴레며 장애물들이다. 이 굴레며 장애물들을 부수고 넘어서는 데서, 파괴하고 초월하는 데서 성취는 시작된다. 기존의 것, 그것이 정신이든 물질이든, 혹은 일상의 생활용품이든 행위 규범이든 성취는 새로운 것, 신사업을 만들어 내는 것이기 때문에, 그 모두를 그대로 두고는 아무것도 이루어 낼 수 없다.

　새로운 변화, 다가올 미래에 맞춰 이 모두를 마치 표범 가죽 벗기듯 혁파(革罷)하고, 지금까지 없던 것, 상상하지도 못했던 것을 '창조(創造)'

하는 것이다. 그래서 성취는 과거의 연속(連續)이 아니라 과거와의 단절(斷絶)이다. 어머니 모태(母胎)로부터 탯줄을 끊는 것, 그래서 새 생명이 태어나는 것, 그것이 소위 '창조적 파괴'이고 '창조적 혁신'이다. 파괴는 언제나 혁신을 전제하고 혁신은 반드시 파괴를 동반한다. 그 결과의 함축인 '업적'은 이래서 이루어진다. 여기에 '오래된 미래'는 없다. 오래되어서 더 이상 기능이 끝난 것, 작동할 수 없는 것, 그래서 신산업, 새로운 성취에 걸림돌이 되는 것, 그것은 모두 제거되고 없어진다. 그래서 '오래된 미래'는 없고, 오직 '새로운 미래'만 있다.

반대로 행태는 '반복(repetition)'의 결과다. 반복은 고수(固守)가 그 시작이다. 고수는 본래대로 변화 없이 굳게 지키는 것이다. 지키는 것은 지난 것을 계속 이어 가는 것, 되풀이 반복하는 것이다. 어떤 행동, 어떤 생각이든 계속 반복하면 어떤 한 유형(類型), 소위 패턴(pattern)이라는 것이 만들어진다. 행태는 이 반복함으로써 만들어진 '반복되는 행위 유형(repeated behavior pattern)'이다. 바로 행위 패턴이라는 것이다. 이 행위 패턴은 모든 사고, 모든 행동의 본보기(example)가 되어서 모두 이 패턴을 따라 사고하고 행동한다. 그래서 정치적으로, 사회적으로 혹은 관념적으로 이 행태는 갈수록 변화의 여지가 없어지고 더 굳어지는 속성을 갖는다.

정치적으로는 제도며 법령·관행이 현실의 변화 현장의 아우성과는 동떨어져 경직되고 강화되어서 그 특유의 정치 행태가 만들어진다. 사회적으로는 전래의 그 생각과 행동, 생활 방식(way of life)이며 생활 양식(lifestyle) 이 모두 그대로 지속되어서 그 사회 특유의 사회 행태가 고착된다. 말할 것도 이념도 가치도 흔들리거나 멀리하거나 거부·이탈의 조짐 없이 마음속에 있던 그대로 자리해서 심리적으로나 사상적으로 그 특유의 관념 행태가 형성된다. 이 '행태'의 형성은 어느 한 위치, 어느 한 방향이며 한 부분에서만 만들어지는 것이 아니라 전방위적(全方位的)이고 사회 전체적이다. 그래서 이 '행태'는 역사에서 왕왕 보는 몇 가지 주요 특징을 갖는다.

그 특징은 무엇보다 폐쇄성이다. 그리고 진영적이고 근본주의적이라는 것이다. 그것은 말할 것도 없이 앞서 본 그 전래의 것을 오로지 그대로 반복함으로써 만들어진 유형—패턴에 따라 사고하고 행동함으로써이다. 폐쇄(閉鎖)는 밖으로 문을 닫아 잠그는 것이고, 생각이든 행동이든 열림과 융통이 없는 것이고, 은둔·한거·칩거(seclusion)·편향 등 내면 지향적(inner-directed)이다. 진영은 내 편, 네 편을 철저히 가르는 것이고, 나 아닌 다른 편은 모두 적(敵)이고, 적은 없애거나 퇴치해야 하는 대상으로 생각하는 것이다. 근본주의(根本主義)는 오직 나만 도덕적이고 선(善)하고 나와 다른 사람, 다른 생각을 가진 사람들은 '근본적으로' 비도덕적이고 사악하다는 믿음이다. 그 믿음은 경(經)을 문자 그대로만 해석해서 문자 밖이거나 문자에 없는 것을 해석하는 사람은 '성인(聖人)의 말씀'을 모독하는 사문난적(斯文亂賊)으로 몰고 만다. 그래서 생각과 행동이 아주 급격하거나 과격(radical)하다는 특징이 있다.

3) '오래된 미래'는 앞선 때의 성취가 이루는 '업적'과는 정반대로 반복이 만들어 내는 이 '행태' 속에 있다. '행태' 자체가 오래된 것의 반복이라는 점에서 이 행태 속에 자동적으로 '오래된 것'이 내포되고, 그것도 '오래된 것만'을 선택적으로 유전적으로 내포하는 관성(慣性)이 있다. 그래서 흔히들 말하는 온고지신(溫故知新)[02]이며 법고창신(法故創新)

---

02 『논어』「위정(爲政)」편 11, "옛것을 익혀 새것을 알면 스승이 될 수 있다(溫故而知新,

도 지신(知新)이나 창신(創新)보다 온고(溫故)며 법고(法故)에 더 의미가 주어진다. '옛것을 익혀서 새것을 안다(acquiring new)'는 온고지신이나 '옛것을 본받아 새것을 만든다(creating new)'는 법고창신에서 다 같이 '새것의 앎'이나 '새것의 만듦'은 무시되거나 거부되고, 심지어는 금기시되기까지 했고,[03] 그 경향과 추세는 조선이 끝나도록까지 계속됐다.

그러나 '오래된 미래'가 정치 결과의 한 축인 이 '행태' 속에 예외 없이 들어 있다 해도, 모든 정치의 행태가 꼭 같은 모습으로 '오래된 미래'에 갇혀 있는 것은 아니다. 그 구속성·포박성의 강도며 그 작용의 범위와 정도가 어떤 정치 행태에서는 유연하고, 어떤 정치 행태에서는 경직된 차이가 있다. 또 어떤 정치 행태에서는 지속적으로 상존(尙存)하고 어떤 정치 행태에서는 간헐적(間歇的)으로 되풀이되는 모습을 보인다. 그렇다면 무엇이 정치 행태에 따라 그같이 확연히 다른 차이를 가져오게 하는가? 한결같이 '오래된 미래'임에는 변함이 없는데 어떤 경우 그 지속이 상존적이고 어떤 경우 간헐적인가? 또 어떤 경우 그 작용이 신축적이고 어떤 경우 경직인가? 그것은 절(節)을 달리해 다음 시관(時觀, time-perspective)에서 다시 밝히기로 한다.

III. 끈질긴 역사: 적(積)폐 청산, 적(敵)패몰이

우리 역사에서 끈질기게 지속적이며 심지어 공고(鞏固, consolidation)하기까지 한 '오래된 미래'는 어떤 것일까? 어느 역사에서도 '오래된

可以爲師矣)."

03 『논어』「술이(述而)」편 1, "(선대의 예악 문물을) 전술할 뿐 지어 내지 않는다. 진실로 옛 것을 믿고 좋아한다(述而不作, 信而好古)"와 같이 새것이나 새로운 것을 캐어 내거나 만든다는 것에 대해 거부적일 뿐 아니라 터부시하는 경향이 강하다.

미래'라는 주제는 없다. 그것이 역사학과 사회과학의 차이다. 역사는 있는 그대로의 '사실'을 기록하는 것이고, 역사에서 '오래된 것'은 오래전의 것일 뿐이다. 하지만 사회과학에서는 그 오래전의 것이 왜 지금도 상존하고 있고, 오래전의 그때와 꼭 같이 작용하고 있느냐를 따진다. 그 대표적인 것이 '적폐 청산'이다. 물론 이것만이 아니라 우리특유의 '적전 분열(敵前分裂)', '내부 투쟁', '진영 구축'에 다른 사회와도 비교하기 어려운 우리 특유의 '원한, 분노, 한풀이'가 있다 이 모두 선대의 데자뷔라 해도 이의(異議)를 달기 어려운 우리만의 '오래된 미래'다.

1. 정권의 화두 '적폐 청산'은 조선시대 판박이

1) 적폐 청산은 오늘날도 새로 들어서는 제반 정권들의 화두(話頭)다. 생각의 시작이고 말의 머리이며 온갖 정책의 출발점이다. 가히 이 정권의 '알파와 오메가'라 하기에 충분하다. 그렇게 지칭하고도 남을 만큼 그 매달림은 유별나고 집요하다. 아마도 1948년 대한민국의 창건 이래 이보다 더 한 가지 문제에 모든 것을 건 예는 다시 찾아보기 어렵다 할 것이다. 왜 그러할까? 도시 이 정권이 청산하려는 '적폐'가 그어떤 것이기에 그렇게 매달릴까? 그렇게 한 정권이 사활(死活)을 걸 만큼 그토록 결정적인 것이라면 도대체 지금의 대한민국은 어떻게 존재할까? 어떻게 이 수준에 이를 수 있었으며 어떻게 그 빈곤의 임계점을 넘어 국민소득 3만 달러의 글로벌 국가가 되었을까?

적폐는 글자 그대로 '쌓인 폐단(弊端)'이다. 쌓인 폐단은 역사적으로 오랜 세월 묵어 온 잘못된 것, 해로운 것, 지금 당장 제거하거나 고치지 않으면 앞으로 더 나아갈 수 없는, 시대의 변화와 요구에 전혀 맞지 않는 제도며 법령이며 규제며 관행이다. 총체적으로 구질서다. 구질서라 하면 1789년 프랑스 혁명의 '앙시앵 레짐(ancien régime)'을 상기시키지만, 적어도 적폐 청산은 그에 준하는 혹은 그에 필적하는 일대 개혁이다. 하지만 더 중요한 것은 적폐 청산 다음의 신(新)제도, 신질서의 새 시스템을 만드는 것이다. 이 새로운 시스템의 구축과 그 시스템의 지속적, 안정적 작동이 없는 적폐 청산은 또 다른 적폐를 불러올 뿐이다. 어떤 새 정권이든 새로운 정권의 새 정치가 요구되는 것은 오직 그러한 이유에서다.

그런데 지금 그러한가? 정말 국민들이 바라는 그러한 적폐 청산을 하고 있는가? 만일 그러하다면 그것은 '오래된 미래'가 아니고 '새로운 미래'의 시작이며 만듦이다. 그러나 지금 어느 국민이 '새로운 미래'를 위해 새로운 제도와 법규, 새로운 질서와 시스템을 만들어 내고 있다고 생각하는가? 국민들이 생각하는 '적폐'는 그대로 남아 있을 뿐, 오히려 더 새로운 적폐가 이 정권 들어 추가적으로 계속 쌓여 가고 있다고 믿고 있지 않은가. 거기에 정권 밖에서 이 새로운 적폐를 만드는 세력과 현 정권이 이전 정권과는 비교 안 될 정도로 유착되고 있다고까지 여기고 있지 않은가.

예컨대 지금의 소위 귀족노조야말로 적폐 중의 적폐다. 거기에 정치·행정·교육·문화 분야는 물론 심지어는 시민단체 내에까지 끊임없이 지대(地代)를 높이고 요구하는 뿌리 깊은 기득권 세력이 있다. 이 세력들 모두 적폐 중의 적폐다. 이런 적폐들을 이 정권은 청산하려 하는가? 거꾸로 이 적폐들과 밀착해 더 많은 적폐, 더 큰 적폐를 만들고 쌓고 있지 않은가. 그러면서 계속 적폐 청산을 부르짖고 있다. 그래서 국민들은 완전히 헷갈리고 헤매는 미혹(迷惑) 상태에 빠지고, 드디어는 '이제 그만'이라는 적폐 청산 회의론, 불신감까지 갖고 있다. 진실로 해야 할 적폐 청산은 하지 않고, 청산을 내세우기만 하면서 엉뚱하게 목적과 수단이 전도된 다른 정치 목적의 청산 '행태'를 보이고 있는 것이다.

  2) 그 다른 청산 '행태'가 바로 '적폐(積弊)' 청산이 아닌 '적(敵)패' 청산으로의 변신이다. 적폐는 글자 그대로 묵은 폐단, 쌓인 폐단이다. 적패는 적(敵)의 패거리다. 지금 청산의 대상이 되어 있는 이 '적패'의 적 패거리는 누구인가? 누구에게 물어도 그 대답은 자명하다. 내 파(派), 내 진영(陣營)에 속하지 않는 사람들, 이전 정권의 사람들이다. 정치·외교·교육·문화·국방 기타 어느 행정 부서에서 일했던 전 정권 그리고 그 이전 정권에서 일했던 사람들, 정규직이든 별정직이든 관계없이 그들은 모두 '적패'다. '적패' 청산은 바로 이 '적'으로 낙인(烙印)된 사람들의 내쫓음을 넘어 말끔히 정리·처분하는 것으로 전도되어 있다. 이를 적시(摘示)하는 기사며 사설도 그치지 않는다. 수년 전이지만 지금은 물론 앞으로도 그대로 통할 글들을 보면:

> 전 정권 인사들에 대한 적폐수사는 2년 가까이 진행되고 있다. 압수수색은 수백차례에 달하고 100명이 넘는 사람이 구속되거나 재판을 받고 있다. 이들에 대한 재판에서 선고된 징역형만 따져도 100년을 훌쩍 넘은 지 오래다. 재판이 진행 중인 장·차관급만 30명에 가깝고 한 부처 출신 수십 명이 한꺼번에 조사받고 기소되기도 했다. 성한 사람 찾아보기가 어렵다는 말이 나올 정도다. (〈조선일보〉 사설, 2018. 12. 8)

정권 교체 때마다 반복되는 일이지만 이렇게까지 잔혹하게 칼을 휘두른 적은 없다. '현대판 사화'란 말이 나온다. (…) 반대파 씨를 말리려는 무관용의 권력행위나 다름없다. (〈조선일보〉 '박정훈 칼럼', 2018. 12. 21)

정의로워야 할 적폐청산이 정적(政敵) 박멸의 수단으로 타락했다. 문정부의 불공정한 권력행사는 원한을 키우고 사회통합을 파괴한다. 살아있는 권력의 입맛에 맞춘 법의 오·남용이 공화국의 근간을 뒤흔들고 있다. (〈조선일보〉 '윤평중 칼럼', 2019. 1. 4)

2. 조선시대, 그 참담함

1) 지금의 적폐 청산이야말로 조선시대 그 '적패' 청산의 판박이다. 조선시대는 '조선시대'여서라지만, 지금 어떻게 조선시대와 같은 정치 '행태'일 수 있는가. 그러나 지금의 이 행태야말로 따지고 올라가면 500년도 더 전에 예견되었던 '오래된 미래'다. 조선조가 건국(1392)하고 100년이 지나면서(1498), 형식·명분은 적폐이고 실제로는 '적패'인 정적 박멸(政敵撲滅)이 시작되었다.[04] 이는 대한민국 건국 70년에 이르는 지금의 이 적폐 청산과 건국 대비 시간 간격으로 아주 유사하다. 현재 거의 모든 국사 교과서에 등장하는 그때 사림파(士林派) 학살의 참혹한 사화(士禍)가 50년 넘게 계속된다.[05] 내 편이 아니면 모두 적으로 분

---

04 물론 그 이전 1452년 단종 즉위년에 일어난 수양대군(세조)의 계유정난도 있었지만 이는 청산의 명분도 없는 정적 소탕·박멸의 쿠데타 그 자체였다.

05 1498년 연산군 4년 무오사화, 1504년 연산군 10년 갑자사화를 거쳐 1519년 중종 14년의 기묘사화 그리고 1545년 명종 즉위년의 을사사화까지가 근 50년간이다. 이후 1689년

류되어 수수백 명이 죽임을 당했고, 천민·노비로 전락한 가족까지 합치면 그 희생자는 매번 수천 명에 이르렀다.

이에 못지않게 처참했던 또 하나의 대표적 적패몰이가 바로 기축옥사(己丑獄事)다. 기축옥사는 속칭 정여립(鄭汝立, 1546~1589)의 난으로 선조 22년(1589)부터 시작해서 적을 바로 코앞에 둔 임진왜란 직전(1591)까지 이어진다. 이 사건은 지금까지도 '무옥(誣獄, 거짓으로 죄를 꾸며 옥에 가두는 사건)이다, 아니다'로 역사 논쟁이 끊이지 않고 있다. 군사력이라곤 전혀 없는 정여립이 노비 얼마와 가솔들을 거느리고 서울로 들어와 당시 대장이었던 신립(申砬)을 죽이고 병권을 장악해 조정을 뒤엎으려 했다는 것이 사건의 전말이다. 진위야 어떻든 당시 서인(西人) 영수 정철(鄭澈)이 반대 세력(동인東人)을 몰아내는 기화로 삼아 반대파는 물론 평소 정여립과 친분이 있는 사람들 천여 명을 골라 처형하는 대(大)옥사 사건이었다. 이 옥사를 계기로 특히 전라도가 반역향(反逆鄕)으로 지목되어 그 차별이 조선조 말까지 계속된다.

정철 본인이 전라도 창평을 근거로 한 창평인임에도 '적패' 청산에는 고향도 없었다. 「관동별곡」「성산별곡」「사미인곡」 등 송강 가사(松江歌辭)로 학교 교과서에까지 널리 알려진 조선조 가사문학을 대표하는 이 문인도 적패몰이엔 그 특유의 DNA가 있었던 것 같다. 그로 해서 비난도 받고 탄핵도 당해 임진왜란 다음 해 강화도에서 쓸쓸히 죽었지만, 그렇게 많은 사람들을, 그것도 정여립과 친분이 있다는 것 외에 아무런 혐의도 찾을 수 없는 무고한 사람들을 그렇게 무자비하게 죽일 수 있었을까,[06] 그것은 여전히 의문으로 남는다. 이 또한 오늘의 적폐

(숙종 16) 기사환국(서인 숙청), 1717년(숙종 44) 갑술환국(남인 숙청)이 이어진다.

06   바로 아래 '3. 두 개의 결과'에서 그 일단을 소개할 것이다.

청산을 보면서 정말 그것은 우리 역사에서 일찍 경험되고 예고된 '오래된 미래'였구나 생각하게 한다.

2) 이 같은 적패몰이는 이후에도 끈질기게 반복되어서 1623년 인조반정(仁祖反正)에서 또 한 번 반대파 숙청의 피비린내를 뿜다가, 조선 중기를 넘어서는 효종(孝宗) 다음의 현종(顯宗, 재위 1659~1674)대에 들어서는 효종의 국상(國喪)에 복(服, 상복)을 1년 입느냐 3년 입느냐를 두고 정권이 왔다 갔다 한다(1659). 지금 생각하면 도대체 정부(조정)라는 것이 무엇이냐, 그런 정부도 존재하느냐 의심할 정도로 첫 싸움 1차 예송(禮訟)(1659)에서는 서인이 이기고 남인이 모두 쫓겨나고, 2차 예송(1674)에서는 반대로 서인이 쫓겨나고 남인이 집권한다. 그것도 잠시, 다음 숙종(肅宗, 재위 1674~1720)대에 이르면 환국(換局)이니 대출척(大黜陟)이니 해서 세 번이나 정권이 오고 가는 피를 뿜는 적패몰이가 또 반복된다(1680·숙종 7년 경신대출척, 남인 숙청). 다음 경종(景宗, 재위 1700~1724)대에 이르러서도 반역을 꾀한다는 죄목으로 적을 대거 제거하고 박멸하는 '행태'(1722·경종 2년 신임사화, 노론 숙청)는 그치지 않는다.

마침내 1728년 영조(英祖)대에 들어서 노론 일당(一黨)이 지속적으로 권력을 장악하면서 정적은 거의 완전히 제거되고 '적패' 청산몰이도 잠잠해지지만, 15세기 말에서 18세기 초엽에 이르는 거의 4세기에 걸친 '오로지 내 편만'이라는 극단의 배제와 폐쇄의 정쟁으로 국가는 거의 기능이 상실됐다. 인공호흡기를 단 중환자나 다름없이 왕도 신하도 조정도 이름만으로 연명할 뿐이었다. 역사학자들은 영조와 다음 정조(正祖, 재위 1776~1800)대를 중흥기라고까지 말하지만, 사회과학자의 눈으로 보면 이미 나라는 백성의 나라도 양반 선비의 나라도 아닌 '그들끼리의 나라'일 뿐이었다. 같은 시기 정반대로 이웃 일본은 그들 역사 분류로 완전 '근대(近代)'에 들어섰고, 종주국 청국 역시 중국 역사상 최고 전성기를 구가하는 강희·옹정·건륭기(期)였다.[07]

3. 두 개의 결과

이 4세기에 걸치는 기나긴 적폐 청산-적패몰이의 결과가 어떠했나는 너무나 자명하다. 궁극적으로는 나라가 나라일 수 없어 마침내 속수무책 나라를 남의 손에 넘겨주고 말았지만, 그간(間)의 결과는 두 가지로 나타난다. 하나는 '신념윤리의 왜곡(歪曲)'이고 다른 하나는 '인재 풀의 왜소화(矮小化)'다. 이 둘 다 오래전에 예고된 '오래된 미래'다. 문제는 21세기 세계화, 시쳇말로 하늘과 땅의 차이만큼 천양지차(天壤之差)로 하늘도 땅도 달라졌는데, 어째서 아직도 우리는 '오래된 미래' 그대로의 적폐 청산일까? 그래서 '왜곡'과 '왜소화'라는 너무 큰 부정성이 조선시대와 마찬가지로 지금도 진행되고 있는 것인가?

1) 신념윤리의 왜곡·교조화

먼저 '신념윤리의 왜곡'에서 신념은 글자 그대로 내가 믿고 있는 생각이다. 물론 일관되게 지속적으로 변하지 않고 이 생각을 가지고 있을 때 쓰는 말이다. 우리가 일상으로 쓰는 이념·이데올로기, 혹은 가치·소신, 이 모두 신념이다. 신념윤리는 이 신념이 인륜(人倫)이나 도

---

07 1700년대 일본은 도쿠가와 막부의 안정기였고 서구 문물을 받아들이는 시기였으며, 청국은 강희(康熙, 재위 1662~1722), 옹정(擁正, 재위 1723~1734), 건륭(乾隆, 재위 1735~1795) 3대 140년간의 전성기로 경제 규모가 세계 경제의 40퍼센트를 차지한다고까지 했다.

덕과 마찬가지로 나에게 내재화(internalization)되어 있는 상태다.[08] 내
재화는 내 몸의 뼈와 살처럼 내 몸 안으로 들어와 의식·무의식화된 것
을 이른다. 구태여 신념윤리라 한 것은, 사람들은 인륜·도덕에서 벗
어난 행동은 잘 안 해도 자기가 가진 신념대로 행동하는 사람은 많
지 않기 때문이다. 신념윤리는 그만큼 신념에 철저하다는 함의(含意,
connotation)가 있다.

　신념윤리의 '왜곡'은 이러한 신념윤리가 완전히 잘못되어 있다는 것
이다. 구부러지고 뒤틀어지고 심지어는 거짓으로 꾸며져 있다는 말이
다. 영어에서도 'distortion'이라 해서 아주 의미 깊게 이 말을 쓰고 있
다. 자연 형태(natural shape), 본래의 의미(original meaning), 혹은 사실
들(facts)을 마음대로 바꾸고 진리(truth)를 새끼줄처럼 꼬아(twist) 놓은
것를 의미한다. 옛 사람들은 왜곡 대신 견강부회(牽强附會)라는 말을 널
리 썼다. 자기 감정대로 자기 편리대로, 사실도 의미도 바꾸고 말도 억
지로 끌어대고, 그리고 자기 고집대로 자기주장대로 잘못을 번연히 알
면서도 밀고 나갈 때 '견강부회한다' 했다.

　조선시대는 바로 이 신념윤리를 철저히 왜곡하는 시대였다. 적폐 청
산-적패몰이에서, 나는 물론 내 편에 속한 사람들의 신념과 소신·행동
은 언제나 옳고, 나와 다른 편, 더구나 반대편에 선 사람들의 그것은
'언제나' '절대로' 옳지 않은 것, 잘못된 것이라는 확신(確信)에 빠져 있
었다. 오로지 내 편에 선 사람들만 어떤 생각 어떤 행동을 하든지 모두
도덕적이고 윤리적이고, 반대편에 선 사람들은 더 볼 것, 더 따질 것

08　막스 베버, 전우성 옮김, 『직업으로서의 정치』 11장. 베버는 신념 그 자체와 과정에 집착
　　하는 '신념윤리'와, 정책 시행 결과와 결과에 대한 책임을 중시하는 '책임윤리'로 나누었는
　　데, 이 글에서 신념윤리는 베버가 말하는 그 신념윤리와 꼭 일치하지는 않는다.

없이 어떻든 모두 비도덕 비윤리적이라고, 말 그대로 견강부회했다. 이 내 편과 반대편을 도덕/비도덕, 예(禮)/비례(非禮), 정(正)/부정(不正)으로 확증 편향(確證偏向)해서, 서로에 대해 돌담을 쌓고 성벽을 높이 구축해 버리는 그 병리적 함정에서 수세기 동안 그들은 헤어나질 못했다.

그래서 나와 내 편의 사람들은 모두 '충심(忠心)'에 차 있고 반대편 사람들은 모두 '역심(逆心)'을 품고 있다고 질타하고 탄핵했다. 자동적으로 내 편은 모두 '충신(忠臣)'이고 반대편은 모두 '역신(逆臣)'이 되었다. 처음 훈구파(勳舊派)와 사림파(士林派) 간의, 어느 사회에나 있기 마련인 공통적인 권력 싸움이, 그것도 유교 윤리의 도덕·비도덕의 그렇게 심각할 것 같지 않았던 적폐 청산이 어떻게 그렇게 종교 전쟁 이상의 피비린내 나는 처절한 적패몰이로 바뀌었는가는, 그것도 몇 세기에 걸친 장구한 세월을 그렇게 끊이지 않고 이어졌는가는 유교 국가에서는 가장 치명적이며 결정적인 이 '충심/역심, 충신/역신'으로 신념윤리가 왜곡된 것 외로는 달리 설명할 길이 없다.[09]

이 조선시대의 '신념윤리 왜곡'은 현대 한국 사회, 특히 정권 핵심층의 '행태'를 연상시키는 너무 '오래된 미래'이고, 너무 오래전에 예고된 지금 이 시대 정권의 현재며 현주소다. 이 시대의 유행어 '내로남불(내가 하면 로맨스, 남이 하면 불륜)'이라는 역설 또한 그 시대의 '충심/역심, 충신/역신'의 데자뷔다. 청와대에 내걸었다는 '춘풍추상(春風秋霜)' 또한 그 시대 권력층이면 으레 집 벽에 걸어 두었다는 좌우명 '대인이춘풍,

---

09 그 대표적인 예가 기축옥사에서 정철의 잔인함이다. 그는 정여립과 단순히 친분이 있다는 것만으로 이발(李潑)을 국문해 죽이고, 그의 팔십 노모까지 '때려' 죽인다. 가장 인간적일 것으로 생각되는 조선 가사의 최고봉이 어떻게 그렇게 잔인할 수 있는가는 이 신념윤리의 왜곡으로밖에 설명할 수 없다. 이긍익, 『연려실기술 III』(고전국역총서 14), 선조조 고사 본말 '기축년 옥사', 471쪽.

처기이추상(待人以春風, 處己以秋霜)' 그대로다. 본래의 의미, '남에게는 봄바람, 나에게는 가을 서리'가 거꾸로 '나에게는 따뜻이 봄바람처럼, 남에게는 냉혹히 가을 서리처럼'으로 전도된 신념윤리가 되었다. 미상불이 같은 신념윤리의 왜곡은 이 정권 다음 정권이 들어서도 이어질 것이다. 그것은 너무 '오래된 역설'이고 너무 '오래된 미래'이기 때문이다.

2) 인재 풀의 왜소화

다음, '인재 풀의 왜소화'는 무엇보다 조선조 인재 수(人材數)가 너무 적고, 얼마 안 되는 그마저 극소수를 제외하면 너무 초라하다는 것이다. 이는 고대국가인 신라의 인재 풀과는 아예 비교조차 할 수 없고, 고려와 비교해도 훨씬 떨어진다. 신라가 삼국을 통일할 수 있었던 것은 그 인재 풀이 월등히 컸기 때문이고, 또한 나라를 위해 목숨을 내놓는 노블레스 오블리주들이 유달리 많았기 때문이다(『삼국사기』「열전」의 신라 인물들). 고려 또한 세계적인 대제국 몽골과 30년 이상 항쟁을 할 만큼 인재 풀이 컸을 뿐 아니라 그 항쟁에 절대적인 백성 동원력(動員力) 또한 탁월했다.[10] 임진왜란 때 몽골과는 비교도 안 되는 왜군을 맞아 18일 만에 서울을 내주고 압록강까지 임금이 도망간 조선조와 비교하면 고려는 역사에 기록된 인물보다 훨씬 많은 인물들을 실제(實際)에 남기고 있었다.

조선은 시작부터 인물들이 불우(不遇)했고 불운했다. 그나마 많지 않은 인물들이 등용의 기회도 제대로 갖지 못했고 가져도 성취(成就)하기 전에 이미 죽임을 당했다. 초기에 건국의 기틀을 잡은 정도전(鄭道傳)

---

10 류성룡도 『징비록』에서 신라와 고려의 백성 동원 능력에 비해 조선이 너무 작은 것을 한탄하고 있다.

이 그러했고 세종 때 두만강변의 육진(六鎭)을 개척한 김종서(金宗瑞) 또한 그러했다. 집현전 학사들로서 집단으로 학살된 사육신(死六臣)은 말할 것도 없고, 앞서 본 대로 거의 4세기에 이르는 적폐 청산-적패몰이로 동종(同種, homogeneity)만 남고 이종(異種, heterogeneity)은 모두 죽거나 내쫓김을 당했다. 인물은 동종-이종, 동질성-이질성의 혼종인 다양-다변성(diversity)에서 만들어지는 공통성이 있다. 외종만이 살아남는 조선조 풍토에서 인재 풀의 왜소화는 그 정치가 너무 인위적인 작위(作爲)인 결과였고 그렇게 불을 보듯 번연했다.

  학자로서 퇴계(退溪, 이황李滉, 1502~1571)도 있고 율곡(栗谷, 이이李珥, 1537~1584)도 있고 실학자 성호(星湖, 이익李瀷, 1681~1764), 다산(茶山, 정약용)도 있지만, 사실 이들의 학문은 독창성(originality)보다는 술이부작(述而不作)일 뿐이었다. 조선의 학문 지향에서 학자로서의 독창성은 사문난적의 멍에가 되고 말았다. 그만큼 조선의 학자들은 비학문적 환경에서 글을 읽고 글을 써야만 했다. 위대하기로는 한글을 창제한 세종대왕을 넘을 수 없다. 그러나 이 세종이라는 더할 수 없이 위대한 인물도 더할 수 없이 위대한 한글을 창제하고도 한문 기득권 세력을 극복하지 못해 결국 조선이 끝나도록 온 백성을 문맹으로 남겼다. 그리고 보면 조선에선 이순신과 그 이순신을 만들어 낸 류성룡 외엔 따로 변변히 내세울 인물이 없다. 물론 이때의 인물은 어떤 직위, 어떤 권좌에 있었거나 다 유사한 그런 정치행위의 '행태의 인물'이 아니라 어떤 일, 어떤 업적을 이루어 내었느냐의 '성취의 인물'이다.

  제도적으로도 조선은 인재 풀을 계속 줄이고 있었다. 과거 제도가 그 장본(張本)이었다. 과거 제도는 두 가지 면에서 조선의 인재를 죽였다. 사실상 '말살(抹殺)'이나 다름없었다. 첫째로, 조선 인재들을 모두 시험공부나 하는 수험생으로 전락시켰다. 예나 이제나 시험공부는 '학문' 하는 것이 아니라 오로지 '합격'하기 위해서 시간을 죽이는 것이다. 그나마도 뽑아 주지 않아 인재가 설 곳이 없었다. 99.9퍼센트 이상을 탈락시켰다. 평생을 시험공부 하고도 합격될 확률은 0.03퍼센트에 불과했다. 조선조 500년에 과거 합격자 수는 1만 5,000명으로 기록되고 있다. 그렇다면 합격자는 연평균 30명 고작이다. 당시 조선 인구를 400만~500만 명으로 추산할 때 30명은 0퍼센트나 다름없다. 수험생 수를 사서삼경(四書三經)을 읽는 한문 습득자로 통칭(統稱) 10만 명이라 할 때 30명은 0.03퍼센트다.[11]

조선이 왜 망하는가? 더 이를 것도 없이 인재 풀의 이 같은 왜소화 때문이다. 그나마 있는 인물도 이순신처럼 죽이지 못해 안달이었다. 심지어는 남의 나라 공사관으로 스스로 도망을 가는(고종의 아관파천, 1896) 수치를 겪으면서도 나라를 건질 생각보다 인물을 죽일 생각을 먼저 했다. 당시로서는 가장 실용적인 인물이라던 김홍집(金弘集, 1842~1896), 어윤중(魚允中, 1848~1896) 정병하(鄭秉夏, 1849~1896) 등이 을미사변(1895)의 분풀이로 역신으로 몰려 참살되었다. 그나마 조선 말에 오면 박은식(朴殷植, 1859~1925), 장지연(張志淵, 1864~1921), 서재필(徐載弼, 1864~1951), 이승만(李承晩, 1875~1965) 등 개화된 인물이 적잖이 있었다. 그러나 이들의 대다수는 실제로 나라가 넘어가는 청일전쟁(1894)을 기점으로 보면 나이 겨우 스무 살 정도고 많아도 겨우 서른을 넘겼다. 그나마 이들에게는 메이지유신(明治維新) 때의 인물들처럼 번(藩)이라는 기반도 없었고 무력도 없었다.

---

11 정확한 수치는 어느 기록에도 없고, 『연려실기술』 등에는 통상적으로 당시 과거 보러 서울에 몰리는 사람 수가 대략 10만 명 정도라는 기록이 있다.

이 인재 풀의 왜소화에서 보면 조선은 남의 나라에 '빼앗긴' 것이 아니라 남의 나라에 통째로 나라를 '넘겨준' 것이다. 일본 낭인들[12] 말에 "우리가 그물을 치기도 전에 새가 먼저 날아들었다"는 소리는 그냥 흘려만 들을 말이 아니다. 『맹자(孟子)』에 "내가 나라를 망친 연후에 남이 내 나라를 망친다(國必自伐. 而後人伐之국필자벌 이후인벌지)"(「이루 상離婁上」 8)는 경구는 예나 지금이나 변함이 없다. 이 경구야말로 가장 '오래된 미래'다. '모든 잘못된 결과는 내 것이다', '모든 책임은 나에게 있다'—이는 모든 역사의 경험칙(經驗則)이다. 남에 대한 분노에 앞서 나에게 먼저 분노해야 한다. 자기에 대한 분노가 없거나 약할 때 그 '오래된 미래'는 계속된다. 이 또한 오래오래전에 예고된 것이다.

4. 코드 윤리, 진영 윤리

그렇다면 지금은 어떤가? 조금 과장해서 말한다면 지금 한국의 인재 풀은 바이칼 호수만큼 크다. 지난 세기 48년 이래 70년 동안 이 땅에 일어난 가장 큰 변화는 이 인재 풀의 변화다. 질적으로든 양적으로든 그 변화는 '하늘이 갈라지는' 파천황(破天荒)의 대변화에 비유해도 지나치지 않다. 그것은 유사 이래 대한민국이라는 나라의 가장 위대한 성취이고, 그 성취가 바로 같은 뿌리, 같은 문화와 제도에서 갈라져 나온 남과 북의 엄청난 괴리를 가져왔다. 지금 한국이 가지고 있는 각계각층의 다양한 인재 풀은 인구 비례와 관계없이 그 절대수만으로도 세계 상위권에 속한다. '추격'을 넘어 '선도'에 이를 만큼 그 인재의 수준도 상위권에 올라 있다.

---

12 1895년 을미사변을 일으킨 당시 일본에서 데려왔다는 낭인패들.

이는 물론 정부가 아니라 민간이며, 민간이 주도하는 시장에서다. 당장 대표적 기업 하나를 예로 해도, 삼성 한 기업이 가지고 있는 인재 풀이 대한민국 정부 전체가 가지고 있는 인재 풀보다 양적으로든 질적으로든 더 크고 더 우수하다. 삼성만이 아니라 SK, 현대, LG, 포스코 등 대기업들이 가지고 있는 인재 풀 또한 세계 시장을 누비고도 남는다. 200개국이 넘는 나라들에 경제 영토를 만드는 그 탁월한 능력이 이들 기업의 그 엄청난 인재 풀에서 나왔다. 불과 반세기 전을 돌이켜 보라. 어떻게 지금과 같은 글로벌 스테이트(global state)를 상상할 수 있었겠는가. 오랜 세월 우리가 살아온 그 '조선'이라는 나라, 아니, 자유 민주주의 시장 경제의 나라가, 어떤 측면에서든 그 체제가 우리 한국 사람들 체질, 유전자에 가장 알맞다는 의미다.

그런데 왜 지금 온 나라에 '이렇게도 인재가 없느냐'는 비명(悲鳴)이 울리고 한탄이 쏟아져 나오는가? 인재 빈곤을 넘어 심지어는 인재 진공(眞空)이라고까지 과장하는 사람도 있지 않은가. 그것은 '정치권'이라는 한 영역 혹은 한 축(軸)에서이고, 그것도 '현 정권'이라는 한 정권 안에서이다. 물론 1990년대 이후 전 정권들도 정도의 차이만 있었을 뿐 그 '오래된 미래'가 현 정치권과 현 정권에 와서 다시 두드러지게 드러났기 때문이다. 국회 청문회만 하면 장관도 대법관도 헌법재판관도 모두 죄인이다. 어떻게 저 막중한 자리에, 저 같은 '나는 되고 너는 안 되는', 나에 대한 도덕 잣대와 남에 대한 도덕 잣대가 저토록 뒤집어진, 조선시대 적폐 청산-적패몰이 그대로의 '나는 충심·충신이고, 너는 역심·역신'인가?

이런 정치권과 정권에선 조선시대 재판(再版)인 인재 풀의 왜소화는 말할 것도 없고 인사 기용(人事起用)의 왜곡 또한 너무 당연한 귀결이다. 지금 정권에서 인사는 베버가 『직업으로서의 정치』에서 강조하는 신념윤리와 책임윤리 중 그 어느 것도 없고, 오직 오직 코드 윤리만 있다.

노무현 정권 당시 '코드'란 말이 세간에 유행했었다. 코드(code)란 본래 법전, 규칙 등의 의미를 갖는 영어 단어이지만, 현대 영어에선 유전적 코드(genetic code)에서처럼 편향성(bias)이나 성향(trait)의 의미로 사용되기도 한다. 과연 노무현 정권의 인사들이 어떤 의미로 사용했는지 알 수 없지만, '코드가 맞는다'는 표현은 결국 정치 편향이나 이념 성향이 같다는 의미일 것이다. 또한 노끈, 밧줄, 탯줄, 전깃줄 등을 의미하는 코드(cord)라는 영어 단어도 있다. 전기는 같은 전깃줄, 그것도 같은 전압(voltage)에서만 흐른다. 그래서 사전의 표제어로도 '코드'가 올랐다.

노무현 정권의 사람들이 코드(code)를 의미했건 코드(cord)를 의미했건 마찬가지다. 코드 인사란 결국 같은 진영 내, 같은 생각 하는 사람들만 골라 기용하는 동종동패(同種同牌), 동종교배의 정치 행태를 의미한다. 그 코드 인사가 몸 안의 뼈와 살처럼 내재화될 때 코드 윤리가 된다. 이 코드 윤리는 진실로 옳음을 믿어 그 옳음에 따라 행동하는 신념윤리도 아니고, 자기가 한 일의 결과에 대해 철저히 책임을 지는 책임윤리도 아닌, 오로지 자기 진영의 윤리, 그 진영의 집단 이기주의일 뿐이다.[13]

사회는 한 개의 코드에서만 전류가 흐르는, 그 하나의 코드 하나의 연결망만 있는 것이 아니라, 이루 말할 수 없이 많은 연결망(網, network)이 있다. 그 많은 연결망으로 마치 코드에 전류가 흐르듯이 인간의 모든 것이 흐른다. 이 수많은 연결망을 다 없애고, 전체주의·독

---

13 이는 막스 베버가 말하는 책임윤리이고, 그런 면에서 현 정치권은 책임윤리 부재(不在) 상태라 할 수 있다.

재주의 국가에서나 하듯이 하나의 연결망만 남기면 그 사회, 그 정치가 갖는 모든 관계(relations)는 끝난다. 바로 사회의 끝이며 정치의 종말이다. 그래서 코드란 단어의 첫째 의미가 '목매는 사람의 밧줄(the hanging man's rope)'이고, 둘째 의미가 '속박(bondage)'이다.

코드 윤리야말로 사람을 활개 치지도 활동하지도 못하게 손발을 완전히 묶는 속박이며 감금이다. 앞으로 전진하지도 새 세계를 열지도 못하게 사람의 목을 매어 놓는 밧줄이다. 코드 인사를 하는 정부마다 예외 없이 실패하는 이유가 거기에 있다. 조선이 오직 '그들끼리'만의 나라였듯이 지금의 코드 윤리도 '그들끼리만' 작당(作黨)해서 작폐(作弊)하는, 이미 조선이 예고한 그 '오래된 미래'다.

IV. 시관, 작용과 역(逆)작용

1. 시간(時間)과 시관(時觀)

시관은 앞서 말한 대로 시간을 '보는' 것이다 그것도 단순히 물리적으로 보는 것이 아니라 어떤 마음가짐으로 어떻게 보느냐는 것이다.

시간은 소리처럼 눈에 보이는 것이 아니다. 그 눈에 보이지 않는 것을 내 눈으로 본다는 것은 내 '생물학적' 눈이 아니라 '사회학적' 눈 혹은 '철학·심리학적' 눈이다. 이 눈은 내 얼굴에 붙은 눈이 아니라 내 몸 깊숙이 숨어 있는 눈, 소위 심안(心眼), 바로 '마음의 눈'이다. 이 마음의 눈으로 보는 시간, 그것이 시관이다. 이 시관과 함께 말하는 시간은 옛사람들이 쓰던, 지금도 우리가 일상으로 쓰는 '때', '틈', '~ 동안' 혹은 '세월'과는 다른 개념이다.

20세기 이전 한국어엔 '시간(時間)'이라는 말이 없었다. 시간이란 표제어가 없었던 것만큼 시간이란 개념도 없었다. '시간'이란 말이 처음 쓰인 것은 갑오경장 이듬해인 1895년 당시 학부(學部, 현재의 교육부)에서 펴낸 『국민소학독본(國民小學讀本)』에서였다.[14] '시간'을 조선시대 한자로 쓸 때는 그냥 '시(時)'였고 한글로는 '때'였지만, 시각(時刻)과 시각 사이를 말하고 연결해 주는 '간(間)'을 시에 붙여 쓰지는 않았다. 영어의 'time'을 동아시아어로 '시간'이라고 처음 번역해 쓴 사람은 깊은 지식과 혜안(慧眼)이 있었다 할 수 있다. 흔히 '세계는 공간과 시간으로 존재한다(The world exists in space and time)'고 말할 때, 공간과 시간에서 간(間)자를 빼어 버리면 지금 우리가 생각하는 것과는 전혀 다른 공중이라든지 사철, 때와 같은 의미가 된다.

그렇다면 시 혹은 때와 지금 말하는 시간·시관은 어떤 차이가 있는가? 전자의 나(我)는 객체(客體)이며 피동체(被動體)이고, 후자의 나는 주체(主體)이며 능동체(能動體)다. 시 혹은 때에 대해서 '나'는 오직 수동적으로 적응할 수 있을 뿐이라는 점에서 나는 객체이고 피동체다. 반면 시간·시관은 얼마든지 '나'의 시간으로 이용할 수 있고 '나'의 시관을 만들 수 있다는 이유에서 시간·시관의 나는 주체이고 능동체다. '세월 앞에 장사 없다'는 속언(俗諺)은 객체로서의 '나'를 함의한다. 반면 '세월이 아무리 매서워도 나는 변경(frontier)으로 간다'라는 문장은 주체로서의 '나'를 의미한다.

사실 동양 고전에서 거의 예외 없이 시와 때에 대해서 '나'는 늘 객

---

14 이한섭, 『일본어에서 온 우리말 사전』(고려대 출판부, 2014), 499쪽, '시간(時間)'. 그리고 '시계(時計)'는 1884년에 〈한성순보(漢城旬報)〉에서 괘종시계류 값을 말하면서 처음 썼다(같은 책, 500쪽).

체로서 인식된다. 『중용』의 핵심 개념으로 '군자시중(君子時中)'이라는 말이 있다.[15] 군자는 주어진 때에 맞춰 알맞게 행동하고 대처한다는 말이다. 때라는 말을 상황으로 바꾼다면, 군자는 주어진 상황에 따라서 행동하고 방법을 강구해야 한다는 것이다. 그 시와 때는 내가 어떻게 할 수 없는 절대적 존재이며, '나'는 오직 거기에 맞게 순응할 수밖에 없는 피동체일 뿐이다. 그것이 바로 군자관(觀)이다. 『논어』의 "시연후언(時然後言, 반드시 때가 된 후에야 말하라)"(「헌문憲問」)이나 『사기』의 "시난득이이실(時亂得而易失, 때란 얻기란 어려우나 잃기는 쉽다)"(「제 태공 세가齊太公世家」), 혹은 『전등신화(剪燈新話)』의 "시이세환(時移世換, 세월이 흐르면 세상도 바뀐다)"[16] 등은 모두 시와 때에 대해 나는 불가항력적이고 객체이며 수동적 존재일 뿐이라는 사고를 보여 준다.

이와 반대로 주체적 자아로서의 '나'는 시간에 대해서도 주체적이며 능동적인 존재이다. '내'가 어떤 눈으로 시간을 보느냐에 따라서, 또 어떤 시관으로 문제와 사태에 임하느냐에 따라서 시간은 '내'가 이용할 수 있는 최고의 자원일 수도 있다. 세상을 의지대로 바꾸는 가장 유용한 수단이 될 수도 있다. 때문에 시관이 문제가 된다. 시관은 마음의 눈으로 시간을 보는 것이다. 마음은 이쪽이든 저쪽이든 한쪽으로 쏠리는 경향이 있다. 이른바 지향하는 바가 있다.

지향은 특정 목표를 향해 마음이 움직이는 것, 문자 그대로 의지가 향하는 바이다. 이 마음이 보는 시간, 곧 뜻·의지가 향하는 시간인 시관(time perspective)은 세 가지로 나눠 볼 수 있다. 과거와 현재와 미래

---

15 『중용』 제2장, "군자의 중용은, 군자는 때에 맞게 행동함이다(君子之中庸也, 君子而時中)."

16 명(明) 구우(瞿佑), 『전등신화(剪燈新話)』 중 「등목취유취경원기(滕穆醉游聚景園記)」.

의 시간 중 그 마음이, 뜻이, 의지가 어디로 향하느냐에 따라 과거 지향성, 현재 지향성, 미래 지향성으로 구분된다.

2. 세 가지 지향

『국가는 왜 실패하는가(Why Nations Fail)』라는, 누구에게나 읽어 보라고 권하고 싶은 책이 있다. 이 책의 제3장 첫 부분의 주제가 '38선 경제학'[17]이다. 제목만 봐도 누구나 쉽게 내용을 짐작할 수 있는 남과 북의 비교다. 같은 혈통, 같은 역사와 문화를 가진 민족이 어떻게 그토록 큰 차이를 보이는가를 한마디로 '제도'의 다름으로 설명하고 있다. 더 부언할 필요도 없이 남(南)은 자유 민주주의 시장 경세, 북은 공산수의 계획 경제라는 제도적 구분이다.

하지만 남과 북의 그 같은 차이를 밝히기 위해선 이 '제도'의 차이에 앞서 '시관'의 차이를 규명해야 한다. 이 시관의 차이 때문에 남은 남대로 북은 북대로 그와 같은 '제도'를 택할 수밖에 없었고, 결과적으로 38선을 경계로 완전히 다른 두 세계가 만들어지는 '38선 경제학'이 성립한 것이다. 그 시관을 세 가지 지향 혹은 지향성으로 분석해 보기로 한다.

1) 과거 지향성: 두 개의 사례

이 지향 또는 지향성은 눈의 초점이 과거에 가 있는 것이다. 생각이

---

17 대런 애쓰모글루·제임스 A. 로빈슨, 최완규 옮김, 『국가는 왜 실패하는가』(시공사, 2012), 113쪽. 바로 이 '38선 경제학' 같은 통찰을 전(全) 지구적으로 확대한 공로로 저자들은 사이먼 존슨과 공동으로 2024년 노벨 경제학상을 수상한다.

며 마음의 중심을 과거에 두는 것이다. 모든 문물의 표준(標準)을 과거에서 찾는 것이다. 핵심은 현재도 이제도 아닌 과거가 이 표준이라는 것이다. 표준은 모든 행동 모든 사고의 본보기인 모범(模範)이기도 하고, 사람이든 사물이든 모방(模倣)하는, 다른 말로 본뜨고 싶어 하는 모형(模型)이기도 하다. 영어에서 표준은 'standard'인데, 그 첫째 의미는 깃발(flag)이다. 깃발을 봄으로써 풍향(風向), 바람의 방향을 안다. 사람들은 방향을 알리는 깃발 따라 움직인다. 깃발이 표준이기 때문이다. 과거 지향 또 과거 지향성에서 이 표준은 세 가지가 있다.

첫째로 사고(思考)의 표준이다. 그 대표적인 것이 상고주의(尙古主義)다. 상고주의는 옛 문물을 숭상(崇尙)하고 숭배(崇拜, worship)하는 것이다. 마치 예배하듯이 옛것을 높이고 받드는 것이다. 시가(詩歌)도 문장도 옛 형식에 맞춰 읊고 짓는다. 그래서 의고주의(擬古主義, antiquarianism)라고도 한다. 의고주의는 옛것을 흉내 내고 모방(imitate)하는 것이다. 당연히 새것을 잘 만들려 하지도 않고, 만들어도 부박(浮薄)하고 경박(輕薄)하다고 생각한다. 새것은 뭐든 다 뜬구름처럼 일상(日常)이 없고, 요란한 빈 수레처럼 구심(求心)이 없다는 것이다. 지금 아무리 통치를 잘해도 요·순 시대를 따라갈 수 없고, 지금 아무리 훌륭한 저술이 나와도 사서삼경을 덮을 수는 없다는 사고다.

둘째로 행동의 표준이다. 우리 사극에 "상감마마, 전고에 없는 일입니다"라고 신하들이 임금에게 하는 말을 종종 듣는다. 여기서 전고(典故)는 문헌 상 혹은 관습 상의 근거가 되는 의식(儀式)이나 예의범절, 행동 등의 전례(前例)이다. 특히 제례(祭禮)·상례(喪禮)등은 철저히 과거의 예(禮)와 의식(儀式)에 따라야 하고, 웃어른이나 동료·후진을 대하는 데도 전통적인 예의 규범이 있어 여기서 벗어나면 안 된다는 것이다. 이 예나 의식은 정해진 형식이다. 이 형식은 모두 외형적인 것이어서 허례허식이 상당 부분 차지하지만, 이 허례허식도 행동의 표준으로 작용하고 또 작용해 왔다.

셋째로는 기술의 표준이다. 여기서 기술은 기록 또는 문장을 짓는 기술(記述, description)이다. 『논어』에서 기술은 '술이부작'이라 해서, 성인의 말씀이나 옛 문물을 '전하기만 하고 지어서는 안 된다(transmit but not create)'는 의미도 있지만, 그보다는 글을 짓되 『춘추(春秋)』의 필법에 따라야 한다는, 따라서 대의명분(大義名分)에 벗어나는 글을 써서는 안 된다는 의미에서, 과거의 글들이 기술의 표준이라는 것이다. 특히 사마천의 『사기』를 비롯해 옛 사람들이 쓴 역사 기록들은 대부분 이 기술의 표준들이라 할 수 있다.

문제는 과거 지향 또는 과거 지향성에서 이 표준들이 과거는 물론 특히 현대 사회에서 어떻게 작용하고 역(逆)작용하는가이다. 여기서 작용은 순기능(eufunction)처럼 역사와 사회, 크게는 그 시대 사람들의 삶에 기여하는 것이고, 역작용은 역기능(disfunction)하는 것이다. 삶에 기여하지 못함은 물론, 엄청난 저해적 요인으로 작용함을 말하는 것이다. 과거 사회, 전통 사회에서 과거 지향성은 그 표준들이 모두 그 사회에서 만들어진 것인 만큼 역작용보다는 순기능이 더 많은 것임은 여기서 더 이상 논의할 필요가 없다. 문제는 현대 사회에서다. 현대 사회에서 과거 지향성과 그 표준들이 어떻게 작용할 것인가? 물론 현대의 대다수 사람들은 과거의 그 같은 표준들을 상상하기도 힘들다. 그럼에도 그 같은 사회가 있다면 어떤 사회일까?

가. 북한: 판박이 조선

북한은 이 지구상 거의 유일한 과거 지향성 국가다. 물론 앞서 말한 그 같은 표준들은 사회적 삶이 달라진 것만큼 그대로일 수는 없다. 하지만 그 표준들의 본질과 성향은 그대로다. 『국가는 왜 실패하는가』의 글에서 남과 북의 격차를 저자들은 '제도 차이'에서 찾았지만, 앞서 제기한 대로 그런 제도 형성(institution-building) 이전에 그런 제도를 시발(始發)한 '시관'과 그 시관에서 발단한 '지향'이 우선이다. 그런 시관과 지향, 바로 그 지향성이 만들어 낸 북한 사회는 거의 완전한 조선조의 복사판이다. 물론 20세기 이전의 조선 사회 꼭 그대로나 다름없는 현대판 복사판이다.

첫째로 세습(世襲)이다. 북한에서 세습은 형식적이든 실제적이든 절차가 바로 조선조와 꼭 같다. 조선조에서 왕이 지명하는 세자·세손은 누구도 이의를 달지 못한다. 죽임을 당하거나 역적으로 몰린다.

둘째로 주체(主體)다. 주체는 임금의 몸이다. 조선에서 임금 외의 다른 사람은 자기 몸을 주체라 할 수 없고 몰래라도 했다가 발각되면 그 또한 반역이 된다. 주체는 으뜸이다. 한자로 으뜸은 '원(元)'이고 그 원은 오직 하나이기 때문에 오늘날의 다원주의와 대치되는 일원주의(一元主義)다. 일원주의는 그 하나의 으뜸인 주체를 떠받드는 것이고, 주체가 말하는 사상만이 사상이 된다. 북에서 말하는 주체사상은 주체의 입에서 나온 모든 말이다.

셋째로 폐쇄다. 조선조는 유례를 찾기 어려운 폐쇄 사회였다. 폐쇄 사회는 이동(移動)이 막힌 사회다. 어느 사회든 이동은 셋이 있다. 직업 이동, 계급 이동, 지역 이동이 그것이다. 북한에서 이동의 끊어짐은 조선조보다 더했으면 더했지 결코 덜하다 할 수 없다.

넷째로 학정(虐政)이다. 학정은 백성을 괴롭히는 모질고 포학한 정치다. 전통 왕조로서 그 대표가 조선조이고, 오늘날 북한이 그렇다는 것은 세계적으로 이미 널리 알려진 사실이다.

다섯째로 빈곤이다. 조선조만큼 가난한 나라가 역사적으로 또 있었을까. 그 빈곤은 다산 정약용의 기록에 너무 생생히 나와 있다. 오늘날 북한 또한 그러하다. 그 대표적 예가 1990년대 '고난의 행군' 때 굶어 죽은 사람이 300만 명에 이른다는 기록이다. 조선이나 북한이나 정권이 오래가는 이유가 이 빈곤에 있다. 빈곤하면 밑에서 들고일어나 정권을 갈아치울 에너지가 축적되지 않는다. 조선조가 이웃 나라들과 달리 500년이나 간 이유가 거기에 있다.

여섯째, 제노포피아(xenophobia)다. 제노포비아를 구태여 영어로 쓴 것은 우리말 번역이 너무 길기 때문이다. 외국인 혐오증, 외국 문물 공포증, 낯선 사람 경계증, 인종주의 등의 의미가 모두 포함되어 있다. 거기에 개방 개혁의 거부, 혐오, 편집증(偏執症), 피해망상증(被害妄想症)까지 겹쳐 있다. 1653년(효종 4) 조선에 와서 14년간 머물다 결국 일본 나가사키로 탈출한 하멜(Hendrick Hamel, 1630~1690)이 본 조선이 이의 대표적 사례다. 처음 33명이 와서 26명이 죽고 7명이 겨우 살아서 탈출한 그들의 수난사는 그 후 『하멜 표류기』에 잘 나타나 있다. 어떻게 그렇게 외국인을, 그것도 당시로서는 최고의 문명인을 그토록 받아들일 수 없었을까? 일본은 어떻게 그들이 가고 싶은 나라였을까? 오늘날 북한에 들어간 외국인 수난사는 360년 전 그 시대의 제노포비아 그 자체다.

나. 지금 한국: 역주행 정권

우리의 과거 지향성은 어느 정권 가릴 것 없이 정도의 차이만 있을 뿐 현재도 진행 중인 '적폐 청산'이 그 전형(典型)이다. 현대 사회, 그것도 글로벌 스테이트에서 어떻게 그 같은 과거 지향성이 있을 수 있는가. 적폐 청산은 당연히 해야 하는 것이고, 앞선 나라일수록 으레 언제나 하고 있는 것이다. 문제는 어떤 '적폐 청산'이고, 어떻게 하는 '적폐 청산'인가이다. 무엇보다 지금 우리가 경험하고 있는 이 '적폐 청산'이 다른 선진국들과는 달리 '어째서 과거 지향성인가'이다. 그것은 다 같이 체제 구조를 바꾸는 대변혁임에도 혁명(革命)은 미래 지향성이고 반대로 반란(反亂)은 과거 지향성이 되는 비유와도 같다. 혁명(revolution)은 현재 구조를 완전히 탈바꿈해서 새로운 구조 개편으로 미래를 지향해 가는 것이고, 반란(rebellion)은 지금 구조보다 더 오래된, 오래전의 그 옛날 구조에 맞는 구조 복귀로 과거를 지향해 가는 것이기 때문이다. 그래서 혁명은 '구조 개편'이라 정의하고, 반란은 '구조 반동'이라 명명한다.

지금 적폐 청산은 반란에 비유되는 구조 반동과도 같다. 적폐 청산은 잘못되고 해(害)가 되는 제도·법령·기구의 청산이다. 그래서 새로운 제도·법령·기구를 만드는 것이다. 그리고 그다음 거기에 맞는 인재를 골라 그 제도 기구의 자리에 앉히는 것이다. 그야말로 적재적소, 'the right man in the right place'를 의미한다. 그것이 바로 제대로 된 적폐 청산이다. 선진국의 적폐 청산은 예외 없이 그렇게 해 왔다. 적폐 청산은 미래 지향적이어야 한다. 결코 과거 지향적이 돼서는 안 된다. 그런데 왜 지금 진행되고 있는 이 적폐 청산은 과거 지향성의 표본인, 심지어는 반란에 비유되는 구조 반동이라고까지 말하는가?

그 이유는 지금의 '적폐 청산'이 목적과 수단이 완전히 뒤집혔기 때문이다. 서구 사회학 이론에 목적 전치(目的顚置, goal-displacement)라는 개념이 있다. 목적과 수단이 완전히 뒤집혀, 목적이 수단이 되고 수단이 거꾸로 목적이 되는 상태를 일컫는다. 적폐 청산의 청산 목적은 제도와 기구의 개편이다. 청산 수단은 개편된 제도와 기구에 적재(適材, the right man)를 앉히는 것이다. 적재를 앉혀야만 개편된 제도와 기구가 소기의 목적대로 작동할 수 있기 때문이다. 이 적재라는 수단을 얼마나 잘 동원하고 이용했느냐가 모든 성공한 혁명과 개혁의 관건이었음을 우리는 경험을 통해 알고 있다.

그런데 지금 '적폐 청산'의 목적인 제도와 기구 개편, 그리고 법령·관행·규제 개혁은 간 곳 없고(보다 정확히는 옛날 그대로이고), 청산 수단인 사람만 갈아치우는(더 정확히는 이전 그 자리에 있던 사람들을 모두 해고하고 숙청하는), 그리고는 그 자리에 자기 코드에 맞는 사람만 갖다 앉히는, 따라서 그 '코드 인사'가 제도·기구 개편의 목적이 되어 버리는 기이하고 왜곡된, 목적과 수단이 정확히 뒤바뀐 목적 전치의 적폐 청산이 된 것이다. 목적과 수단이 제자리에 있는 목적 정치(正置, goal-placement)를 악용해서 '코드 윤리'를 만들다가 마침내 그 자리가 뒤집히는 목적 전치(顚置) 현상을 초래한 것이다. 북한이 조선시대 그대로이듯, 지금 이 '적폐 청산'의 정치 행태 또한 오직 과거사적(過去史的)이고 과거 지향적일 뿐인, 너무 '오래된 미래'인 것이다.

2) 현재 지향성: 히더니즘(hedonism)

현재 지향 또는 현재 지향성은 보는 눈이 현재를 향해 있는 것이다. 생각도 마음도 현재라는 시간에 속박당해 있는 상태이다. 과거는 지나가 버려 내가 다시 어떻게 할 수가 없고, 미래는 아직 오지 않아 무엇 하나 제대로 기약할 수가 없다. 내가 의문도 의심도 없이 가질 수 있는 것은 지금 이 시간이다. 누구에게도 물어보지도 허락받지도 않고 소유할 수 있는 것 또한 지금 이 현재다. 현재야말로 나에게 가장 확실하고 가장 확증되어 있는 시간이다. 과거를 후회하는 사람도, 과거가 좋았다고 회상하는 사람도 과거는 이미 자기 것이 아니다. 내일은 오늘과 다를 것이다, 내일은 더 풍요롭고 행복할 것이라고 기대하는 사람도 그 내일은 아무것도 약속해 주지 않는다. 그래서 그 허망한 과거도 그 불확실한 미래도 생각지 말고 오직 지금 이 현재만 보고, 이 현재를 누리자는 것이 현재 지향성이다.

첫째로 이 현재 지향성의 가장 큰 특징은 이름 그대로 현재주의(現在主義)다. 쳐다보는 시간이 현재이듯이, 지금 내가 생각하고 있는 것, 지금 내가 당면하고 있는 것, 지금 내가 체험하고 있는 것 그리고 지금 치열히 싸우고 있는 이 현장과 지금 당장 해내지 않으면 안 되는 이 업무 이 과업, 그것이 모두 지금 내가 몸소 부딪치고 있는 이 현재다. 이 나의 현재가 과거와 어떻게 연관되어 있고 또 내일 부딪치게 될 그 불안한 미래와 어떻게 연결될 것인지, 그것은 하나도 중요하지 않다. 중요한 것은 지금 이 시간, 이 현재가 어떻게 되고 있느냐이고, 어떤 모습으로 나에게 나타나고 있느냐이다. 이 현재주의는 극단적으로는 현재 실존주의다. 실존(實存)하는 것은 현재뿐이고, 현재만이 실지로 존재하고 있는 것이다. 눈의 초점을 현재에 맞추면 지금 내 시간의 의미는 오로지 이 현재, 이 현재 외에는 아무것도 없다.

둘째로 현재 지향성은 현재 성과주의다. 과거의 성공은 과거의 성공일 뿐이다. 과거의 대성취는 아무리 큰 성취여도 지금의 성취는 아니다. 그 성취가 지금 이 현재를 보장해 줄 수도 없고, 보장해 준다 해도 어느 순간에 과거의 것으로 훅 날아가 버릴지도 모른다. 설혹 날아가지 않는다 해도 언제까지 현재의 것으로 남아 있을지 기약할 수도 없다. 더러는 그 과거의 성취가 득이 아니라 재앙이 되는 경우도 많지 않던가. 할아버지의 많은 유산 때문에, 아버지의 탁월한 능력 때문에 망하는 아들 손자가 한둘이었는가. 그래서 오직 있는 것은 현재 성과주의다. 크든 작든 현재의 성과만이 보장된 것이고 믿을 수 있는 것이고 누릴 수 있는 것이라는 생각과 주의가 바로 현재 성과주의다.

셋째로 현재 지향성은 현세주의(現世主義)다. 그것도 철저한 현세주의다. 종교에서 말하는 전생(前生)이나 내세(來世)에는 관심이 없다. 물론 죽어서 천당으로 올라갈지 지옥으로 떨어질지에 대해서도 생각이 없다. 현세 외에 다른 세상의 존재에 대해서는 관심도 생각도 없을 뿐 아니라 도대체 그것이 나와 무슨 상관이냐는 태도다. 구태여 따진다면 현재 내가 살고 있는 이 현세를 불교에서 전생이나 내세 믿듯이 믿고, 기독교에서 천당이나 지옥 믿듯이 믿는다는 것이다. 이 현세주의는 많은 경우 향락주의·쾌락주의와 연결된다. 향락주의는 행복과 즐거움을 누리고 찾는 것이 인생의 최고 목적이라는 주의이고, 쾌락주의는 순간순간의 감각적 쾌락만이 유일한 선이라는 주장이다. 이 향락주의·쾌락주의는 서구의 경우 히더니즘(hedonism)이라 하여 도덕적 불신으로 이어지기도 한다.

문제는 지금 우리의 경우, 이 현재 지향성이 어떻게 나타나고 있느냐이다.

첫째로 포퓰리즘이 그 전형이다. 포퓰리즘은 대중 영합주의이고, 대중 영합은 현재 만족을 추구하고 현재 요구를 충족하려는 그 대중의 바람과 주의 주장에 맞추어 나가는 정치적 태도이며 경향이다. 거기에는 내일이 없다. 철저한 현재주의이며, 향락주의·쾌락주의나 다름없는 현세주의다.

둘째로 실제 정부 정책으로 시행되는 복지 명복의 현금 지원이나 세금으로 일자리 만들기도 도덕적 해이를 부추기는 현재주의며 현세주의다. '균형 발전'이라는 것도 실은 '균형 정체(停滯)'를 가져오는 포퓰리즘의 최고 레토릭이다. 이 모두 향락주의·쾌락주의로 이어진다.

셋째로 유독 이 정부 들어 강행하겠다는, 경제성이라고는 전혀 고려되지 않는 '예비타당성조사(예타) 면제'도 포퓰리즘의 극치일 뿐 아니라 현세주의의 극치다. 이 극치는 시속(時俗)으로 '부어라 마셔라'의 향락주의의 극치이기도 하다.

넷째로, 옛 영국 노조들에서나 볼 수 있는 현재의 한국 '강성 노조'도 현재주의며 현세주의의 대표 사례다. 이 노조 때문에 미래를 책임질 젊은이들이 죽어 가고 있다. '해고 없이 고용 없다'는 미래를 보장하는 책임윤리다. 이 책임윤리를 완전히 파괴하는 현재 한국의 강성 노조는 미래 한국과 미래 한국의 젊은이들을 가장 암담하게 하는 현세주의자들이다.

다섯째, 세계에서 가장 낮은 현재 한국의 출산율 저하도 젊은이들의 지나친 현재주의·현세주의 지향의 결과다. 지난 세기 우리보다 훨씬 낮았던 일본 출산율이 현재 1.4인 데 비해 지금 우리는 0.98로 내려앉아 있다. 이 같은 출생률 저하도 '애 낳으면 기르기 어렵다'는 이유에서라기보다 '애 낳을 의지가 없다'는, 젊은이들의 기력과 정력과 정열과 욕망이 심각히 저하된 지나친 현재 지향성 탓으로 봐야 한다. 심지어는 과잉되고 병적이다시피 한 현재주의·현세주의의 한 중심인 히터

니즘으로의 퇴행으로 간주되기까지 한다.

3) 미래 지향성: 네 번의 혁명

미래 지향성은 눈을 미래로 향하는 것, 내일을 바라보는 것이다. 모든 가치를 내일에 두고 모든 기대를 내일에 거는 것이다. 현재의 욕구는 목적이 달성되는 내일로 미루고 현재의 결핍은 풍요가 이뤄지는 내일까지 참는 것이고, 현재의 고통은 행복이 확인되는 내일까지 달게 받는 것이다. 그 내일이 왔는데 성취된 것이 없다면 그다음 내일을 기다리는 것이다. 마치 새뮤얼 베케트(Samuel Beckett, 1906~1989)의 『고도를 기다리며』처럼 체념을 받아들이지 않는 것, 그것이 미래 지향성이다. 그 미래에 현재는 아무것도 아닌 것이다. 그것은 지나가는 한순간일 뿐이고, 의미가 있다면 오로지 내일을 위해 준비하는 것, 그 내일을 위해 설계하는 시간이고, 기반을 만드는 시간이고, 디딤돌이 되는 시간일 뿐인 것이다. 현재 지향성이 갖는 그 모든 특징들은 미래 지향에선 모두 악일 뿐이다.

미래 지향성의 전형은 '창조적 파괴'다. 창조적 파괴는 창조보다 파괴가 먼저다. 창조의 의의(意義), 창조의 기능 그리고 그 창조의 효용은 파괴 다음에 온다. 이 창조적 파괴는 과거 지향성은 물론 현재 지향성의 프레임을 파괴하는 것이다. 그 지향성들의 가치와 사고의 프레임들을 파괴하는 것이고 제조와 관행의 프레임들을 파괴하는 것이다. 그리고 새로운 세계를, 새로운 문물을 만들어 내는 것이다. 새로운 기구, 새로운 조직 그리고 새로운 기업을 창업하는 것이다. 이는 마치 줄탁(啐啄)과도 같은 것이다. 줄탁의 '줄'은 닭이 알을 깔 때 껍질 안에서 병아리가 우는 소리이고, '탁'은 어미닭이 그 소리를 듣고 껍질을 깨어 주는 것이다. 이 두 개가 일치해서 동시에 행해질 때 비로소 병아리가 태어난다. 창조와 파괴는 바로 이 줄탁처럼 동시적으로 행해지는 미래 지향성의 표본이다.

우리 역사에서 20세기 이후 미래 지향성은 네 번 있었다.

1919년의 3·1운동은 '근대 혁명'으로서의 미래 지향성이었다. 3·1운동 이전의 우리 역사는 사실상 중세였다. 3·1운동이 일어남으로써 우리는 비로소 독립 자주국이 되어야 함을 전 국민이 깨달았다. 3·1운동은 일본으로부터의 독립뿐 아니라 중국의 일부로서의 우리, 중국 지향성의 우리 의식으로부터 해방되는 '근대 혁명'이었다.

1948년의 대한민국 수립은 '체제 혁명'으로서의 미래 지향성이었다. 이전까지 자유·평등의 자유 민주주의 국가 체제는 경험해 본 일도 상상해 본 적도 없었다. 우리 역사에서 그 시작이야말로 하늘도 놀라고 땅도 요동치는 거대한 체제 변혁의 '체제 혁명'이었다.

1960년의 4·19는 '의식 혁명'으로서의 미래 지향성이었다. 그 이전까지 우리 국민 의식은 공민(公民)이나 시민 의식보다는 신민(臣民) 의식이 지배적이라 할 만큼 덜 깨어 있었다. 밑으로부터 일어나 처음으로 정권을 쓰러트리면서 왕조시대 신민들이 갖던 의식은 깡그리 무너졌다.

1961년의 5·16은 '산업 혁명'으로서의 미래 지향성이었다. 이 산업 혁명의 성공으로 산업화도 되고 민주화도 된 명실공히 '자유 민주주의 국가'로서 북한과 완전히 다른 나라가 됐다.

이러한 우리의 미래 지향성은 지난 세기 80년대 최고조에 이른다. 정치적으로는 포퓰리즘이 등장하는 '90년대 이후의 '민주화 시대'로 이행하는 과도기적 권위주의 시대였다. 경제적으로는 단군 이래 최고의 호황기를 맞았다 했고, 국제적으로도 처음으로 북방 시대를 열며 세계 각 지역으로 경제 영토를 넓혀 가던 때였다. 시운(時運)이 더해 때맞춰 올림픽을 개최하면서 세계의 변두리에서 세계의 중심권으로 들어서는, 꿈에도 그려지지 않던 나라로 우뚝 섰다.[18] 사회적으로도 전국민의 45~50퍼센트가 자기 대(代)에 계층 상승 이동 가능성을 확신했고, 75~80퍼센트는 다음 대까지의 그 같은 가능성을 확신했다.[19] 우리 역사상 미상불 다시 기대하기 어려운 가장 벅차고 활기찬 미래 지향성 시대였다.

이후 정권이 바뀔 때마다 과거 지향성 아니면 현재 지향성으로 시관은 바뀌었고, 정치도 혼란스러웠고, 그에 따라 그와 함께 사회·경제도 활기를 잃어 갔다.

V. 류성룡의 시관: 원형의 미래 지향성

1. 『징비록』, 그 기막힌 아이러니

『서애전서(西厓全書)』를 보면 『징비록(懲毖錄)』은 모두 16권으로 구성되어 있다. 그중 「징비록」이라는 이름으로 권1~2가 있고, 나머지 14권은 전체적으로는 『징비록』이라는 제명(題名) 하에 다른 작은 제목들이 붙어 있다. 예컨대 3권에서 5권까지는 「근폭집(芹曝集)」, 6권에서 14권까지는 「진사록(辰巳錄)」, 15~16권은 「군문등록(軍門謄錄)」과 제일 마지

---

18 이영일 회고록, 『미워할 수 없는 우리들의 대통령』, 제3편 '대한민국을 웅비시킨 대통령', 270~372쪽.

19 『한국의 사회지표』, 1983~89년 편.

막 후기에 속하는 「녹후잡기(錄後雜記)」다. 우리가 보통 『징비록』이라 해서 읽는 책은 앞의 『징비록』 권1과 권2이다. 이 권1~2는 『징비록』 전체의 서론이고 본론이고 결론이기도 해서 큰 거울처럼 임진왜란 전체를 조명해 준다. 당시 조선의 능력으로는 아무리 유비(有備)해도 무환(無患)일 수가 없는 비극적 상황을 절통(切痛)해 하면서도 냉정을 잃지 않고 잔잔한 필치로, 그래서 더욱 가슴 무너지는 분노와 감동을 느끼게 하는 글이 이 『징비록』 1권과 2권이다.

하지만 이 1~2권은 어디까지나 큰 줄기로서의 대강(大綱)이다. 전쟁의 현장이며 디테일은 나머지 3권에서 16권까지의 「근폭집」「진사록」「군문등록」 안에 있다. 조·명·일(朝明日)군의 유·무능(有無能)과 유·무강(有無强), 특히 명군의 횡포와 문란과 취약성 그리고 전쟁 회피, 일군의 첨단 무기와 전투력과 날쌤 그리고 기동력, 그사이에 낀 조선군의 무기력—조정은 멀리 압록강까지 가서 여차하면 중국으로 귀화하겠다 하는데, 군량미 1만 석을 못 만들어 날마다 발을 동동 굴러야 하는 전쟁의 현장 책임자 류성룡의 노심초사, 그 애태우며 간 녹임, 모두 이 나머지 권 속에 들어 있다.

『징비록』은 모두 한자 20만 자가 훨씬 넘는 엄청난 분량이다. 이를 1598년 11월 조정에서 물러나서 서거 이태 전인 1605년까지 7년도 채 안 되는 짧디짧은 기간에 썼으니, 책을 직업으로 쓰는 오늘날 우리 학자들도 도저히 감당이 안 되는 대작(大作)이다. 더구나 이 대작만 있는 것이 아니다. 그보다 훨씬 더 많은 분량의 시(詩)와 서(書)와 잡저(雜著) 그리고 기타가 있다.

그러나 류성룡의 이 대저 『징비록』은 곧 잊혔다. 집안에서 『서애집

(西厓集)』으로 간행되기는 했지만[20] 재래식 간행이고 부수도 읽는 사람
도 극히 제한되어 있었다. 그 이유 또한 적폐 청산의 진영 윤리, 코드
윤리가 17세기에서 19세기 초에 이르기까지의 오래고 오랜 세월 지
배한 때문이다.

   그런 『징비록』이 일본에서 먼저 크게 나왔다. 쓰인 지 꼭 90년째 되
던 1695년 교토에서 대중적으로 출간되어 널리 읽혔고, 뒤늦게 이를
알게 된 조선 조정에서 1712년 『징비록』의 일본 유출을 엄금하기도
했다. 우리나라에서 이 책이 본격적으로 출간된 것은 1936년 조선총
독부 조선사편수회에서였다. 류성룡이 손으로 직접 쓴 필사본을 영인
(影印)해서 출간한 것은 이때가 처음이다. 전쟁의 피해자인 우리는 정
작으로 잊고 있었는데 그 전쟁의 가해자인 일본이, 그것도 조선을 지
배하던 총독부가 출간했으니 기막힌 아이러니다. 이 아이러니야말로
16세기 말의 임진왜란 때를 생각하면 역시 '오래된 미래'다. 누구를
탓하며 누구를 원망하겠는가.

2. 전쟁, 아무도 기록하지 않았다

   오직 류성룡과 이순신만 기록했다. 류성룡의 『징비록』과 이순신의
『난중일기(亂中日記)』, 이 두 기록이 없었다면 임진왜란은 전쟁도 일본
전쟁, 기록도 일본 기록일 뿐이었다. 왜 우리는 그 큰 전쟁을 경험하고
도 기록하려 하지 않았을까?

---

20 『징비록』이 처음 간행된 것은 1633년 류성룡의 아들 류진이 『서애집』을 간행하면서 그
    안에 수록했을 때였다. 이후 1647년 류성룡의 외손자 조수익이 경상도 관찰사로 재임하
    면서 16권으로 구성된 『징비록』을 다시 간행했다.

류성룡의 『징비록』 1~2권에 나오는 인물만 해도 140명이 넘는다. 이 모두 함께 전쟁을 치르면서 류성룡이 직접 거명한 인물들이다. 그 중에는 학봉(鶴峰) 김성일(金誠一)이나 송강 정철처럼 전쟁 초기에 죽은 사람도 있지만 대다수는 전쟁을 끝까지 지켜보며 온갖 고초(苦楚)를 겪어 낸 사람들이다. 그들은 또 절대다수가 글을 한 문신(文臣)들이고 문인(文人)들이다. 잘 쓰든 못 쓰든 글을 쓰고 글로 기록하는 사람들이다. 신립·이일(李鎰)·김응서(金應瑞) 등 처음부터 무과에 합격한 순수 무인들도 있지만, 절제사·순변사·도원수 등 무인(武人)직의 대부분은 문신들이었다. 도원수 권율(權慄)은 처음 문신이었고, 팔도도원수(八道都元帥)로서 임진왜란 직후 임진강을 방어하던 김명원(金命元)도 문과에 급제한 문신이었다. 전쟁 사령관은 물론 최전방 전투 지휘관까지 문신이 맡을 만큼 조선은 문신의 나라였다. 특히 조선조 문신들은 죽으면 문인으로서 으레 문집(文集)을 남기려 하는 사람들이다. 이 문신들은 글을 쓰는 것이 본분(本分)이라기보다 본능(本能)에 가깝다 할 수 있다. 일반적인 문인은 다 그러했다.

그런데 왜 임진왜란이라는 대란(大亂)을, 그것도 엄청난 수모를 그토록 뼈에 차도록 당하고도 류성룡·이순신처럼 글을 쓰고 기록하려 하지 않았을까? '전쟁은 모든 진리를 거부한다'는 전쟁 잠언(箴言)이 있다. 모든 진리를 거부할 만큼 백척간두(百尺竿頭)에 섰다. 거기서 진일보(進一步)만 하면 천 길 낭떠러지로 떨어지는 그 절체절명의 순간들을 모두 경험하고도 글을 남기지 않는다면, 그들은 정말 문(文)을 하는 '문신(文臣)'인가, 글의 무늬만 좇는 '문신(紋臣)'인가? 그들은 무엇을 바라고 무엇을 생각하는 문신이며 문인인가? 그들이 진실로 찾는 것은 무엇이며 구하는 것은 무엇인가? 오매불망 또 염원(念願)하는 것은 무엇이었는가? 나라인가, 오직 임금인가? 대의(大義)인가, 오직 벼슬인가? 나라를 생각했다면 그들은 충신이고 오직 임금을 생각했다면 그들은 간신이다. 대의를 구했다면 그들은 선비로서의 문사(文士)이고, 오직 벼슬을 구했다면 그들은 고관이어도 탐관(貪官)일 뿐이다.

조선조가 건국하고 200년이 지나는 선조 시대 유난히 인물이 많았다. 유명한 오리(梧里) 이원익(李元翼, 1547~1634)에, 아계(鵝溪) 이산해(李山海, 1539~1609), 이순신을 구한 약포(藥圃) 정탁(鄭琢, 1526~1605)에, 백사(白沙) 이항복(李恒福, 1556~1618), 한음(漢陰) 이덕형(李德馨, 1561~1613), 그리고 윤두수(尹斗壽, 1533~1601)·윤근수(尹根壽, 1537~1616) 형제 등, 이루 헬 수 없다. 이들은 임진왜란이 끝난 후 대부분 호종공신(扈從功臣, 임금 수레를 호위하는 신하)에 일등공신이 되었다. 그러나 누구도 임진왜란을 단 한 장(章)이라도 제대로 기록한 사람은 없다. 왜 그랬을까? 그야말로 미스터리다. 예나 이제나 기록이 없는 문인은 문인이 아니다. 스토리(story)를 못 찾고 못 적은 문인이 어찌 문인이며 문신이겠는가.

그러나 예외도 있다. 길지 않은 글이지만 그 글 속에 임진왜란을 단 한마디로 알게 해 주는 촌철(寸鐵)이 있다. 신립의 종사관(從事官)으로 충주 전투에 참여한 김여물(金汝岉, 1548~1592)이 아들에게 보낸 편지다. 김여물은 '정여립 사건'을 맡은 정철이 탄핵될 때 정철의 당(黨)으로 같이 몰려 물러나 있었다. 류성룡이 그의 인물됨과 무략(武略)이 있음을 알고 다시 천거해 신립의 종사관으로 충주로 내려보냈다. 곧 벌어질 전쟁 현장을 둘러본 김여물이 신립에게 "고지(高地)에 진(陣)을 치고 적의 측면을 공격하든지, 아니면 한성(漢城)으로 물러나서 방위하는 것이 상책"이라 건의했다. 그러나 신립은 끝내 광야(廣野) 배수(背水)를 고집했고 김여물의 지략을 무시했다. 그것이 자살이라는 것을 신립 자신은 전혀 깨닫지 못했다. 아마도 예전에 싸우던 여진과의 싸움 정도로만 생각했던 것 같다.

그러나 김여물은 알았다. 끝까지 고집을 꺾지 않는 신립을 보고 이 싸움이 필패라는 것을 예측하고, 아들에게 마지막 편지를 보낸다. 요지만 추리면 "영남·충청·호남 삼도를 징집해도 한 사람도 응해 오는 사람이 없다. 우리는 단지 빈주먹을 흔들며 싸울 수밖에 없다. 남아(男兒)가 나라를 위해 죽는 것은 당연히 원하는 바이지만, 오직 나라의 치욕을 씻지 못하고 장부의 뛰는 심장을 그대로 재로 만드니, 하늘을 우러러 긴 한숨을 내쉴 따름이다."[21]

이 충주 전투의 공식 기록은 도순변사 신립, 순변사 이일, 종사관 김여물, 그리고 충주 목사 이종장(李宗張, 1544~1592)의 병력 모두 합쳐 8,000명으로 되어 있지만 김여물의 이 글로 보면 8,000명은 고사하고 800명도 되지 못했을 것이다. 공식 기록과 실제 병력의 차이가 그만큼 컸다. 그래서 조선 조정의 전쟁을 지상병전(紙上兵戰), 책상머리 종이 위에서 하는 전쟁이라 했다.

3. 『징비록』, 무엇이 다른가

1) 조선조 기록들의 과거 지향성

조선조 기록들의 원형(原形)은 예외 없이 과거 지향성이다. 역사 기록들은 말할 것도 없고 반계(磻溪) 유형원(柳馨遠), 성호(星湖) 이익(李瀷), 다산 정약용 등의 실학도 지향하는 전범(典範)은 모두 과거에 있었다. 연

---

21 "三道徵兵無一人至者, 吾輩只張空拳. 男兒死國, 固其所也, 但國恥未雪, 壯心成灰, 仰天噓氣而已."이형석, 『임진왜란사(上)』(서울대 출판부, 1967), 269쪽 재인용.

암(燕巖) 박지원(朴趾源)의 글도 읽어 보면 새로운 미래 추구는 없다. 다른 소리를 할 뿐이고 그 다른 소리 역시 과거를 지향하는 색다른 소리일 뿐이다. 생각하는 본보기, 꿈꾸는 좋은 세상은 모두 과거에 있었고 있었을 것이라고 상상하는 그런 글들이다.

20세기에 와서 쓴 황현(黃玹)의 『매천야록(梅泉野錄)』도, 박은식(朴殷植)의 『한국통사(韓國痛史)』『조선독립지혈사(朝鮮獨立之血史)』도 모두 과거 지향적이다. 한결같이 일본의 무신(無信)함, 일본에 대한 적개심, 우리 조정의 적폐와 조정 대신들의 무능, 매국 행위만 따지고 파헤쳤을 뿐, 도대체 이 나라가 어디로 어떻게 무엇을 지향해 앞으로 나아가야 할 것인가의 미래 지향이 없다. 이들 글뿐이 아니라 단재(丹齋) 신채호(申采浩, 1880~1936)의 그 많은 글들도 서구든 일본이든 그 나라들은 어째서 그토록 앞선 나라가 되었는가의 의문이 없고, 우리는 또 어떤 나라를 만들어야 할 것인가의 미래 정향(定向)이 없다.

1905년 〈황성신문〉 사설 「시일야방성대곡(是日也放聲大哭, 이날 목 놓아 크게 우노라)」으로 온 나라를 울린 위암(韋庵) 장지연(張志淵, 1864~1921)의 자강(自强) 사상도 미래 지향성이라 하기엔 그저 우국지사류의 울분 토로일 뿐이다. 왜 일본이 그렇게 발전했는지, 강성해졌는지, 서구 열강과 어깨를 나란히 할 만큼 우리나 중국과는 다른 나라가 됐는지, 기껏 메이지유신 정도로만 알 뿐 더 깊은 원인 규명도 천착도, 무엇보다 강한 의문이 없다.

이는 그 훨씬 이전에도 마찬가지였다. 17세기 초(인조) 정묘·병자호란을 겪고도 명(明)나라 망한 것만 원통해 하고 절통해 하며 분개심만 드러냈지, 정작 백만도 안 되는, 우리와는 비교도 안 되는 작은 인구의 여진이 어떻게 1억 5,000만 명의 명나라를 점유할 수 있었는지, 그러고도 그 긴긴 세월을 지배할 수 있었는지, 기이하게도 질문이 없고 의심이 없다. 오로지 과거를 향해 중화(中華) 문물만 받들고 높일 뿐, 한갓 작은 부족일 따름인 여진족이 세운 그 대청(大淸)제국이 중국 역사상 최고의 제국이 된 그 원인, 그 경위를 알려고 안 했다. 이미 역사 이전으로 사라지고 없는 그 옛날 한족(漢族)이 세운 명만을 그리워하며 '만절필동(萬折必東)'의 만동묘(萬東廟)나[22] 세워 19세기 중반이 넘어서도록까지 '한족 중국 문화'의 계승자로 자처하는 망상(妄想)을 멈추지 못했다. 그토록 과거 지향적이었다.

2) '징비'의 함의, 미래 지향성

그러나 『징비록』은 처음 시작부터 달랐다. '징비(懲毖)'라는 어휘 자체가 당시에는 없던 말이다. 단순히 글자 그대로만 보면 '징비'는 『시경(詩經)』 「소비(小毖)」의 "여기징이비후환(予其懲而毖後患, 나 징계해서 후환을 경계한다)"이라는 구절의 앞뒤 한 글자씩을 따서 류성룡이 직접 새로 만든 조어(造語)다. 조선시대 사람들이 쓰던 한자어(漢字語)를 모아 만든 『한국한자어사전(韓國漢字語辭典)』에도 이 말은 나오지 않는다.[23] 사전에

---

22 만동묘는 1717년(숙종 43) 송시열(宋時烈)의 유명(遺命)에 따라 제자 권상하(權尙夏)가 창건해 명 황제 신종(神宗)과 마지막 황제 의종(毅宗)의 신위를 봉안해 제사 지낸 사당이다. 만동묘라는 이름은 '만절필동'이라는 말에서 나왔는데 '황하가 만 번을 꺾여도 끝내는 동쪽으로 흘러간다'는, 아무리 곡절이 있어도 결국은 중국이며 중국 문화라는 중화주의, 중화 숭배주의의 핵심이다. 만절필동은 오직 명만을 섬긴다는 뜻으로 쓴 선조의 어필(御筆)이 있고, 명이 망한 후에는 숭명사대(崇明事大)에 젖은 조선 유학자들이 특히 받들어 쓰던 사자성어다. 본래 『순자(荀子)』 「유좌편(宥坐篇)」에서 공자가 제자 자공(子貢)에게 '꺾이지 않는 강한 의지'를 가지라는 의미로 했다는 "만절야필동(萬折也必東)"에서 유래했다. 2019년 2월 대한민국 국회의장 문희상이 이 문구를 붓으로 써서 낸시 펠로시 미국 하원의장에게 바치는 우스꽝스러운 역설도 있었다. 아마도 뜻을 모르고 썼을 듯하다. 한국 사람들이 이 문구를 쓰면 가장 반길 사람은 중국 고위층들이며 고위 관리들임은 말할 필요도 없다.

23 『한국한자어사전』(단국대학교 동양학 연구소, 1997), 권2, 467쪽 '懲'.

표제어로서 없다는 것은 당시 사람들이 전혀 쓰지 않던 말이라는 의미다. '징비'는 그때 사람들의 지적 수준에 비추어 류성룡 아니면 도저히 만들 수 없는 기막힌 조어다. 이 말이 지금 『우리말 큰 사전』에 주제어로 나와 있는 것을 보면 아마도 그 훨씬 이후에 류성룡의 『징비록』에서 뽑아내 정착시킨 어휘일 것이다.

'징비'의 의미는 단순하고도 명료하다. '징(懲)'은 잘못을 깨우쳐 뉘우치도록 징계한다는 것이고, '비(毖)'는 후환이 없도록, 또다시 근심 걱정하는 일이 생기지 않도록 삼가고 경계한다는 것이다. 다시는 잘못되지 않도록, 실패하지 않도록, 나라를 누란(累卵)의 위기에 몰아넣지 않도록 한시라도 마음이 해이해지거나 긴장을 풀어서는 안 된다는 의미다. 글자 상으로 풀이하는 '징비'의 의미는 이보다 더 분명하고 확실해질 수 없다. 그리고 임진왜란이라는 대란을 몸소 치른 전시 수상으로서 으레 뒷사람들에게 이런 경계의 말을 남겨 놓아야 한다는 점에서도 이 같은 '징비'의 의미는 자명하다.

그러나 '징비'의 이런 의미는 표의(表意, denotation)이고, 함의(含意, connotation)는 더 넓고 더 크고 더 다양해, 속에 글자 그대로 더 깊은 뜻이 있다.[24]

이를 풀어서 보면, 첫째로 '징비'의 주체는 누구냐다. 징비의 '징'이라는 징계의 주체는 누구며, 또 이 징비의 '비'라는 경계의 주체는 누구냐는 것이다. 주체는 언제 어디서나 둘 중 하나다. 하나는 바로 '나

---

24 표의는 글자 그대로 밖으로 표명된 겉뜻이다. 사물의 이름처럼 한 어휘가 지칭하는 단순 의미(simple meaning)다. 이와 달리 함의는 그 어휘가 깊이 품고 있는 속뜻이다. 밖으로 드러나지는 않지만 누구나 마음으로는 느끼는, 그 어휘의 단순 의미에 첨부되는 많은 뜻들이다. 예컨대 어머니의 표의는 나를 낳아 주신 분이지만, 그 함의는 모정, 자애, 사랑, 희생, 포용 등 이후 헤아릴 수 없이 많은 의미들을 내포한다.

(아我)'이고 다른 하나는 '그들(피彼)'이다. 그들은 나 아닌 타자(他者)이고 또 이 타자들의 집단이다. 이 '나'와 타자인 '그들', 누가 주체가 되느냐에 따라 역사의 진화(進化)와 퇴화(退化)가 갈라진다.

류성룡의 『징비록』에서 징비의 주체는 철저히 '나'다. '징'의 주체도 나이고 '비'의 주체도 나다. 이 징비에서 '그들'은 오직 객체다. 누가 잘못했고 누가 징계받아야 하고 누가 후환이 없도록, 다시 실패가 없도록 경계해야 하느냐—이 모두 철저히 '나'다. 나 아닌 타자, '그들'은 주체도 아니고 중심도 아니고 중추도 아니다. 중심도 중추도 오직 '나'다. 내 자리보다 '그들'의 자리가 높건 낮건, 나보다 '그들'의 권세가 크건 작건, '그들'에게 잘못이 있다면 '그들'에 대한 내 성심(誠心)이 부족해서이고, 그들의 지지를 이끌어 낼 좋은 방책이 없었기 때문이다. 모든 잘못은 내 탓이고 내 책임이다. 그것이 징비의 골자다. 그리고 『징비록』에 담긴 정신이다.

둘째로 징비의 '시관'은 어떤 지향이냐이다. 먼저 우리 역사의 고질(痼疾)인 그 끈질긴 내부 분쟁은 어디서 비롯됐느냐를 볼 필요가 있다.

'모든 것은 나 아닌 타자, 그들 때문이다. 그들이 저지른 잘못, 그들로 하여 쌓인 폐단—바로 그 적폐 때문이다. 그 적폐 때문에 오늘날 우리가 이 위기, 이 난국에 처했다.'

우리 역사의 모든 내부 분쟁, 내부 분열은 하나같이 이렇게 시작되었다. '왜 우리가 왜군에게 오늘날 이렇게 당해야 하느냐, 오로지 너희 탓이다.' '설혹 그때 그 자리에 내가 있었다 해도 나에게 책임은 없다.' 모든 잘못 모든 책임은 이렇게 모두 '그들'에게로 전가(轉嫁)된다. 모든 책임이 이처럼 '그들'에게로 넘겨지는 것만큼 투쟁은 격렬해진다. 그 투쟁의 명분은 모두 '그들'이 저지른 그들의 과거 잘못인 그 '적폐' 청산이다. 그 투쟁이 격렬해지는 것만큼 과거도 뜨겁게 달아오른다. 지금 우리가 경험하고 있는 그대로 시간은 매양 타임머신을 타고 과거로 돌아간다. 현재가 모두 과거로 바뀌고 미래는 꿈도 꾸지 못한다. 모든 책임이 '그들'에게 있다고 외치는 것만큼 시간은 자꾸 과거 지향이 되고 과거 지향성은 더욱 공고해져 간다.

반대로 모든 잘못이 '나'에게 있다고 하면 '나'는 반성한다는 것이고, 다시는 그런 과오를 저지르지 않도록 경계한다는 것이고, 끊임없이 새 방책을 강구하는 것이며, 그리하여 새로운 미래를 열어 간다는 것이다. 모든 잘못, 모든 책임이 '나에게 있다'와 '그들에게 있다'는 이렇게 미래 지향성과 과거 지향성의 엄청난 차이를 가져다 준다. 『징비록』의 징비 정신은 미래 지향의 원형이다. 어떻게 그 시대 그런 원형을 상상할 수 있었을까?

VI. 맺음말: '징비'의 함의, 미래 희망

류성룡의 삶과 그의 마지막 저작 『징비록』이 우리에게 주는 함의는 무엇인가? 희망이다. 『징비록』의 '징비'의 더 깊은 함의는 천찬(天贊)이다. 천찬은 바로 희망이다. 그것은 하늘이 절대 버리지 않는다는, 그 하늘의 도움을 '절대 확신하는' 희망이다. 임진왜란은 절대절망(絶對絶望)의 극한 상황이었다. 절망의 맨 끝, 도저히 헤어날 수도 일어설 수도 없는, 인력으로써는 어떻게 해볼 수 없는 앞이 막힌 상태, 그것이 절대절망이다. 그 절망의 극단에서도 절망은 없었다. 절통(切痛)은 해도 절망하지는 않았다. 그것이 『징비록』의 기록이고 '징비'의 또 다른 함의다. 그 희망이 소생(蘇生)의 원천이고 국가 재조(再造), 나라를 다시 만들고 일으키는 힘이었다. 그 희망이 과거를 털고 미래로 향하는 바로 미래 지향성이었다.

어째서 류성룡은 절망하지 않았는가? 절망 말고는 아무것도 품을 수 없는 상황에서 어떻게 다른 조신들과 달리 희망을 버리지 않았을까? 아니, 희망을 굳게 믿고 흔들림이 없었을까? 『징비록』에서 그 두 가지를 찾아낼 수 있다. 물론 다른 이유도 찾을 수 있지만 이는 모두 파생적(派生的)인 것이고, 근본적인 것, 대본(大本)이 되는 것은 두 가지다. 하나는 류성룡의 유교적 신념이고, 다른 하나는 이순신이다. 바로 류성룡이 그에게 건 유일한 희망이다. 앞의 것이 임진왜란 이전에 이미 형성되어 있었던 것이라면, 뒤의 것은 임진왜란을 바로 맞으면서다.

희망 1. 유교적 신념

유교적 신념에서 '희망'은 유학을 공부한 사람이라 해서 누구나 가질 수 있는 것은 아니다. 베버의 '프로테스탄트 윤리'는 프로테스탄트라는 종교적 신앙에 기반한 것이고 또 하느님을 굳게 믿는 사람들의 신념인 만큼, 오로지 그 믿음만으로 구원의 '희망'을 굳게 가질 수 있었다. 그러나 유교는 프로테스탄트와 같은 종교가 아니고, 그 윤리도 프로테스탄트 윤리처럼 신앙에 기반한 윤리도 아니다.

더구나 당시 사람들과 이웃해서 함께 믿는 불교의 열반(涅槃)이나 윤회(輪廻) 사상에서 오는 내세의 '희망'이 있는 것도 아니다. 유교에서의 윤리며 신념은 매일매일의 삶에 기반한, 오직 생활 윤리며 생활 신념일 뿐이다. 거기서 종교적 신념으로서의 '희망'을 갖는다는 것은 본원적(本源的)으로 어려운 일이고, 더구나 일상생활이 완전히 무너진 생활 세계의 파탄 상태에서 종교도 아닌 유교가 구원의 '희망'을 불러일으킬 리는 더더욱 만무(萬無)한 일이다.

당시 실낱 같은 희망이라도 있었다면 그것은 명나라다. 명은 조선이 기댈 유일한 나라였고 명의 원병(援兵)이 오직 일루(一縷)의 희망이었다. 선조를 비롯해 조신들은 모두 거기에 목을 매었다. 그러나 명나라 군대는 희망이기도 했지만 다른 한편 절망이기도 하고 재앙이기도 했다. 그것은 나중 구원병으로 온 그들을 경험하고야 알았다. 명군이 와서도 희망은커녕 나라는 쑥대밭이 되었고, 임금은 여차하면 중국으로 귀화하려 했다. 군량(軍糧)은 다 떨어지고, 병사도 싸울 기력이 없고, 그런 병사마저 병기가 없었다. 상대는 당시 세계 최강의 군대였다. 한 가닥 희망이었던 명군은 싸울 때마다 졌다. 그나마 싸울 의지도 의욕도 없었다. 가능하면 싸움을 회피하려 했고, 싸우려는 조선군마저 싸움을 못 하게 했다.

그들은 6·25 때 원군으로 온 미군이나 유엔군과 완전히 달랐다. 선조가 아무리 매달려도 그들은 남의 나라 군대였다. 그들이 결코 희망이 될 수는 없었다. 그런데 류성룡은 어떤 유교적 신념으로 희망을 잃지 않았을까? 누구나 『논어』『맹자』에서 '성인의 말씀'을 익히지만 누구나 다 성인의 말씀을 신념화할 수 있는 것은 아니다. 성인 공자는 절체절명의 상황에서도 절망하지 않고 늘 희망을 내보였다. "하늘이 이 문화(文化)를 없애려 하지 않는데 저들이 나를 어찌하겠느냐?"[25] "하늘이 내게 선천적으로 덕(德)을 주셨거늘 환퇴(桓魋)가 나를 어떻게 해칠 수 있겠는가?"[26]

---

25 『논어』「자한(子罕)」 5, "天之未喪斯文也, 匡人其予何?" 공자가 광(匡) 땅에서 잘못 오인되어 광 사람들이 군대를 풀어서 공자와 제자 일행을 구치해서 죽이려 했을 때 공자가 한 말.

26 『논어』「술이(述而)」 22, "天生德於予, 桓魋其如予何?" 공자가 송(宋)나라에 갔을 때

그렇게 공자의 희망은 바로 하늘이었고, 어떤 극한에서도 '하늘은 절대로 버리지 않는다'는 그 믿음은 흔들림이 없었다. 그 공자의 믿음이 곧 유교적 신념이고, 류성룡 또한 그 신념이 내재화되어 국가 재조의 희망을 굳게 갖고 있었다. 『징비록』에 반복되어 나오는 '하늘의 도움' 천찬, 그리고 "어찌 하늘의 뜻이 아니겠느냐(其非天哉乎기비천재호)", 그것은 모두 류성룡의 '유교적 신념'의 원천이었고, 그것은 또 우리 〈애국가〉의 '하느님이 보우하사 우리나라 만세'의 원형이라고도 할 수 있다.

희망 2. 이순신

당시 조·명군(朝明軍)을 다 합쳐 이순신은 유일한 희망이었다. 이는 『징비록』이라는 기록 안에서도 그러했고 기록 밖에서도 그러했다. 그러나 선조를 비롯해 조신들 중에서는 누구도 그렇게 생각하는 사람이 없었다. 선조에겐 명군 총책 양호(楊鎬)가 유일한 '희망'이었고, 조신들도 대부분 선조와 비슷한 생각들이었다. 그들은 모두 이순신의 한산대첩(閑山大捷, 1592년 7월)도 권율의 행주대첩(幸州大捷, 1593년 2월)이나 김시민(金時敏)의 진주성대첩(晉州城大捷, 1592년 10월)과 다 같은 유(類)의 큰 이김으로만 생각했다. 그만큼 임진왜란에 대해 무지했다.

행주대첩이든 진주성대첩이든 그 당시 조선의 능력으로 그렇게 적을 막아 낼 수 있었다는 것은 대단한 것이었다. 싸움의 성격이나 수준이 쳐부수어 '이김'이 아니라 성(城) '지킴'의 성격이며 수준이었다 해도, 그것은 엄청난 것이었다. 그러나 그 두 대첩은 이순신의 그 한산대

송의 중신(重臣) 환퇴가 병사를 시켜 나무를 뽑아 공자를 압살하려 해 놀란 제자들이 "어서 피하시라" 말하자 공자가 했다는 말이다.

첩과 비교할 수도 없고 또 될 수도 없는 것이었다. 행주나 진주성에서의 대첩은 한 성을 지킴에 불과했다. 넓게 보아도 한 지역의 방어 이상이 될 수가 없었다. 그러나 한산대첩은 한 성, 한 지역이 아니라 한 나라를 지키는 것이었고 조선과 중국의 바다를 지키는 것이었으며, 그렇게 해서 동아시아를 지키는 것이었다.

1592년 4월 14일 왜병이 들어오고 3개월 후인 7월 8일, 한산도에서 이순신이 대첩을 거두었을 때 류성룡이 무릎을 치며 소리 높여 한 말은 바로 '하느님이 보우하사'였다. "이순신의 이 한판 승리가 나라를 중흥시키고 국가를 다시 만드는 운을 열었다. 이 어찌 하늘의 도움이 아니겠는가(舜臣一戰之功, 以濟中興國家再造之運, 豈非天哉순신일전지공 이제중흥 국가재조지운 기비천재)!"라고 부르짖었다. 만일 한산대첩이 없었다면 왜군은 조선의 보루인 전라도를 점령하였을 것이고, 그리고 서해로 나아가 요동 연안의 대련(大連)과 금주(金州)·복주(復州)·천진(天津) 등이 위협받는 것은 물론, 명의 수도인 북경마저 위협을 받아 명의 구원군이 조선으로 나올 수 없음은 너무나 명약관화한 사실이었다.

그러면 조선은 어떻게 되는가? 조선의 국토는 한강 이남과 이북으로 나누어져 한강 이북은 명, 한강 이남은 일본이 지배하는 한반도 분할이 이미 결정되어 있었을 것이다. 이는 일본이 처음부터 그들이 벌인 이 전쟁을 조선 땅 가르기의 삼한 정벌(三韓征伐), 조선 할지(朝鮮割地) 전쟁이라 명명한 데서 명확히 알 수 있고, 명 역시 조선을 그들의 울타리로 삼는 번리지전(藩籬之戰), 바로 그 울타리를 만드는 전쟁으로 공공연히 명시한 데서 명확히 알 수 있다. 조선이 있고 없음이 이 이순신의 이 한판승으로(물론 이후의 '이순신 불패'에 더해) 명실공히 결정된 것이라는 것을 왜 선조는 그토록 인정하려 하지 않았고 조신들도 그렇게 수긍하려 하지 않았을까? 오직 류성룡만이 이순신에서 '희망'을 보고 있었다는 것은 400년이 지난 오늘에야 겨우 깨닫고 있는 것인지도 모른다.

이런 이순신을 죽이려고만 했다. 류성룡은 선조와 조정의 다른 군신(群臣)들에게 "통제사는 이순신 아니면 안 됩니다. 이순신이 아니면 한산도를 지킬 수 없고, 한산도를 지키지 못하면 호남을 보전할 수 없습니다", "호남을 보전하지 못하면 나라는 어떤 구실도 할 수가 없습니다"라고 단호히 말하지만,[27] 이런 류성룡을 경기도 순찰사로 내보낸 사이 선조는 어떻게든 이순신 죽일 상소문을 올리라고 독촉한다. 그 명재경각(命在頃刻)의 순간에 노(老)재상 정탁(鄭琢)이 나서 겨우 이순신을 구명한다.

"순신은 명장입니다. 죽여서는 안 됩니다. 군사 상의 기밀의 이롭고 해로움은 전장과 멀리 떨어져 있는 조정에서는 알 길이 없습니다. 순신이 나아가지 않았음은 반드시 생각하는 바의 깊은 뜻이 있어서일 것입니다. 청컨대 너그러이 용서하시어 훗날에 공을 이루도록 하소서."[28]

그렇게 해서 이순신은 겨우 살아났다. '희망'이 완전히 절망으로 바뀌려던 순간, 이 역시 '오 천찬―하늘이 도우사'였을 것이다.

그러나 미스터리는, 왜 선조는 그토록 이순신을 죽이려고 했고, 왜 다른 조신들은 이순신을 살리려고 하지 않았을까이다. 당시 류성룡과 더불어 최고의 인물이라던 오리 이원익은 왜 침묵을 지키고 있었고, 나이가 밑이긴 하지만 가장 명민하고 기개가 있다던 백사 이항복, 한

---

27 『서애집』 「서애선생연보」, "統制使非舜臣不可. 今事急而易將, 使閑山不守, 則湖南不可保", "湖南不保, 則其能爲國乎?"

28 『藥圃集』, "舜臣名將, 不可殺. 軍機利害, 難可遙度, 其不進未必無意. 請寬恕以責後效."

음 이덕형은 왜 가만히 있었을까? 그들도 원균이나 마찬가지로 이순신에게서 '희망'을 보지 못했던 것인가?

　　그러나 『징비록』에서는 이순신이라는 이 유일의 '희망'이 400년 후 '오래된 미래'가 아닌 '새로운 미래', '새로운 지평'으로 거듭나고 재천명될 것임을 미리 내다보고 있었다 할 것이다. "역사는 / 무덤가에서 희망을 찾지 말라지만 / 갈망의 파도가 솟구치면 / 희망과 역사는 함께 노래한다"[29]는 어느 시인의 시구처럼 『징비록』의 '징비'가 함의하는 '희망'도 이와 같을 것이다. 그 '희망'이 곧 류성룡의 미래 지향성으로서의 리더십도 함께 함의하고 있는 것이다.

29　셰이머스 히니(Seamus Heaney, 1939~2019), 「희망」. 히니는 북아일랜드 작가·시인, 1995년 노벨 문학상 수상.

제3장

중용, 열림과 닫힘

― 류성룡의 열림 정책

I. 서론: 중국은 어떤 나라인가

중국은 어떤 나라인가? 우리가 일상으로 생각하는 중국은 우리가 일상으로 생각하는 다른 '보통국가'들과 같은 나라인가, 다른 나라인가?

지구상에는 200개가 넘는 국가가 있다. 우리는 그 국가들에 대해 그들 국가 모두 우리와 하등 다를 것이 없는 '보통국가'들이라는 생각들을 가지고 있다. 이념이 다르고 체제가 다르고 역사가 다르고 생활 방식이 다르다 해도 국가로서는 우리와 하등 다를 것이 없는 국가 공통의 통치와 기능을 하고 있다. 그런 면에서 이들 나라는 거의 예외 없이 우리와 공통의 '국가 이미지'를 갖고 있고 또 항상 그런 공통의 이미지를 보여 주고 있다. 그래서 우리는 이들 나라를 책에서도 일상 대화에서도 국제 관계에서도 '보통국가'라고 말한다.

그러면 중국도 그러한가? 만일 중국이 그러하지 않다면 중국은 우리와 같은 '보통국가'가 아니란 말인가? '보통국가'가 아니라면 중국은 도대체 어떤 국가인가? 무엇보다 이런 문제 제기 자체를 중국 지식인들이나 중국 통치자들에게 한다면, 대다수 중국인들은 역반응(逆反應)을 보일 것이다. 불쾌하게 생각하거나 의아해 하거나 분노하는 사람도 있을 것이다. 중국 역사에 정통한 사람도 이런 문제 제기에 긍정적 반응을 보이는 사람은 쉽게 찾아보기 어려울 것이다. 더구나 세계화 시대에 '보통국가'는 국가관계의 기본이고 필수 요건이다. 그런데 '보통국가'가 아니라고 한다면, 혹은 그런 국가인가 아닌가에 대해 시비와 의문을 갖는다면 더 이를 나위가 없다.

II. 보통나라의 '비(非)보통': 키신저 저서가 말하는 중국

중국의 이 '보통국가' 여부에 의문을 제기한 사람은 헨리 키신저(Henry A. Kissinger)다. 그는 2011년 『중국 이야기(On China)』[01]라는 저서를 냈다. 이 저서의 제1장이 '비(非)보통나라 중국'이다. 원제목은 'Singularity of China'. singularity는 비보통(extraordinary)이고, 그러니 중국은 보통국가(ordinary state)가 아닌 비보통국가(extraordinary state)라는 것이다. 비보통, 'singularity'는 기묘한(strange), 기이한(queer), 혹은 특이한(unique)이라는 의미를 담고 있다. 어느 것이든 'Singularity of China'는 지금 우리가 생각하는 '보통국가'와는 전혀 다른 '비보통국가'라는 것이다.

키신저가 서술하는 이 기묘한 '비보통', singularity의 내용을 골자만 몇 개 골라 개략(槪略)하면, (가) 진보는 없고 수정(修正)만 있다, (나)

---

01 Henry Kissinger, *On China* (2011); 헨리 키신저, 권기대 옮김, 『헨리 키신저의 중국 이야기』(민음사, 2012).

합하면 나뉘고, 나뉘면 합한다, (다) 국제(國際)도 없고 외교(外交)도 없다, (라) 중화(中華)는 만방(萬邦)의 중심이고 문명 그 자체다, (마) 중국 땅끝이 세상의 끝이다(바다는 없다) 정도가 될 것이다. 물론 키신저가 이렇게 간략히 제목을 내건 것은 아니다. 키신저의 글은 장황해서, 글자 그대로 넓고(장張) 커서(황皇), 늘어지고 복잡하다. 그런 만큼 이 5개 요약 외에도 소크라테스의 '너 자신을 알라'와 대비적으로 공자의 '네 자리를 알라'도 있고 중국인들이 앞에 내거는 현란한 명분 뒤에는 한 번도 바뀜이 없는 긴긴 역사의 '부패와 수탈'이라는 실제도 있다.

다시 앞의 5개만 보면 다음과 같다.

1. 진보는 없고 수정만 있다

역사에 대한 서구인의 접근법은 진보 사관(史觀)이다. 후진적인 것에 대해 연속적으로 전진적으로, 그것도 절대적으로 승리를 구가하는 것이 역사이며, 그것이 곧 근대이고 현대라고 본다. 이와 대조적으로 중국의 역사관은 '과거의 회복'이다. 최고 최상의 시대는 요·순 시대이며 문·무·주공(文武周公)의 시대이고, 모두가 바라는 것은 그 시대로 돌아가는 것이며 그 시대를 회복하는 것이다. 그로부터 현재까지의 역사는 '부패의 과정'이고 '쇠퇴의 과정'이며, 그 부패와 쇠퇴를 주기적으로, 반복적으로 수정해 가는 오직 '수정의 과정'일 뿐이라고 역사를 본다.

하나의 문화를 창시한 사람으로 인식되는 공자 역시 정작 자신은 아무것도 새로이 만든 것이 없으며, 과거 황금기에 존재했던 것, 꽃피웠던 것을 다시금 되찾고 되돌려 지금 당대의 현실 속에 구현하려고 하는 것일 뿐이라고 했다. 그 되찾고 되돌리는 것이 현재를 '수정'하는 것이고, 그러나 그 '수정'은 현재 잘못된 것을 바로잡아 내일이라는 미래로 나아가는 수정이 아니라, 이미 오래전에 있었던 그 '과거의 것'을 회복하는 과거로의 진행, 과거로의 수정 과정이라 했다. 『논어』에 나오는, 옛사람들의 뇌리에 박힐 대로 박힌 '술이부작(述而不作)'이 바로 이를 설명해 주는 것이라 하고 있다.

술이부작은 새로운 것을 창조하는 것이 아니라 과거에 이미 존재했던 것, 그것을 찾아내어 상세히 기록하고 해설해서 당대와 후대에 전해 주는 것이다. 이유는 지금 아무리 좋은 것을 찾아내고 만들어 내도 과거에 있었던 것보다 더 좋을 수도 없고 더 지혜로울 수도 없고 더구나 사람들을 더 행복하게 해 줄 수 없기 때문이라는 것이다. 무엇이든 최고는 과거에 있었던 것이고, 그 옛날 사람들이 만든 것이고, 그리고 그때 시험을 거쳐 그 효용성이 이미 증명된 것이라 생각하는 것이다. 이 술이부작은 조선 전통 사회에서도 그대로 시행되어 공·맹(孔孟)은 말할 것도 없고 주희(朱熹, 주자朱子)의 글도 한 구절 한 글자도 못 고침은 물론 해석도 다르게 하지 못하게 했음을 오늘날의 우리도 알고 있다. 위정척사파(衛正斥邪派)가 그 전형이다.[02]

2. 합하면 나뉘고, 나뉘면 합한다

중국 사람들이 가장 즐겨 읽는 책의 하나가 나관중(羅貫中)의 『삼국지연의(三國志演義)』다. 마오쩌둥(모택동毛澤東)은 젊은 시절 이 소설을 거

---

02 1876년의 조일수호조약(朝日修好條約, 강화도조약)을 결사반대한 위정척사파의 중심 인물 중암(重庵) 김평묵(金平默, 1819~1888)은 "나라의 존망은 오히려 작은 일"이라 며 광기(狂氣)의 사대(事大)를 내보였다. 『중암문집(重庵文集)』 38, 「척양대의(斥洋大義)」.

의 강박증에 가깝도록 탐독했다고 키신저는 쓰고 있다.[03] 이 『삼국지연의』의 맨 서두가 그 유명한 구절, "천하대세(天下大勢)는 합구필분(合久必分)하고 분구필합(分久必合)"이다. 중국이란 나라는 '합함이 오래가면 반드시 나눠지고, 나눔이 오래가면 반드시 합한다'는 것이다. 말이 합구(合久)이고 분구(分久)이지, 사실 중국 역사를 보면 합쳐져서 오래간 것도 아니고 또 나누어져서 오래간 것도 아니다. 왕조 단위로 보면 불과 200년에서 250년이다. 그 200, 250년도 왕조 첫 시작에서 50~60년, 길어야 100년 정도가 합(合)이란 개념이 어울릴 뿐이고 나머지 150년 내지 200년은 분(分)이나 다름없는 상태로 분열되어 있었다. 간단히 말해 '통일과 분열'이 끊임없이 계속되고 교차되는 것이 중국 역사다. 서구의 로마나 오스만 제국은 말할 것도 없고 영국, 프랑스, 러시아 등에 비해서도 평화와 안정은 물론 통일의 역사가 너무 짧다. 합구(合久)가 아니고 합단(合短)이고, 역시 분구(分久)가 아니고 분단(分短)이다.

겉으로만 본 역사는 당나라도 송나라도 그리고 명나라, 청나라도 대개 250에서 300년은 지속되었다. 그러나 안을 들여다보면 초기 얼마 연간을 제하고 거의 전 기간이 반란이 그치지 않는 내란 상태였다. 일단 균열이 깨지고 내란 상태에 들어가면 그들끼리의 싸움은 동족이라 하기엔 너무 야만적이고 비인간적이었다. 그 잔인함은 다른 어느 종족에서도 찾아볼 수 없는 극한의 상태에까지 이르렀다. 마오쩌둥은 이른바 삼국시대, 기원후 220년에서 280년까지 불과 두 세대 사이에 중국 인구가 5천만 명에서 1천만 명으로 감소했다고 주장한 적도 있다 했

03 키신저, 앞의 책, 25쪽.

다.[04] 20세기에 들어와 두 차례의 세계대전을 겪으면서도 경쟁하던 무리들(국민당과 공산당) 사이의 갈등 또한 극도로 피비린내 나는 처절한 것이었다. 그러나 마오쩌둥은 설혹 핵전쟁이 일어나더라도 중국은 살아남을 것이라고 그러한 역사적 사례를 들어 말했다고 또 다른 기록에서 적고 있다.[05]

3. 국제도 없고 외교도 없다

국제는 상대하는 다른 나라가 있다는 것이고, 외교는 그 상대하는 나라를 예우한다는 뜻이다. 국제는 모든 나라는 평등한 자주국(自主國)이고, 외교는 평등한 그 자주국들이 주체적으로 서로 협의·협상하는 것이다. 그런데 전통 중국의 공식 기록은 이런 국제며 외교를 한 번도 인정한 적이 없는 것으로 돼 있다. "중국 황제는 다른 나라의 국가 원수들과 결코 '정상(頂上)회담'을 하지 않는다. 오로지 알현을 받을 뿐이다"라고 기록했다. 그리고 외국 사신들은 중국과 협상을 하거나 국사를 논하기 위해서 중국 황실을 찾아온 것이 아니라 황제의 고매한 영향력으로 그들의 '모습'을 바꾸기 위해서 온 사람들이라 적고 있다. 중국과의 교역 또한 너무나 소중한 것이어서 중국 관리나 사관(史官)들은 '그것은 통상적인 경제 교류가 아닌, 중국의 우월성에 대한 조공(朝貢)'으로 묘사했다.

그것은 수백 년 조선조와의 관계에서도 극명하게 드러난다. 사실 중

---

04 위의 책, 26쪽.

05 Ross Terrill, *Mao: A Biography* (Stanford: Stanford University Press, 2000), p.268: 위의 책, 26쪽 재인용.

국과 조선은 이웃 나라임에도 정치도 경제도 오늘날 말하는 '국가 간 관계'라는 것이 없었다. 정치는 황제에 대한 오로지 알현만 있었고, 경제는 역시 오로지 황실에 조공만 있었다. 조선과 달리 바다 멀리 있는 일본은 중국과 아예 관계를 끊고 수백 년을 지내기도 했다. 알현이 싫고 조공도 싫다면 왜구가 되어 중국 해안 지역을 약탈하거나 임진왜란 때처럼 전쟁을 일으키는 것이다.

키신저는 물론 일반 서구 지식인들의 지식과 사고에서 보면 더욱 재미있는 것은, 1863년 중국 황제가 에이브러햄 링컨 미국 대통령에게 보낸 서한이다. "중국은 우주를 통치하는 하늘의 명(命)을 경건하게 받들어 주변 나라들을 차별 없이 한 가족처럼 생각하고 대면한다"는 것이었다.[06] 나라는 가족이 아니고, 나라 간 관계는 동양적 전통 가족과는 차원이 다른 것이다. 그것도 아편전쟁 이후 두 차례나 쓰디쓴 패배를 맛본 상황에서 아직도 국가 간 관계를 옛날의 '조공 관계'로 보아 정상 간 관계를 여전히 중국 황제에 대한 '알현 관계'로 생각하고 있었던 것이다. 문제는 '지금이라고 다르랴'가 키신저의 '비보통나라 중국'의 해부다.

4. "중화는 만방의 중심, '문명 그 자체'다"

중국은 여러 문명권 가운데 하나의 문명이 아니라 '문명 그 자체'라 생각한다는 것이다. 영어로 말하면 부정관사가 앞에 붙는 'a civilization'이 아니라 바로 정관사의 '*the* civilization'이 되는 것이다. 이는 청나라 이전까지 중국 자신은 물론, 조선을 비롯한 주변국 모

---

06 키신저, 위의 책, 31, 34쪽.

두가 실은 다 그렇게 생각하고 있었던 것이다. 중국 언어인 한자와 한문, 중화(中華)라고 하는 중국 특유의 문화 그리고 황제 1인의 단극(單極) 체제는 모든 문명의 보증서였고 당시 세계 여러 나라들, 심지어 중국을 정복한 국가들까지도 스스로 그 문명의 합법성을 인정하고 그 정통성을 받아들였다는 것이다.

'중국(中國)'이라는 국호 자체가 우주의 '중심부에 있는 나라', '만세계의 한가운데 있는 왕국'이라는 의미를 갖는다. 전통 중국인들이 즐거이 입에 올리던 '절세이독립(絶世而獨立)' 역시 같은 의미로 쓰인다. 세상 다른 나라들과는 높고 멀리 떨어져 우뚝 솟은 '독립적' 존재로 서 있는 것이 바로 중국이라고 생각하는 것이다. 이런 중국인들에게 문명의 다양성이라든지 다원성은 그 어떤 경우에도 상상되지 않는 것이다. 문명의 그 어떤 양태도 '중국 형태' 하나뿐이고, 문명의 그 어떤 근원도 결국엔 '중국 뿌리' 하나로 귀일(歸一)된다고 사고하는 것이다.

키신저는 이러한 중국인들의 문명을 '테두리 문명관'이라는 묘한 용어를 빌려 풍자하고 있다.[07] 중국인들은 자기네 사상을 특정 테두리 안에 묶어서 사고하고 그 테두리를 벗어난 것은 모두 이적(夷狄)들의 사고며 행태—중국 주위 동서남북 사방에 흩어져 있는 오랑캐들의 짓거리—라는 것이다. 이 같은 중국인들의 사고며 행태는 오랜 세월 '중국적인 인습'이 됐고, 마침내는 오로지 '중국적'일 뿐인 이 전통적 '인습'이 중국인 특유의 사회적 사고며 행위의 준칙이 되고 심지어 '법칙'이 돼서 그들 간 내부자 관계는 물론 다른 나라들과의 국제관계까지 지배하고 있다는 것이다.

---

07   Thomas Meadows, *Desultory Notes on the Government and People of China* (London: W. H. Allen & Co., 1847); 위의 책 재인용.

헤겔(Hegel) 역시 "이러한 중국적인 사고며 행태 그리고 인습은 일반 국가들의 일반적인 역사 발전과는 완전히 괴리되고 격리되어 있는 것"이라 해석해서 앞의 테두리 문명관과 궤를 같이하고 있다.[08] 헤겔은 물론 마르크스가 주장하는 '중국 정체론(停滯論)'도 이에서 비롯된 것이라 할 수 있고, 근래에 와서도 루시안 파이(Lucian Pye) 또한 "오늘날에도 중국은 옛날 모습 그대로 국가를 보고 문명을 보고 있다"고 쓴 바 있다.[09]

21세기 중국도 여기서 한 치도 달라진 것 같지 않다. 그들은 여전히 자유·인권이란 모든 나라의 보편적 가치를 거부하고 있고, 그들 특유의 다른 나라와 유리된 가치관을 내세우고 있음에서다.

5. 땅의 끝이 세상의 끝이며 바다는 없다

중국은 왜 역사석으로 바다와 지속적으로 관계를 맺지 못했을까? 중국은 대양(大洋)까지가 한계였다. 바다는 땅이 끝나는 지점이고, 땅에서 더 나아감이 멈추는 지점이고, 따라서 땅 너머로 더 이상 행동을 할 수 없는 지점이라 여겼다. 전통적으로 중국인들은 그렇게 생각해 왔고, 그 생각은 줄곧 끊이지 않고 이어져 왔다. 땅이 세상의 전부였고 땅의 끝이 세상의 끝이었다.

땅이 너무 넓어서 중국 왕조도 중국인들도 그렇게 생각했을까? 하지만 바다는 더 넓다. 땅이 아무리 넓어도 바다에 비교할 수 없다는 것

---

08   G. W. Friedrich Hegel, *The Philosophy of History*; 키신저, 위의 책 재인용.

09   Lucian Pye, "Social Science Theories in Search of Chinese Realities," *China Quarterly* 132 (1992), p.1162.

은 삼척동자도 안다. 그런데 중국은 왜 땅의 끝이 세상의 끝이라고 생각했을까? 무엇이 그렇게 생각하도록 했을까?

영토에 대한 중국 황제들의 집착은 언제나 대륙이라는 땅 안에 국한되어 있었다. 국외인 땅 밖으로 뻗어 나가려 하지 않았다. 바다가 두려워서였을까, 아니면 바다로 나갈 해양 기술이 모자라서였을까? 실제에 있어서나 역사적으로나 더 이를 것 없이 그것은 결코 아니다. 송 왕조(960~1279) 때만 해도 해양 기술에서 중국은 세계 최고였다. 미국의 유명한 중국 역사학자 페어뱅크(John K. Fairbank)는 그의 중국 역사서에서 중국의 해양 능력을 그렇게 극찬하고 있다.[10] 당시 중국의 해양 함대는 해외 정복과 해외 개척의 시대를 열어젖히기에 조금도 부족함이 없었다.

송대뿐 아니라 명나라 초기(1405~1433)에도, 그때까지 '인류 역사상 가장 탁월하고도 신비로운 해양 탐험'을 한 기록을 가지고 있다. 유명한 '정화(鄭和)의 해양 탐험'이다.[11] 그러나 이 '정화의 탐험'은 1433년 느닷없이 중단된다. 그리고 잇따라 들어선 황제도 정화의 함대를 깡그리 해체시켰고 그의 항해 기록까지도 없애 버렸다. 더 이상한 것은, 그러한 해양 능력을 갖고도 중국 동남부 해안에 왜구가 출몰해 위협을 가할 때 중국 정부가 한 일은 고작 해안가 백성들을 내륙으로 16킬로미터 이상 강제 이주시키는 것이었다. 왜 그랬을까? 무엇이 중국으로 하여금 '땅끝만이 세상 끝'이라 생각하게 했을까? 왜 바다는 없었을까? 그래서 중국은 보통나라와는 다른 비보통나라, 'Singurality of

---

10 John King Fairbank & M. Goldman, *China: A New History* (Cambridge: Belknap Press, 2006), p.93.

11 중국의 역사 교과서는 물론 서구의 중국사 기록에도 정화의 이 '신비로운 해양 탐험'은 빠지지 않고 넣고 있다.

China'라고 말하는 것인가.

III. 닫힌 제국(帝國)의 닫힘: 그 의미 그리고 실태

1. 키신저가 하지 않는 말

그러나 키신저는 『중국 이야기』의 제1장 내내, 심지어는 마지막 제
18장 '뉴 밀레니엄', 그리고 에필로그 '역사는 반복되는가'에 이르기
까지 중국의 그 무엇이 다른 보통국가들, 특히 서구 국가들과 다른가
를 깊게 그리고 상세히 설명하면서, '왜 다른가, 왜 다른 보통국가들과
는 다른 나라가 되어 있는가'에 대한 설명은 없다. 사실에 대한 기술
(記述)은 있는데 규명(糾明, investigation)은 없다. 사실(fact)은 있는데 인과
(causality)가 없는 것이다. 왜일까? 이유는 분명하다. 인과를 따지거나
논할 필요가 없기 때문이다. 그것이 정책가로서 키신저뿐 아니라 학자
로서 키신저의 확실함이다. 만일 논했다면 책 제목부터 포괄적 의미의
두루뭉술 'On China'가 아니라 규명이 명백한 한정어가 'On China'
앞에 붙었어야 한다.

그래서 이 글에서는 키신저가 말하는 중국의 'singularity', 중국이
어째서 '비보통국가'인가를 규명하고, 그리고 이 '비보통국가'와 전혀
다른, 특히 임진왜란 때의 류성룡의 '열림'의 정책들을 보려 한다.

조선 조정의 명나라에 대한 자세는 처음부터 정신적으로는 머리부
터 조아리고 들어가는 고두(叩頭)의 행태였고, 심리적으로는 기(氣)부터
죽어 오그라들고 졸아든 위축(萎縮)의 심상이었다. 천행으로 류성룡이
있어 실용을 찾고 이순신의 승전이 있어 자강(自彊)을 보였다.

조선은 왜 그러했을까? 그 무엇으로 이런 조선 조정의 자세와 행태를 설명할 수 있을까? 이유며 해답은 단 하나. 키신저가 말하는 'singularity'로서의 중국이다. 당시도 '비보통국가로서의 중국'이었기 때문이다. 지금도 그러하다면 당시는 더 이를 여지가 없다. 진·한대(秦漢代) 이후 당, 송, 원, 명, 청을 거쳐 온 중국 왕조는 예외 없이 비보통국가였다. 역사적으로 서구에서나 아시아 여러 나라들에서 보아 온 그런 보통국가가 아니고, 중국 특유의 국가 기능과 성격을 가진 비보통국가, 한마디로 철저히 '닫힌 제국(帝國)'이었다.

보통국가는 그것이 제국이든 왕국이든, 혹은 민주주의 혹은 전체주의 독재주의, 그 어느 국가든 '닫힌' 부분과 '열린' 부분을 같이 갖고 있다. 그러나 중국은 철저히 '닫힌 제국'이었고, 지금도 그 닫힘의 틀은 변함없이 유지되는 비보통의 나라, 키신저 말대로 'singularity of China'는 계속되고 있다. 물론 키신저는 이 비보통의 나라 중국을 말하면서 닫힘의 나라 혹은 닫힘의 제국, 심지어는 닫힘의 시스템이란 말은 한 마디도 쓰지 않았다. 미상불 그것은 키신저가 중국 역사의 특성에 천착(digging)하지 않았기 때문일 수도 있고, 설혹 했다 해도 그로 해서 자기가 말하려는 중국이 아니라 전혀 다른 중국을 말하는 것이 되어 버릴 수도 있기 때문일 수도 있다.

그러면 '닫힌 제국'이란 무엇이며, 지금도 중국은 그 닫힘이 계속되고 있다는 이유며 근거는 무엇인가?

2. '닫힘'이란: 열망과 이동, 그 상실과 차단

무엇을 '닫혔다' 하고 무엇을 '열렸다' 하는가? 한 나라 혹은 한 체제(system)의 닫힘과 열림은 1940년대 오스트리아 태생의 과학철학자 (philosopher of science) 칼 포퍼(Karl Popper, 1902~1994)의 『열린사회와 그 적들』에서 개념이 보편화되었다.[12] 이후 사회학과 정치학에서는 포퍼의 '열린사회' 개념에 묶이거나 한정되지 않고 다양하게 그 형태와 내용, 기능과 작용을 기술하고 전개했다. 그러나 본질적으로는 포퍼의 개념과 일치한다. 사고의 열림, 체제의 열림, 통치와 정책의 열림 그리고 이 모든 '열림'들을 가능케 하는 주 요인—'자유'라는 점에서 그러하다.

도대체 무엇이 '닫힘'이고 '열림'인가? 중국은 고래로 '닫힌 제국'이었다. 서구도 중세 이전에는 '닫힘'이 추세였지만 중국과는 닫힘의 강도, 닫힘의 콘텐츠가 달랐다. 창문으로는 햇빛이 늘 스며들고 있었고, 근세 이후는 거의 대부분의 나라들이 햇빛 쏟아지는 열린사회가 됐다. 중국은 전통의 '닫힌 제국'처럼 지금도 그 닫힘은 계속되고 있다. 여기서 그 '닫힘'의 전형은 중국이고 제목의 '닫힌 제국'도 중국이며, '닫힘'이라는 시작에서 전통의 중국이나 현대의 중국이나 본질의 면에서 그리고 현실의 실제에서 그 '닫힘'은 변화가 없다고 보는 것이다.

'닫힘'과 '열림'은 무엇을 근거로 해서 논의하고 무엇을 기준으로 해서 구분하는가? 사회과학에서 항용하는 이 두 개의 상황을 가르고 만들어 내는 변수(variables)는 무엇인가? 칼 포퍼 식으로 말하면 '열망'이고, 피티림 소로킨 식으로 말하면 그것은 '이동'이다.[13] 하지만 포퍼

---

12 Karl Popper, *The Open Society and Its Enemies* (1945). 그는 이 저서에서 맨 먼저 플라톤이 제시하는 정치와 사회 체제를 공격하고, 그리고 헤겔과 마르크스의 역사주의를 맹공한다. 개인의 열망이 얼마든지 사회를 변형시키고 역사를 바꿀 수 있지만 미래는 언제나 불가예측적이라는 것이다. 역사주의에서처럼 예정된 진로는 언제 어디에도 없다는 것이다.

13 Pitirim Sorokin (1889~1968), 러시아 태생의 미국 사회학자. 주저는 *Social Mobility* (1927). 그는 이 저서에서 사회이동(social mobility)의 창의성(creative effects)과 파

의 열망이든 소로킨의 이동이든 그 주체는 다같이 '개인'이다. 개인만이 사회든 역사든 변혁의 열망을 지닐 수 있고(Individuals can aspire to change history or society), 개인만이 지위든 지역이든 그가 선호하는 데로 택해서 이동해 갈 수 있다(Individuals can move to select the preferred positions). 그것이 되면 '열림'이고 그것이 안 되면 '닫힘'이다.

열린사회는 개인이 끝없이 '열망'을 갖는다. 반대로 닫힌사회는 그런 개인의 열망이 허용되지 않는다. 열망을 허용하면 개인 행동이 활발해지고 개인 활동의 범위가 넓어진다. 그만큼 사회는 각인각색의 개인 주체—개인주의가 된다. 개인주의는 닫힌사회의 가장 큰 적이다. 전체를 하나하나의 개체로 환원시키기 때문이다. 그런 개체로의 환원은 사회의 분열이며 전체의 분열, 마침내는 사회의 붕괴, 전체의 파괴로까지 확대해서 예단되고 판단되기 때문이다.

열린사회는 개인이 끝없이 '이동'한다. 반대로 닫힌사회는 개인의 이동을 차단한다. 높고 긴 방벽을 세워 이동을 막고 끊는다. 이유는 간단하다. 사람들은 권력이 더 많은 곳, 더 센 쪽을 향해 나아가려 한다. 그리고 부(富)가 쌓인 곳, 더 많이 가질 수 있는 쪽으로 쫓아간다. 명예든 위신(威信, prestige)이든 지위가 더 높은 곳, 더 부러움을 사는 데로 옮아가려 한다. 이는 사람들이 사회 속에 사는 한 누구나 갖는 사회적 본능(social instinct)이다. 그러나 이 사회 본능인 '이동' 또한 닫힌사회의 적이 된다. '이동'하면 성문을 열어야 하고, 더구나 이동이 많으면 성벽까지 헐어야 한다. 문이 열리고 벽이 헐리면 마침내 센 바람 폭풍우가 휘몰아쳐서 집의 기둥이, 끝내는 체제 전체가 흔들리고 무너진다고 생각하기 때문이다.

괴성(disruptive effects)을 강조한다.

'열망'이든 '이동'이든 그 행위 주체는 이미 말했듯 개인이다. 개인은 열망으로 동기가 유발된다. 열망(熱望)이 없으면 열정(熱情)도 없어진다. 열망과 열정은 서로 상승(相乘) 관계다. 서로를 곱해서 효과가 더 커지는 관계다. 열망으로 열정이 더욱 솟고, 그 솟은 열정으로 열망은 더욱 불탄다. 열망이 없으면 이룩하고픈 일도, 이룩하려는 의지도 일어나지 않는다. 열정이 있지 않으면 시키는 일, 강요된 일만 한다. 어떤 일도 신바람이 일지 않고 무슨 일을 해도 수동적이며 적극성이 없다. 시키는 일, 강요된 일만 해서 생산성이 오를 수 없다. '닫힘'의 전형, 옛 소련 사회에서 익히 보고 경험했던 것이다.

'이동'이 없으면 있던 길도 없어진다. 길과 이동은 하나이기 때문이다. 더구나 강제로 이동이 통제되거나 차단되면 문은 닫히고 벽만 남는다. 그 벽도 갈수록 더 두터워져서 장벽이 된다. 구 베를린 장벽도 그 하나다. 사람들은 모두 풀이 죽는다. 욕구도 니드(need)도 사라진다. 가고 싶은 곳을 갈 수 없고, 하고 싶은 일을 할 수 없고, 오르고 싶은 곳을 오를 수 없다. 건너고 싶은 다리도 무너졌고 발 딛고 일어설 사닥다리도 부서졌다. 모두 이동이 거부된 탓이다. 모두가 관습으로만 살고 습관으로만 행동해야 한다. 하루하루의 새로움도 없고 오늘과 다른 내일도 없다. 그것이 '닫힘'이고 닫힌사회의 생면(生面)이다.

3. 통치 형태의 차이[14]

무엇이 '열림'을 만들고 무엇이 '닫힘'을 만드는가? 무엇이 개인의

---

14 아리스토텔레스는 그의 『정치학(Politics)』에서 국가 형태를 기본(基本) 형태 3개와 파생(派生) 형태 3개로 나눠 본다. 파생 형태는 기본 형태가 부패함으로써 생겨난 형태인데 이

열망을 일으키고 무엇이 개인의 이동을 차단하는가? 그것은 국가다. 더 상세히는 국가 형태다. 어떤 형태의 국가는 '열림'을 만들고 어떤 형태의 국가는 '닫힘'을 만든다. 국가 형태에 따라 개인의 열망도 이동도 좌우된다.

국가는 통치 기구다. 국가는 이 통치 기구의 형태, 줄여서 통상으로 통치 형태다. 통치는 그 나라 최고 권력자가 주권을 행사하며 국민을 다스리는 것이다. 주권은 국가 의사를 최종적으로 결정하는 최고 권력이다. 통치자는 이 최고 권력을 행사하는 사람이다. 최고 권력을 행사하는 것만큼 무엇이든지 할 수 있는 사람이다. 통치 형태에 따라서 통치자는 '황제'가 되기도 하고, 국민 중의 한 사람인 한갓 '대표자'일 뿐이기도 하다.

통치 형태는 어떤 변수를 취하느냐에 따라 형태와 내용이 달라진다. 일반적으로는 5개 형태로 나뉜다.

① 첫째로 통치자 수다. 통치자 수가 1인이냐(전제 군주제) 다수냐(자유민주제)에 따라 통치 형태는 달라진다.

② 둘째로 통치 권력의 발생 방식이다. 그들끼리의(기존 지배자들 간) 권력 투쟁에서 발생하느냐(전체주의), 일반 국민의 선거를 통해 발생하느냐(민주주의)에 따른 통치 형태의 차이다.

③ 셋째로 통치 권력의 목표 지향이다. 통치 권력의 계속 유지와 확대 지향(전제 군주주의, 전체주의)이냐, 통치 권력의 견제와 균형 지향(자유

6개 형태는 순환 과정을 이룬다고 했다.

기본 형태는 ①군주제, ②귀족제, ③헌정제(憲政制)이고, ①군주제가 부패하면 폭군제가 되고, 폭군제는 ②귀족제를 등장시킨다. 그리고 귀족제가 부패하면 과두제(寡頭制, oligarchy)가 되고, 과두제는 ③헌정제로 탈바꿈한다. 헌정제가 부패하면 민주제(democracy)가 되고, 이 민주제는 다시 군주제로 바뀐다 했다. 즉, '군주제→폭군제→귀족제→과두제→헌정제→민주제'로의 순환이다. 이 민주제는 다시 군주제로 순환한다.

민주제)이냐에 따른 통치 형태의 구별이다.

④ 넷째로 통치 권력의 지속 기간이다. 이는 통치 권력자의 임기(任期) 유무다. 임기가 엄격히 정해져 있거나(대통령제), 정해져 있지 않다 해도 그 임기 결정권자는 통치 권력자 아닌 국민인 경우(내각 책임제)다. 그러나 이 둘은 사실상 지속 기간이 제한된 임기제. 이와는 반대로 임기가 애초부터 정해져 있지 않거나(전제 군주), 정해져 있다 해도 중임, 3임의 제한이 없는 지속 기간 무제한인 경우(전체주의)의 통치 형태 구분이다. 흔히 말하는 장기 집권, 종신 집권, 영구 집권은 통치 권력의 제한 없는 지속 기간에 따른 명칭들이다.

⑤ 다섯째로 통치 권력의 통치 행태다. 통치 행태는 통치 권력의 행사 또는 시행이 법규에 따르느냐 초법규적이냐의 가름이다. 법규에 따르면 법치(rule of law. 자유 민주주의), 초법규이면 인치(rule of man. 전제 군주제. 전체주의)다. 법치는 모든 권력 행사—통치 권력자의 통치행위는 반드시 법에 따라야 하고 따라서 그 어떤 경우든 통치 권력자는 법에 구속되는 것이다. 반대로 인치는 권력자가 초법규적인 것만큼 그의 행동과 정책은 법 위 혹은 밖에서 결정된다. 그 결정은 그때그때의 상황에 따른 자의적(恣意的) 결정이다. 그 자의는 통치 권력자의 호오(好惡)·친소 감정에 따를 수도 있고, 사회적 요구, 시대의 트렌드와 별개의 차원에서 만들어질 수도 있다. 통치자가 마음먹은 대로다.

어떤 통치 형태(국가 형태)에서 '열망'과 '이동'이 가능한지는 더 따질 여지가 없다. 어떤 통치 형태(국가 형태)에서 '열림'과 '닫힘'—열린사회가 되고 닫힌사회가 되는지도 더 논할 필요가 없다. 그 역(逆)도 진(眞)이다. 열망과 이동이 가능할 수 있어야 만들어질 수 있고 유지될 수 있는 통치 형태(국가 형태)가 있고, 열망과 이동 때문에 끝내는 붕괴되고야

마는 통치 형태(국가 형태)가 있다. 열림과 닫힘도 마찬가지다. 열려야만 만들어지고 유지되는 통치 형태(국가 형태)와 닫혀야만 만들어지고 유지될 수 있는 통치 형태(국가 형태)가 있다. 이 또한 그 역도 진이다.

4. 역사 그리고 시관(時觀)

그렇다면 '닫힌사회'와 '닫힌 제국'은 같은 것인가, 아니면 다른 별개의 것인가? 같은 것이라면, 닫힌사회는 예외 없이 다 닫힌 제국인가, 지금 당장은 아니라 해도 머잖아 바뀌든, 아니면 지금 당장 바뀌는 과정에라도 있다는 것인가? 예컨대 전제 군주나 전체주의 국가의 닫힌사회는 어떤 것인가? 국가 형태(통치 형태)로 봐서 그 자체가 바로 '닫힌 제국'이라고 할 수도 있지 않은가.

닫힌사회와 닫힌 제국은 분명 유사성(similarity)을 띠고 있다. 유사성을 띠고 있는 것만큼 친화력(tendency of affinity)도 갖고 있다. 그러나 둘은 분명히 구분되고 경계도 다르다. '닫힌 제국'은 예외 없이 닫힌사회다. 그러나 닫힌사회가 다 '닫힌 제국'이 되는 것은 아니다. 오직 친화력만 가질 뿐이다.[15]

그렇다면 '닫힌 제국'은 어떤 것인가?

첫째로 역사다. 닫힌사회, 닫힌 국가로서 오랜 역사를 가진 나라다. 그 역사도 수세기가 아니라 수십 세기에 이르고, 그리고 그것도 단절

---

15 친화력(affinity)은 화학에서 '어떤 물질이 다른 어떤 물질과 결합하려는 성향(tendency)'
   이 있는 것처럼 사회 현상에서도 '유사성을 띤 특정 구조나 성격이 서로 관계를 맺으려는
   성향(similarity of structures or characters suggesting a relationship)'을 말한다.
   막스 베버가 청교도 기질(Puritanism)과 자본주의 생성 원리를 이 양자의 친화력으로 설
   명했다.

적(斷絶的)이 아니라 지속적(持續的)이다. 닫힌사회가 더러 열린사회가 되었다가 다시 닫힌사회로 되돌아가는 것이 아니라, 한 번도 '열림'이 없고 '닫힘'만 그 기나긴 역사에서 이어져 왔다는 것이다. 동양이나 서구에서 중세나 근세 이전 닫힌 나라들이 많이 있었다 해도 그 역사는 대개 수세기에 불과했고, 그것도 거개는 지속적이 아니고 단절적이었다. 닫힘과 열림이 무상(無常)했던 역사가 특히 이들 서구의 나라다. 따라서 이들 나라는 역사적으로 닫힌사회인 경우는 많아도 '닫힌 제국'은 아니었다.

'닫힘'의 강도(强度)에서도 '닫힌 제국'은 오랜 역사에서 시대(왕조)에 따라 차이는 있었다 해도 그 차이 또한 정도의 차이일 뿐이고, 그 차이의 기준도 강온(强穩) 혹은 '짙음'과 '엷음'이 아니라 오직 강(强)이고 오직 짙음이라는 것이다. 얼마나 강한 형벌에서의 차이냐이고, 얼마나 짙은 커튼이냐에서 차이일 뿐이라면 그 차이는 본질에서는 차이가 없는 것이다. '닫힘'은 오직 '닫힘'일 뿐이라는 의미다. 『맹자』의 익숙한 표현대로 닫힘의 정도는 언제나 '오십보백보', 그것도 언제나 짙은 닫힘의 정도에서 오십보백보일 뿐이다. 이렇게 '닫힌 제국'의 특징은 긴 역사이고 그리고 그 긴 역사에서의 짙은 닫힘이다.

다음으로 시관(time perspectives)이다. 시관은 시간을 보는 마음의 눈이다. 마음의 눈으로 보는 시관은 3가지가 있다. 과거 지향, 현재 지향, 미래 지향이다. 이는 과거와 현재와 미래의 시간 중 우리의 마음이, 뜻이, 의지가 어디로 향하고 있느냐에 따라 달라지는 것이다. 과거, 현재, 미래로 마음이 가 있는 데 따라서 각기 과거 지향, 현재 지향, 미래 지향이 된다. 왜 이 시간의 지향이 중요하냐는 이 시간의 지향에 따라 국가 제도가 달라지고, 통치 형태와 통치 방식이 달라지고,

그리고 국가 발전의 방향과 결과가 달라지기 때문이다.

'닫힌 제국'은 철저히 과거 지향이다. 사고의 표준이 과거에 있다. 전형적인 예는 중국의 상고주의(尙古主義)다. 상고주의는 글자 그대로 과거를 숭상하는 것이다. 과거를 흉내 내고 과거의 가치를 모방하고 과거의 표준들을 따르려 하는 것이다. 현대의 가치는 뜬구름처럼 부박(浮薄)하고, 요란한 빈 수레처럼 구심점이 없다는 것이다. 그래서 세상 모든 사람들이 받아들이는 자유·인권 등 보편적 가치도 과거에 없던 것이어서 거부하는 것이다. 오직 황금시대이기만 했던 그 과거에로의 '회귀', 전성시대였던 그 시대의 '회복'이 주 목표이고 무엇과도 대체할 수 없는 주 가치라고 생각하는 것이 '닫힌 제국'의 시관이다.

이 시관이 왜 문제가 되느냐? 물론 문제가 되는 것은 통치자의 시관이다. '닫힌 제국'에서 통치자·지배자들의 시관은 과거 지향이다. 그것도 철저히 예외 없이 과거 지향이다. 조지 오웰이 『1984년』에서 "현재를 지배하는 자가 과거를 지배한다"고 했는데, 전체주의·독재주의 국가에서 빅브라더스(Big Brothers)는 '과거 역사 해석의 지배자들'이다. 그들이 어떻게 역사를 해석하든 그들이 내리는 해석, 그들이 내리는 결론이 역사다. 아무도 거기에 도전할 수 없고 아무도 그 해석, 그 결정에 이견을 달 수 없다. 이견을 다는 자는 반란자며 대역(大逆) 죄인이다. 물론 오웰은 '닫힌 제국'이라는 명칭을 쓰지 않았지만, 과거사 지배자가 그들 빅브라더스라는 점에서 그들 시관 또한 '닫힌 제국'의 과거 지향성이다.

IV. 닫힌 제국의 생태(生態): 오래된 횡포(橫暴)

1. 절대권력

1) 전형은 중국

닫힌 제국의 전형(典型)은 중국이다. 구소련도 있지만 이미 종언을 고했다. 현재 러시아도 강한 유사성을 보이고 있지만 전형은 아니다. 전형은 같은 부류 중에서도 특징을 가장 잘 나타내고 있는 본보기다. 우크라이나 침공 등 구소련의 닫힌 제국 일면을 러시아가 여전히 띠고 있다 해도 지금 중국처럼 한 도시를 완전히 폐쇄시킬 만큼 폐쇄(닫힘) 강도나 폐쇄 의지를 가지고 있지는 않다. 과거의 러시아 제국도 유럽에서는 드물게 닫힌 제국이었다지만, 중국과 전혀 달리 창문을 크게 열고 서구 문명을 적극적으로 받아들인 표트르(Pyotr, 1672~1725) 대제(大帝)와 같은 계몽 군주도 있었다.

그러나 중국은 역사적으로 한 번도 닫힌 제국에서 벗어나 본 일이 없다. 그런 전례가 없는 것만큼 통치 방식이며 권력 행사 방식에서 지금까지도 전통적인 그 방식의 유형 외에 다른 유형을 선호하거나 지지하는 통치자가 나와 본 일 또한 없다. 손문(孫文, 쑨원)의 삼민주의(三民主義)처럼 열린사회의 이상을 일시 내보인 일은 있었지만 그것이 실재하는 현실은 없었다. 뿐만 아니라 그것을 현실화하는 구상도 방법도 정책도 없었다. 그저 구호일 뿐이었고 염원일 뿐이었다. 그러나 그마저 중국적 닫힌 제국의 전통에서는 기상천외한 것이었다. 아무도 생각할 수 없을 만큼 기발하고 엉뚱한 것이었다. 그래서 그 또한 그로써 끝나고 말았다.

그런 중국에서 대만은 예외인가? 대만은 결코 전통 중국이 아니고 닫힌 제국의 유산도 아니다. 그런 역사와 전통의 DNA를 대만은 갖고 있지 않다. 대만은 중국 역사에서 한 번도 있어 본 일도, 생각해 본 일도 없는 서구 전통, 구체적으로는 미국의 그것이다. 대만은 처음부터 미국이 만든 나라이고 미국이 지켜 온 나라다. 대만은 장개석(장제스)의 나라 이전에 미국에서 공부한 송미령(쑹미링)의 나라였다. 장개석이 처음 닫힌 제국의 전통에 따른 닫힌 제국의 총통 행세를 했다고 해도 결국은 서구 전통의 열린사회를 지향했다.

시진핑이 대만을 기어코 통일하겠다는 것, 무력으로라도 닫힌 제국 안으로 편입시키겠다는 것, 그것이 닫힌 제국의 역사이며 닫힌 제국의 전통이며 닫힌 제국의 사고방식이다. 키신저가 앞서 본 '분구필합(分久 必合)' 그 자체이며 그 사고방식, 그 정치 행태다. 왜 대만을 자유 국가로 두면 안 되느냐. 그것은 왜 홍콩을 닫힌 제국 속으로 함몰(陷沒)시키느냐와 꼭 같다. 함몰은 물속으로 가라앉히는 것이고, 그리고 물로 씻고 용해시켜서 다른 색깔을 없애는 것이다. 대만과 홍콩을 그대로 두는 한, 그들과 완전히 다른 다원화 체제를 용인하는 것이고, 그것은 곧 닫힌 제국의 일원화 본색, 일원화 전통을 무너뜨리는 것이다. 천하에 없는 일이 벌어져도 그것만은 받아들일 수 없는 것이 닫힌 제국의 닫힌 골간(骨幹, frame)이며 닫힌 생태(生態)다. 이 골간이며 생태를 세 가지로 나눠서 보면 그것은 모두 절대권력에서 시작된다. 절대권력이 지속되는 것만큼 그것은 오래되고 오래된 횡포다.

2) 서구와의 비교

닫힌 제국의 오로지 유일한 첫째 특징은 절대권력(absolute power)이다. 절대권력은 비교될 수도 없고(no comparative), 상대될 수도 없고(no relative), 그리고 그 어떤 조건도 달 수 없는(no conditional), 혼자만이 유일하게 갖는 완전한(complete) 권력이다.

그런 권력이 존재할 수 있는가? 역사상 있어 본 일이 있는가? 물론 서구에는 없었다. 역사학자들은 중세 오토만(Ottoman) 제국의 터키 술탄(Turkish Sultan of Sultanate)이나 남태평양의 피지 군주국(Fijian Monarchy)을 들지만, 이는 모두 중국의 그것과는 비교되지 않는다. 터키 술탄은 16세기 일시 번창했지만 17세기에 오면 쇠퇴해 버린다. '닫힘'의 강도도 따라서 처음 술탄 통치(Sultanate) 얼마간이었고 서구와 부딪치는 것만큼 엷어지고 만다.

서구의 절대주의(absolutism)는 17세기와 18세기 중앙 집권적 군주국들(centralizing monarchies)을 일컫는다. 그러나 실제로 이 군주국들의 그 어떤 통치자도 절대권력(absolute power)을 갖고 있지는 못했다. 그 권력은 봉건 영주(feudal monarchies)나 헌정 군주(constitutional monarchies)들의 그것에 비해 '절대적'이었을 뿐이다. 그 권력도 전통 토지 귀족(traditional landowning aristocracy)과 신흥 부르주아(a rising bourgeoisie) 사이의 세력 균형에서 만들어지는 것이었고, 따라서 그 권력은 독립적이라기보다 두 변수(토지 귀족과 신흥 부르주아)에 의존하는 것이었다. 의존적인 것만큼 권력은 상대성이 강한 '절대권력'이 될 수밖에 없었고, 그다음 세기의 것도 자본주의로 이행하는 여과기(filter) 기능을 하는 '절대주의' '절대권력'으로 오히려 '긍정적' 의미를 갖는 것이었다.[16]

그러나 중국의 절대권력은 역사에 나타난 그 어떤 사회의 권력과도

---

16 이 설명은 Perry Anderson, *Lineage of the Absolute State* (1974)에서 잘 밝혀지고 있는데,

비교되지 않는다. 오로지 중국에만 존재해 온 중국 고유의 권력 유형
이다. 그것은 권력의 한 형태가 아니라 '권력 형태' 그 자체. 중국만
의, 중국 특유의 '닫힌 제국'이 갖는 권력 형태. 이 중국의 '닫힌 제
국'은 서기전 221년 진(秦)나라 시황제(始皇帝)에서 시작되어 21세기 현
대 중국의 시 황제(習皇帝)에 이른다. 기나긴 역사에서 '황제'가 바뀐 일
은 한 번도 없다. 개인 생명체—개체로서의 황제는 바뀌어도 절대권
력자로서의 황제는 내내 같은 '인간'이었다. 절대권력의 마스크는 아
무리 바꾸어 끼어도 마스크의 본색, 마스크의 효능은 마스크 그대로인
것과 다름없다.

2천 수백 년 전 시(始)황제가 모든 반대 제국들은 무자비하게 제거하
고 진(秦) 제국 하나만 올립(兀立)시켰듯이, 21세기 시(習) 황제 또한 반
대자는 남김없이 몰아내고 오로지 혼자 옹립(擁立)된다. 진 제국의 황
제 대관식의 자리 순서가 서열 순위이듯이 21세기 황제 즉위식의 입
장 순서도 서열 순위다. 진 제국에서 '황제 만만세'가 만백성, 만인 주
시, 만인 추앙으로 합창되듯이 지금의 '황제' 추대도, 당헌·당장의 개
정 추인도 만인 공개리에 만장일치로 한다. 그럼에도 다름이 있다.
2천 년 전 시(始)황제는 그 시대의 맞춤이어서 하나도 이상할 것이 없
다. 그러나 21세기 시(習) 황제는 시대에 걸맞지 않아서 만방(萬邦)이 그
로테스크하게 보는 것이다.

앤더슨은 유럽의 이 절대주의 절대권력을 마르크시즘과 베버의 관점을 결합해서 자본주의
사회 발전 과정의 추동력으로, 따라서 긍정적으로 분석하고 있다.

2. 생성과 기원: '칼자루'에서 나온다

그렇다면 이 절대권력은 어디서 나오는가? 어떻게 만들어지는가? 그 권력은 '칼자루'에서 나오는 것이다. '칼'이 만드는 것이다.

학문적으로 칼은 폭력(forces)이다. 이 칼, 폭력을 최후로 독점하는 자(monopolist of forces)가 절대권력자가 되는 것이다. 닫힌 제국에서 국민은 없다. 물론 시민도 없다. 그것도 이름만이고, 실제로는 모두가 백성, 중국식 한자로는 창맹(蒼氓)이다. 창맹은 우거진 숲(창蒼)의 솟아오른 나무들(맹氓)처럼 살아가는 사람들, 그들이 백성이고 실은 천민이고 서민이다. 국민·시민은 자유가 있고 인권이 있고, 의무만큼 권리가 있다. 국가 권력, 통치 권력은 이들에게서 나온다. 그러나 백성은 통치 권력을 만들 권리가 없다. 오직 통치자에게 바칠 의무만 있을 뿐이다. 그것이 통치자에게 바칠, 절대권력자가 요구하는 충성이고 충성심이다.

"황제 자리는 칼자루에서 나온다"—이것은 전한(前漢)의 최고 유학자이며 무제(武帝) 때 유교를 국교로 만든 동중서(董仲舒, 기원전 179~전104)의 말이다. 그는 절대자의 절대권력을 하늘과 인간의 관계로 결합시켜 '칼자루에서 나온' 절대권력을 천명(天命)으로 둔갑시켰다.[17] 그리고 '칼로써 다스림'을 덕(德)의 다스림으로 바꿨다. 이 모두 칼의 변명이며 권력자의 사술(詐術)이고 학자들의 위선적 레토릭(rhetoric)—수사학(修辭學)이다. 가장 정직한 말은 사실 그대로의 언어, 처음 동중서의 말대로 오직 '칼자루에서 황제가 나온다'는 것이다.

---

17 Kissinger, *On China*, 제1장에서. 중국 황제 출현의 특징을 동중서의 말에서 끄집어 낸 키신저의 혜안이 주시된다.

현대 중국의 절대권력도 이에는 변함이 없다. 마오(毛)는 죽을 때까지 절대권력의 칼자루를 놓지 않았다. 마오로부터 등(鄧, 덩샤오핑)으로의 권력 이양도 바로 이 '칼자루'의 이양(移讓)이었다. 마오는 공산당 초기 당 서열 14위 때도 당 군사위원회 군사위원장 자리는 고수했다. 마오가 끝나도록까지 마오인 것은 이 '칼자루'만은 절대 놓지 않았기 때문이다. 시진핑(習近平)이 시(習) 황제가 되는 것도 같은 이치다. 모든 국사를 관장하는 총리는 앞 세대의 주은래(周恩來, 저우언라이)에서 보듯이 다른 나라와 달리 언제나 2인자다. 칼이 없기 때문이다. 구소련이 해체된 것도 소련 공산당의 칼인 군대가 비당화(非黨化)했기 때문이라 생각한다. 중국은 이를 '소련 군대 비당화의 역사'라 쓰고 있다.[18]

3. 과정과 결과: 가치가 없다

절대권력은 가치를 갖는가? 예나 이제나 중국은 글로벌 스탠더드가 없다. 중국 백성이 따르고 다른 나라 사람들도 함께 수용하는 보편적 가치를 중국은 한 번도 가져 본 일이 없다. 가지는 것은 고사하고 그런 가치에 대한 개념도 없고 의식도 없다. 그것은 기나긴 중국 역사에서 한 번도 예외가 없다. 『맹자』 「양혜왕(梁惠王)」편 첫 구절에 나오는 인의(仁義)라는 가치가 아닌, 이익(利益)이라는 이(利)에만 집착하는 것이 어제의 중국이고, 바로 오늘의 중국이다. 내일의 중국 또한 닫힌 제국이 지속되는 한, 이(利)를 위해서는 그 어떤 가치도 거부하고 파괴할 것임에 틀림없다.

---

18 중국 당 이론지 『홍기문고(紅旗文稿)』, 2013년 7월, 리차오밍 상장의 글. 2022년 10월 3일 〈중앙일보〉, '신경진의 차이나는 차이나' 재인용.

서구 여러 나라들에서 오랜 세월에 걸쳐 만들어진 자유며 평등, 인권이며 법치, 그것은 지금 세계 모든 나라들이 받아들이는 보편적 가치다. 그것은 글로벌리제이션된 오늘날의 국제 관계에서 사고의 기준이며 행위의 기준이고 그리고 모든 국가 정책의 기준이다. 어느 나라 어느 국민도 "우리는 아니오"를 말할 수 없다. 그렇게 '아니오'를 말하는 나라, 보편적 가치를 받아들이지 않는 나라는 어느 나라든 '불량국가'이고, 설혹 지금 아니라 해도 곧 '불량국가'가 된다.

하지만 중국은 다른 소리를 한다. 그것은 '우리의 가치'가 아니라고 말한다. 그렇다면 다른 모든 나라 사람들이 받아들일 수 있는 그 어떤 다른 가치를 중국은 제시하는가? 제시할 수가 없다. 너무나 분명히 중국은 그것이 없기 때문이다. 『맹자』는 일찍이 그 가치를 제시했다. 『맹자』가 제시한 보편적 가치는 '왕도(王道)'다. 그것은 오늘날의 글로벌 스탠더드다. 왕도는 인의(仁義)를 실현하는 길이다. 인의는 인간애(愛)이며 정의(正義)다. 국가는 왜 존재하는가? 군주는 왜 있는가? 인의를 실현하기 위해서다. 인의는 휴머니즘의 근원이며 보편적 가치의 근간(根幹)이다. 유교의 핵심은 인의며 왕도의 구현이다.

그러나 닫힌 제국, 중국 역사에서 보는 유교적 현실은 철저히 폭군적이고 폭권적이고 폭압적이었다. 칼자루에서 황제가 나온 것만큼 현실을 움직이는 것은 권력 압제로 축약되는 패권주의였다. 어느 시대이고 거기에 민생(民生)은 없었다. 목민관(牧民官)이라는, 말과 소를 친다는 목(牧)이라는 글자에서 보듯 민(民)을 말·소나 다름없이 보았다. 『맹자』에는 군주들이 짐승을 몰아 사람을 잡아먹게 한다는 '솔수이식인(率獸而食人)'[19]이라는 구절이 수도 없이 나온다. 철저한 인명 경시의 사람 죽

---

19 『孟子』「滕文公章句下」9.

이기 역사가 중국사다. 근대 중국의 선각자 양계초(梁啓超, 량치차오)의 말대로 "중국의 역사적 인물은 모두 살인의 귀재들"이었다. 그 대표적 인물이 현대는 마오쩌둥이고, 역사적으로는 명(明) 태조 주원장(朱元璋)을 위시해 헤아릴 수없이 많다.

인류 보편적 가치와 너무나 동떨어진 그 같은 중국의 현실은 지금도 계속되고 있다. 오늘날 중국 지도자들 누구도 보편적 가치를 말하지 않는다. 그것이 전혀 내재화되어 있지 않기 때문이다. 그런 중국이 설혹 GDP 세계 1위가 돼도 몸통만 비대하고 근육만 두터워진 것에 지나지 않는다. 세계 GDP의 40퍼센트를 상회했던 청(清) 제국이 서구의 일격에 넘어가고 중국의 제반 문물·사상·제도가 일거에 부정되어 버린 역사적 경험은 모두 보편적 가치—인류 공통의 글로벌 스탠더드를 중국이 갖지 못한 데서 온 것이다. 이 가치에 관한 한 중국의 내일도 닫힌 제국이 지속되는 한 너무 불확실하고 불확증적이다.

V. 닫힌 제국의 위치

이런 중국은 류성룡의 임진왜란 때나 지금이나 꼭 같이 '닫힌 제국'이고, '닫힘' 그대로, 역사가 바뀌어 고대에서 현대에 이르러서도 달라짐이 없다. 농업 사회에서 산업 사회로, 황제의 나라에서 공산당의 나라로 체제가 완전히 바뀌었는데도 본색은 그대로다. 심지어는 공산주의 마르크시즘에서 역설하는 생산력이며 생산 방식이 뽕나무 밭이 변해서 바다가 되었는데도 '닫힌 제국'의 닫힘의 행색, 그 '닫힌 제국'의 사고며 행태, 흔하게 쓰는 말로 생각이며 행동, 주의 주장은 하나같이 모두 그때 그대로다. 그 가운데서도 오늘날 글로벌 시대에 특히 중시

되는 나라와 나라들 관계의 '국제(國際)'와 나라들 각각의 품격을 명시하는 국격(國格)에 초점해서 보면 하나는 무개념(無槪念)이고 하나는 무의식(無意識)이라 할 수 있다.

1. 국제 무개념(無槪念): 우호국이 없다

16세기의 류성룡 시대나 21세기의 지금 우리 시대나 중국의 한결같은 특징은 국제 사회에서 중국은 우호국(友好國)이 없다는 것이다. 미·영 등 서구 국가들 간은 물론, 오늘날 200개가 넘는 수많은 나라들 관계에서 보는 그런 '우호국'이 존재하지 않는다는 것, 그것도 오래고 오랜 역사에 걸쳐 그러해 왔다는 것이다. 그렇다면 그것은 분명 중국만의 특징이다. 또한 현재도 그러하다면 앞으로도 '우호국'에 관한 한 중국에서만은 기대하기 어렵다는 전망도 된다.

왜 중국만은 그러할까? 중국만의 지정학(地政學)이 갖는 기본적인 이유로 상정할 수 있지만, 무엇보다 국제 무개념(無槪念)에서 연유하는 것이라 할 수 있다.

'국제'란 나라들 간의 관계다. 이 나라들 간의 관계는 첫째로 모든 나라는 주권국(主權國)이고 주권국인 것만큼 모든 나라는 평등하고 동등하다는 전제 위에서 출발한다. 그 전제 위에서 모든 나라는 다 함께 공존공영하고, 그에 따른 나라들 간의 권리와 의무를 준수하고, 그리고 상호 긴밀히 협의하고 협약하는 것이다. 나라 사이란 그런 것이고 그렇게 관계를 계속해 감으로써 '국제'라 하고 '국제 관계'라 한다. 그러기 위해 나라들 간의 권리 의무에 대해서 규정한 국제법도 있고, 그것을 감시하고 감독하는 유엔과 같은 국제기구도 있다.

중국도 이 같은 국제기구에 가입해 있다. 그러나 국제기구에 가입해 있다는 것과 '우호국'이 된다는 것은 다르다. 우호국 개념에는 동반국(同伴國)이라는 함의(含意, connotation)도 함께 있다. 동반국은 개인들의 동반자 관계처럼 특히 뜻을 함께하며 관계를 긴밀히 해 가는 나라들이다. 가치 동맹국—미·일·영·독·불같이 가치를 함께해 가는 나라들은 모두 이 동반국에 속한다. 우호국이든 동반국이든 이에는 조선 말기(末期) 여러 나라와 조약을 맺을 때 꼭 쓰던 '수호조약'이라는 말에서처럼, '수호(修好)'의 의미가 있다. 수호(修好)는 그냥 지키고 보호한다는 수호(守護)가 아니라 '마음으로 정신으로' 나라 간 관계를 돈독히 닦고 지키고 서로 보호해 간다는 강한 의지가 들어 있다.

중국은 키신저가 『On China』 서두에서 말한 것처럼 역사적으로 한 번도 나라와 나라들이 서로 대등하게 대하고 관계하는 '국제'며 국제 관계란 것을 가져 본 일이 없었다. 따라서 '외교(外交)'란 것도 없었다. 전통적으로 중국이 대하고 관계해 온 나라는 모두 조공국(朝貢國)이었고, 따라서 이들 나라와의 관계도 우호국·동반국들과의 독립적 외교 관계가 아니라 종속적 조공 관계였다. 하지만 당시의 '조공국'은 중국 내의 제후국이 아니라 중국 밖의 베트남·태국·버마·조선·일본과 같은 독립국들이었다. 이 독립국들을 중국은 스스로 그들 국내의 제후국이나 다름없이 취급해서 주변 나라들을 동등 관계가 아닌 상하 관계, 심지어는 조선처럼 군신 관계로 대했다. 주변국들 또한 중국이라는 강대국의 강압에 휘둘려 베트남·버마처럼 형식적으로 조공국 행세를 하거나, 일본이나 태국처럼 실제도 형식도 조공국연(然)하기만 한 나라도 있었다.

전통적으로 이런 주변 많은 나라들과의 관계며 관계 의식이 지금도 달라짐 없이 이어져서, 중국 국제 관계에선 우호국이며 동반국 개념이 실제든 형식이든 존재하지 않는다. 중국 외교부는 다른 나라들에 대해 으레 '소국은 대국을 따라야 한다'는 것이고, 그것이 조금이라도 미흡하면 한국의 고고도미사일방어체계—사드(THAAD) 정책에서처럼 '외교' 아닌 '강압'으로 '3불(不) 1한(限)'까지 만들어 내기도 하는 것이다. 그러나 이는 한국만이 아니고 '일대일로(一帶一路)'에 있는 모든 나라들이 모두 그러한 '우호국' 개념이 없는 철저히 비우호 외교, 비동반자 처우를 받고 있는 것이다.

그러면 중국과 대등한 비소국(非小國) 서구 제국들에 대해서는 어떠한가? 여기에도 국제며 우호국 개념은 없다. '전랑(戰狼)' 외교라는 말이 그 진수를 드러낸다. '전랑'이라는 말이 앞에 나서면 그것은 '외교(外交)'가 아니라 나라를 대표하거나 대신하는 사람들 간 전쟁이며 전투다.

외교는 인격을 갖춘 인간이 하는 것이고 신사도를 지닌 신사(紳士)가 하는 것이며 지식과 예(禮)를 갖춘 교양인이 하는 것이다. 지금 서구 제국(諸國)들은 옛날 버마나 태국, 베트남이나 조선과 같은 눈을 아래로 깔고 봐도 되는 그런 소국 조공국이 아니다. 모든 수준 모든 측면에서 중국보다 우위에 있는 나라들이고, 중국에 비할 바 없이 이른바 바로 나라다운 나라들이다. 그래서 중국은 심리적으로 움츠러들고 과도한 강박 관념에 젖어들어, 마치 늑대나 다름없이 으르렁거리는 것이다. 기(氣)싸움 힘겨루기 하듯 매양 다른 나라들을 상대하고, 그것을 언필칭 '외교'라 하는 것이다. 오죽하면 '전랑 외교'라는 말이 나왔겠는가. 전랑은 싸움하는 늑대다. 늑대는 제 핏줄 제 무리 외에는 '우호'가 없다. 다른 모든 무리의 늑대는 다투는 상대이고, 싸움하는 적이다. 거기에는 지배와 투쟁, 투쟁과 정복, 정복과 복종 외에는 '함께한다'는 개념이 없고, 사고가 없고, 방법이 없다. 하지만 늑대는 늑대이기에, 더구나 '자연'이기에 그렇다 해도, 어떻게 문명국 간의 '외교'에 그런 수식어며 한정어(限定語)가 붙을 수 있겠는가.

그러나 그것은 21세기 지금 중국의 이야기며 행태만이 아니다. 춘추전국시대가 끝나고 기원전 3세기 진 시황제를 시작으로 한(漢) 제국을 거치며 철저한 '닫힌 제국'으로 가면서 이웃 나라들에 대해 중국은 '외교'만이 아니라 문물의 모든 관계에서 '전랑'이었다. 임진왜란 때 조선에 나온 명(明)의 사신도 장군도 관리들도 심지어 병졸들도 모두 '늑대들'이었다. 오죽했으면 침략군인 왜군이 오면 백성들이 나아가 부역을 하고, 명색이 구원군인 명나라 군이 오면 모두 산으로 계곡으로 도망을 갔겠는가.

명나라 사신이 류성룡을 보고 "조선 백성이 '왜군은 얼레빗 같고 명군은 참빗 같다' 하는데 그것이 사실인가" 하고 묻기까지 했다.[20] 심지어 조선조 말 임오군란(1882) 때 청나라 군대를 거느리고 조선에 나와 1894년 청일전쟁에 패해 야반에 도망을 간 사실상의 조선 총독 원세개(袁世凱, 1859~1916)는 일제 35년간의 그 어떤 총독보다 '전랑'이었다. 그야말로 늑대 중의 '늑대'였다. 그러나 조선 백성은 '잡아먹어라'는 듯 움츠리고 있을 수밖에 없었고, 고종과 민비는 청나라 황제 모시듯 하늘이나 다름없이 받들었다. '우호국'도 없고 '외교'도 없는 닫힌 제

---

20 『징비록(懲毖錄)』에 나오는, 명 사신 사헌(司憲)이 류성룡에게 물은 말. "오문조선인언 왜적소자 천병비자 신호(吾聞朝鮮人言, 倭賊梳子, 天兵笓子, 信乎)?" 여기서 얼레빗은 살이 굵고 성긴 빗이고 참빗은 살이 무척 가늘고 촘촘한 빗이다. 얼레빗은 엉성엉성 대충 대충 빗는다는 것이고 참빗은 반대로 치밀하고 세밀하게 빗는다는 것이다. 왜군과 명군의 조선 백성에 대한 착취 행패가 너무나 뚜렷이 비교되는 말이다.

국의 행패(行悖)며 행포(行暴)를 우리만큼 그토록 처절하게 당한 나라도 드물다.

만리장성(萬里長城)

이 닫힌 제국의 닫힘을, 우호국도 동반국도 용납하지 못하는 그 닫힘을 가장 상징적으로 보여 주는 것이 중국이 자랑하는 만리장성이다. 이 장성(長城)은 이미 기원전 3세기 진나라 시(始)황제 때도 고사(古事)가 많이 나오긴 하지만, 실은 언제부터 쌓아 왔는지 정확한 기록조차 찾을 수 없을 만큼 오래전부터 쌓아 왔고, 그 길이도 얼마나 되는지 정확히 잴 수 없을 만큼 왔다 갔다 했다. 관광지로 유명한 베이징(北京) 인근의 만리장성은 600년 전인 14세기 말 명대(明代)부터 쌓아 온 것으로 되어 있다. 길이는 당초 6,300킬로미터로 보도되었지만, 2009년 중국 당국은 8,600킬로미터로 다시 고쳐 발표했다. 그러나 명대 훨씬 이전부터 쌓아 왔던 장성의 모든 길이까지 합치면 2만 1,196킬로미터에까지 이른다고 했다. 그것이 사실이라면 중국 장성은 만 리(3,900km)가 아니라 5만 4천 리가 된다.

중국은 왜 이렇게 기나긴 성을 쌓았을까—그것도 기나긴 세월에 걸쳐서? 그로 해서 얼마나 많은 백성이 굶주리고 시달리고 매를 맞으며 죽어 갔을까? 그렇게 쌓아올린 장성이 북방 민족을 한 번이나마 막아 본 일이 있었는가? 거란족은 쉽게 장성을 뚫고 넘어와 요(遼, 916~1125) 제국을 세웠고, 여진족 또한 어렵지 않게 장성을 넘어 지금의 화북(華北)에 금(金, 1115~1234)이라는 거대한 제국을 만들었다. 몽골족은 더 큰 나라를, 칭기즈칸에서 시작하여 5대째 쿠빌라이 때는 공전의 대제국 원(元, 1271~1368)을 건설했다. 지금의 베이징은 그때 그 원 제국이 만든 수도다. 마침내 최후의 여진족 제국 청(淸, 1644~1912)은 난공불락의 요새 만리장성의 끝자락 산해관을 유유히 통과해서 일찍이 한족이 이뤄 보지 못한 중국 역사상 최고의 제국을 세우지 않았는가.

그렇게 힘들게 쌓은 그 기나긴 장성이 도대체 무슨 의미가 있었는가? 한 번이라도 제 구실을 해 보았는가? 그럼에도 중국은 왜 계속 성을 쌓고 수축하고 그치지 않고 계속했는가? 중국이 그 기나긴 성을 쌓을 때 로마는 반대로 50만 킬로미터가 넘는 길을 닦았다. 길고 높이 쌓은 성곽과 멀리까지 잘 닦인 도로, 하나가 '닫힘'의 상징이라면 다른 하나는 '열림'의 전형이다. 제국의 강성함에서나 백성의 부유함에서나, 문명의 개화며 나라의 활력에서 두 제국은 비교가 안 되지 않는가.

확실히 장성을 쌓은 그 제국의 군주들은 무모한 것인가, 무능한 것인가, 아니면 무지한 것인가? 그 성을 쌓는 그 공력으로 더 새로운 생산 도구를 개발하고 더 넓은 생산 터전을 일구고 더 많은 생산 수확을 거두게 했으면 백성들이 얼마나 살기 좋고 살기 편한 나라가 되었을 것인가. 노유동사골(路有凍死骨),[21] 즉 어느 때 어느 길을 가든 길에는 얼어 죽고 굶어 죽은 백성들의 뼈며 시체로 가득했다는, 적어도 그런 참상은 없었을 것이 아닌가. 지금 와서 비로소 내세우는 시진핑의 그 '공동부유(共同富裕)'가 5만 리 넘는 '장성'을 쌓는 그 공력이었으면 그때 벌써 이뤄지고도 남을 것이 아닌가.

그런데 왜 그랬을까? 정말 '무모'해서일까, '무리'해서일까, 아니면 장성 외에는 더 생각을 가질 여유가 없는 사고적 '무능'에서일까? 절

---

21 두보(杜甫)의 긴 장편 시 「자경부봉선현영회(自京赴奉先縣詠懷)」에 나오는 구절. '노유동사골(路有凍死骨)' 다음의 시 구절이 '추창난재술(惆悵難再述)', "처량 비참한 마음 이루 말할 수 없네"이다.

대로 그럴 리는 없다. 중국은 일찍이 인쇄술이며 나침반, 화약, 심지어는 지폐, 수많은 문명의 이기며 공구들을 발명하고 개발해 낸 민족이다. 그 중국인들이 왜 아무런 효용 가치도 없는 그런 장성을 쌓았는가? 그것을 설명해 줄 수 있는 실마리며, 그것을 풀어 주는 열쇠는 오직 그 닫힘 제국의 '닫힘' DNA다. '닫힘' DNA는 닫힌 제국의 생태(生態)이며 중국인들이 잘 쓰는 닫힌 제국의 천명(天命)이다.

DNA는 본유(本有)이며 본연지성(本然之性)이다. 더 풀이할 것도 없이 본디부터 지니고 있는 성이며 생긴 그대로의 타고난 상태다. 인공으로 가감(加減)되지 않는, 그리고 인력으로 가피(加被)될 수도 없는 것이다. 오랜 세월, 그 기나긴 역사에서 내내 '닫힌 제국'으로 일관해 온 것, 그것은 그 제국 '닫힘' DNA의 불가역(不可逆)이며 불가해(不可解)다. 닫힘 DNA는 본디 그대로의 '닫힌 제국'을 내내 그치지 않고 이어 가게 한다. 중국이 등(鄧) 이후 일시 개방의 문을 열었다가 다시 문을 닫고 밀실로 들어가는 것, 진 제국의 시(始)황제에서 현대 중국의 시(習) 황제로, '닫힘'에서 '닫힘'으로 반복해 가는 것, 그것이 닫힘 제국의 본유며 본디다. 그래서 그때의 진(秦) 제국처럼 지금의 제국(帝國)에서도 우호국이며 동반국은 동시에 기대할 수 없다.

2. 국격 무의식(無意識): 신뢰도가 너무 낮다

개인에게 인격(人格)이 있듯이 나라에도 국격(國格)이 있다. 개인의 인격이 그 사람의 말이나 행동에 나타나는 품격(品格)이듯이 나라에도 그 나라 사람들이 집단으로 풍기고 내보이는 그 나라 사람들 특유의 품격이 있다. 영어로 꼭 들어맞는 말은 아니지만 복합적인 여러 의미를 갖는 퍼스낼리티(personality)가 '인격'을 말하는 것이라면, 내셔낼리티(nationality)는 '국격'이라고 말할 수 있다. 퍼스낼리티처럼 내셔낼리티도 국적, 국민, 국민성(민족성), 국민적 감정 등의 복합적 의미를 가지면서 옥스퍼드 사전에는 '그 나라 특유의 성질, 특성, 품성(distinctive national qualities)'이라고 따로 풀이하고 있다.

한자어로 국격의 격(格)은 첫째로 '바름'이라는 의미가 있다. 다음으로 표준, 법(法), 법칙이라는 의미와, 국격에 가장 잘 어울리는 풀이로는 인품, 품등(品等), 자리(위치), 그리고 '감동으로 서로 통함'이라는 뜻이 있다. 『대학(大學)』맨 앞 부분에 '격물치지(格物致知)'라는 말이 있다. 이때 '격(格)'은 궁구한다, 깊게 연구한다는 의미다. 이 또한 직간접으로 국격과 통하는 속뜻이 있다. 그러나 이 '국격'이라는 어휘는 널리 보편적으로 쓰이는 말은 아니다. 다만 여기서 닫힘 제국의 '닫힘'을 구명(究明)하는 한 주요 설명 요인으로 상정해서 쓰고자 할 뿐이다.

어쨌든 국격은 한 나라를 이해하고 그 국가 수준의 차이와 변이(變異)를 따져 보는 주요 요소가 될 것임에는 틀림없다. 세계에는 많은 나라가 있고, 그 많은 나라들은 각기 각양각색으로 차이 나는 국격을 가지고 있다. 하지만 그 국격을 계량적으로 지수를 만들어 나라별로 비교한 것도, 미상불 비교를 시도한 것도 없다. 다만 사람들이 그 나라에 가서 보고 느끼고 경험함으로써 그 나라 국격을 어렴풋이 생경하게(crudely), 있는 그대로 각기 자기 나름대로 가질 뿐이다. 그럼에도 묘하게도 집단 지성이라는 것이 있어, 그 나라 국격의 수준이 대동소이하게 일치한다.

국격 1. 서구·일본

유럽이나 미국, 캐나다, 호주를 가면 어느 나라나 모양이 다르고 색깔이 다르다 해도, 높은 문화 수준을 느낀다. 부지불식간에 그 수준 높은 문화의 분위기에 마치 이슬에 옷이 젖듯 흠뻑 젖는다. 사람들도 모두 지식인이며 교양인이며 오직 문화인으로만 느껴진다. 사람들 간의 대화도 조용조용하다. 남에게 방해를 주지 않으려는 듯 자제하는 습관이 몸에 밴 듯하다. 문화만이 아니다. 사회적 성숙도(成熟度)가 역력하다. 곡식이나 과일, 익은 낟알이 고개를 숙이듯이 사람들 또한 적당히 고개를 숙이고 있다. 물론 폭음(暴音)도 있고 폭발도 있다. 좌우 싸움도 심히 하고 정권도 자주 요동친다. 그렇다 해서 한바다 센 바람 높은 파도가 한바다 본령일 수 없고 한바다 매력을 무너뜨릴 수는 없다.

일본 역시 어디를 가나 다르지 않다. 교토를 가나 나고야를 가나 도쿄를 가나, 아니 일본 어디를 가나 참으로 문화 강국임을 느낀다. 그 문화는 어제오늘의 것이 아니고 오래고 오랜 축적임을 그 문화 안팎에서 함께 시사하고 또 암시한다. 역사의 축적이며 전통의 축적이며 일본 언어, 시문학의 축적이며 학문의 축적, 그리고 사회적 행위의 온축(蘊蓄)이 일본 문화다. 예스러우면서도 현대스럽고, 고풍스러우면서도 이제스럽고, 먼 먼 어제 같으면서도 바로 눈앞의 지금 같다. 그것이 일본의 국가 수준이고 전체적으로 일본, 인본인의 국격이다.

일본인의 사회적 성숙도 역시 일본의 국격을 높이고 지탱한다. 2차대전 후 일본 재건의 아버지라 하는 요시다 시게루(吉田茂. 1878~1967)의 저서 『일본을 결정한 100년』[22]에 의하면, 일본이 패전에서 빠르게 복구를 마치고 고도성장에 이르게 된 비결을 세 가지로 꼽는다. 그 첫째

---

22 『위대한 여정』(월간조선, 2018), 11~19쪽.

가 일본의 국민성이며 높은 국민 수준이고, 두 번째가 강제로 일본을 개혁시킨 미국이며 맥아더 사령관이고, 세 번째가 '조선사변'을 일으킨 김일성이라 했다.[23] 그는 일본의 국민성을 이렇게 적었다.

엄청난 전쟁의 상처를 입고도 예의 바름이며 다른 사람에 대한 친절은 여전했고, 변함없이 근면했다. 식량 부족으로 고생을 하고 인플레이션이 진행되는 악조건 속에서도 교활하게 자기만 살려고 하는 국민은 적었고, 불평을 하면서도 성실하게 일하고 활동했다.

일본인은 기본적으로 세상을 즐겁고 좋게 생각하는 낙천적 국민이었다. 패전은 확실히 큰 타격을 주었지만 국민들은 문화 국가의 건설이며 경제 부흥 그리고 자신들의 생활 향상 등 여러 가지 일에서 자신이 사는 보람을 찾아내고 장래를 믿었다. 아무리 노력해도 안 된다고 하는 부정주의, 비관주의는 일본인에게 달라붙을 수가 없었다. 무엇보다 일본인은 높은 교육을 받은 수준 높은 국민이었다. 그것이 곧 일본의 재산업화, 일본 부흥의 가장 큰 자산이었다.

국격 2. 한국

이 모두 열린 국가, 열린사회의 국격이다. 한국도 자유 민주주의 국가인 것만큼 열린 국가며 열린사회다. 한국 역시 한국 특유의 국격을 가지고 있다. 늦게사 근대 산업 사회에 진입한 것만큼 자존심도 세고 열등 의식도 강하다. 동시에 의식·무의식적으로 국격을 높이고자 하

---

23   요시다 시게루의 『일본을 결정한 100년』에는 1950년 6월 '조선사변'이 일어났을 때 일본 조야에서는 "아! 김일성이 우리를 살려 주는구나" 하고 일제히 환호했다는 이야기가 나온다. 2차대전 후 완전 폐허가 된 일본을 살린 김일성이 제 나라는 완전히 폐허로 만들면서 그렇게 일본인들이 환호하게 했다. 친일로 말하면 그보다 더 큰 친일이 없다 할 것이다.

는 의지도 있다.

하지만 내가 내 인격을 말할 수 없듯이 내 나라 국격 역시 내 나라 사람이 말할 수는 없다. 남이 느끼고 남이 평하고 남이 수긍하고 남이 동조해야 한다. 국격은 내 나라 사람이 만드는 것이지만 남의 나라 것이다. 남이 인정하지 않는 국격은 내가 아무리 역설해도 국격이 아니다. 물론 '높은' 국격이 아니라는 것이다.

유럽에서 혹은 일본에서 한국으로 유학 온 학생들—물론 상당 기간 한국에 살고 한국에서 공부하고 한국 사람과 사귀어 온 사람들에게 한국에서 무엇을 느끼고 무엇을 배웠느냐 물으면 대부분의 사람들은 자기네 나라에서 못 느끼는 다이너미즘(dynamism)—역동성이라 한다. 짧은 시간 내에 자유 민주주의 국가의 선진 대열에 합류한 한국인 특유의 활기, 활력, 활동, 활성, 활발의 그 활(活)자를 느끼고 평하는 것이다. 물론 '활(活)'자를 알 리는 없다. 하지만 유야무야로 그 '활'을 느끼고 의식하고 감식(感識)해서 마침내 활화산처럼 타오르는 그 역동성, 다이너미즘을 감지한 것이다.

그 '활(活)'로 자동차·조선·철강 등 제조업 강국도 되고, 휴대폰·배터리·반도체 등 IT 강국도 되고, BTS·K팝 등 세계인의 부러움을 사는 문화 강국도 된다. 그러나 그 '활(活)'로 해서 그들 나라와 비교가 안 되는 가지가지의 모순과 갈등과 혼돈, 코스모스는 죄다 죽고 오직 카오스만 작동하는 것처럼 여겨지기도 한다. 조용한 주말이 없고 광장은 어디 가든 사람들로 가득 차서 아슬아슬하게 사고를 피하고 위기를 모면하다가 마침내는 대형 압사 사고를 낸다. 하늘과 땅과 바다, 거의 해마다 중대형 사고가 일어난다. 이 또한 '활(活)'이 빚어낸 결과다.

'활(活)'의 기본 의미 자체가 물이 콸콸 흐르는 것이다. 그러다 물살

빠르게 세계 도도히 흘러가는 것이다. 그렇게 해서 만물을 소생시키고, 생기를 발동, 발랄하게 하는 것이다. 한국 사회는 너무 열리고 너무 이 '활(活)'로 가득 차서 서구·일본 사회처럼 안정되고 정돈되고 질서와 순위가 엄연한 그런 사회의 '국격(國格)'과는 내용과 유형이 같을 수 없다. 오직 '활(活)'로 해서 움직여 가는, 아침 다르고 저녁 다른, 오늘이 다르고 내일이 다른 동태적 국격, 이른바 '활(活)'의 국격이다. 긍정성도 많고 부정성도 내재하는, 윤활유 잘 먹은 네 바퀴 수레가 포도(鋪道)가 아닌 울퉁불퉁한 도로를 굴러가는 그런 '활(活)'의 국격, 그것이 한국의 국격(國格)이다.

국격 3. 중국

그러나 완전히 다른 '국격(國格)'이 있다. 아니, 국격을 아예 의식하지 못하는 '국격 무의식'의 나라들이 있다. 그것은 닫힌 제국의 '닫힘' 사회화 과정에서 절로 생겨난 사회 의식의 결과라 할 수 있다. 그 대표적인 닫힘 제국이 러시아며 중국이다. 두 나라는 대국 중의 대국이다. 역사도 오래되고 전통도 깊고 문물도 풍부하다. 국격을 느끼고 논하기에 너무나 충분한 나라들이다. 역사도 전통도 짧고 옅은 소소한 작은 나라들에 비할 바가 아니다. 그런데 왜 '국격 무의식'의 나라로 꼽는가? 닫힘의 사회 의식이란 무엇이며 그 사회화 과정은 국격과 어떤 관계를 갖는가?

러시아는 제쳐 두고 중국에 한정해서 보면, 국격과 연관해서 중국은 무엇보다 루쉰(魯迅, 1881~1936)의 나라다. 루쉰은 『광인일기』『아Q정전』 등으로 중국 현대문학의 중심인물이다. 중국을 루쉰의 나라라고 하면 중국은 루쉰이 소설에서 말하는 '정신 승리'의 나라다. '정신 승리'는 현실에서의 패배와 관계없이, 실제로 패배하고 실패해도 정신적으로 내가 이겼다 하면 이긴 것이다. 그렇게 실상과 관계없이 망상(妄想)하는 것이다. 아무리 두들겨 맞아도 그 맞음과 상관없이 내가 '정신적으로' 이겼다 하면 이긴 것이다.

이 '정신 승리'는 닫힘의 사회관계를 참으로 적나라하게 잘 나타내는 말이다. 닫힘의 사회관계는 '그들 간의 관계'만이 관계이고 '그들끼리 밖'의 관계는 관계가 아닌 것이다. '그들끼리 밖'의 사람이 '그들까지 안'으로 들어온다는 것은 일반적으로 아주 힘든 것이고, 중국식으로 말해 '숙인(熟人)'이 될 때만이 가능한 것이다. '숙인'은 그들끼리 친숙히 익히 잘 아는 사람들이고, 그 사람들이 '숙인 그룹'이라는 것을 형성해서 중국 사회 특유의 사회 네트워크인 관시(관계關係)를 만들어 내는 것이다. 루쉰의 '정신 승리'라는 것도 숙인 그룹 밖의 사람들에게 당한 행패는 우연히 당한 액운일 뿐 '정신적으로' 나와 아무 관계가 없다는 뜻이다.

이 중국식 '관시'는 닫힌사회의 사회관계, 소셜 네트워크의 전형이다. 세계 어느 나라에서도 그 예를 찾아보기 힘든 중국 특유의, 아니 중국 고유의 사회관계라 할 수 있다. 그것은 현대 중국의 공산당, 특히 시진핑 집권에서도 잘 나타나 있다. '관시'의 정치적 사회적 결과는 필연코 당동벌이(黨同伐異)로 가는 것이다. 이 '당동벌이'는 조선조 역사에서도 익히 듣던 말이다. 자기들끼리 같은 무리(숙인 그룹)는 똘똘 뭉치고 자기들과 다른 무리는 버리고 배척할 뿐 아니라 없애는 것이다. 당동벌이는 닫힌 제국, 그 '닫힘'의 마지막 여정이고 마지막 정거장이다. 그리고 또 역사는 가고 '닫힘'은 그대로 계속되고 당동벌이는 반복된다.

그것은 닫힌 제국의 사회 문화에도 밀접히 관련돼 있다. 중국을 여행하면 자연의 열린 공간에서 보고 즐기고 감상할 수 있는 문화유적·유산이 너무 적다. 중국이 자랑하는 문화유산·유적은 거의 모두 닫힌 공간─고궁박물원 아니면 진 시황제의 병마용처럼 지하에 있다. 그리스, 로마는 물론 서유럽과 일본의 문화유산·유적들처럼 자연 공간의 열림 상태에서 보고 즐기기는 어렵다. 왜 그러할까? 그 기나긴 역사에서 남긴 문화유산·유적들이 왜 그렇게 적을까? 심지어 남아메리카를 가도 아즈텍 제국의 흔적만 해도 중국보다는 볼거리가 훨씬 많다.

사회도 닫힌 제국의 닫힘만큼 막혀 있다. 우선 집들이 모두 '폐쇄형'으로 돼 있다. 열린 공간이 아니라 닫힌 공간, 막힌 공간의 주거 형태다. 큰 주택들은 모두 사각형 성처럼 높은 벽으로 둘러싸여 있고 작은 출입문을 통해서만 밖을 본다. 그리고 많은 가족들이 그 폐쇄된 공간에서 북적거리며 산다. 공간은 원래 '열려 있는 것'인데 왜 열어 놓지 못하는가? 개방(開放)이라는 한자 '개(開)'에는 두 가지 반대 되는 의미가 있다. 개(開)의 첫째 의미는 '연다'는 것이고, 둘째 의미는 '사라진다, 없어진다'는 것이다.[24] 열면 왜 재물이든 보물이든 없어진다, 사라진다고 생각할까? 로마인이며 서구인들처럼 열어 놓으면 밖의 것이 열린 문으로 들어온다고는 왜 생각하지 않을까?

문화유산이며 유적뿐 아니라 사회 분위기도 무겁고 답답하다. 시원하거나 경쾌하지 않고, 무슨 근심 걱정에 싸인 사람들마냥 속이 갑갑해 보인다. 웃음도 거의 없고 즐거움도 내비치지 않는다. 친절하지도 않고 상냥하지도 않다. 언어도 고성이다. 말이 통하지 않는 외국인에

---

24 소식(蘇軾, 1037~1101)의 「화영(花影)」이라는 시에 "기도호동소불개(幾度呼童掃不開, 몇 번이나 아이 불러 쓸고 쓸어도 없어지지 않네)." 이때 개(開)는 없어지다, 사라지다임.

겐 소란스러움, 시끄러움 그 자체다. 왜 조용조용히 속삭이듯 말하지 않을까? 아니, 못할까? 아무리 중국 언어에 4성이 있다 해도, 그 4성을 오히려 노래처럼 리듬을 넣으며 할 수도 있지 않은가. 사무적으로 만나는 출입국관리원이며 공안이라고 하는 사람들도 공포스럽다. 그래서 중국 본토에서 홍콩으로 나오면 모두 자유며 해방감을 느낀다 했다.

문제는 이런 중국에서 '국격'이라는 것을 느낄 수 있을까 하는 것이다. 국격은 자유인들의 기품이며, 그 기품에서 풍겨 나오는 지식인, 문화인, 교양인들의 냄새며 취향이며 행태인 것이다. 말하지 않아도 은연중 그것을 느끼고, 공감하고 그리고 거기에 '격(格)'이라는 것, 품위며 품격을 붙여 주는 것이다. 중국인들은 이런 '국격'에 무관심하고 의식을 갖지 않는 것 같다. 그것은 틀림없이 닫힌 제국의 '닫힘'이라는 생태적 요소의 작용이며 결과라고 보아야 한다. 이런 중국의 '닫힘'에 세계는 어떻게 반응할까?

싱가포르 국책연구소(ISEAS)가 아세안 10개국 국민을 대상으로 한 강대국 신뢰도 조사에서 일본 54.2퍼센트, 미국 52.8퍼센트인 데 비해 중국은 26.8퍼센트로 신뢰도 수준에서 미국·일본의 반밖에 되지 않는다. 반면 아세안에서 대국들의 정치 경제적 영향력 크기 응답에서 미국이 20.7퍼센트인 데 비해 중국은 54.4퍼센트로 2배 반이 넘는데도 신뢰도 조사에서는 정반대가 되는 것이다.[25] 유럽에서도 미국 퓨리서치가 발표한 조사에서 보면 독일인의 74퍼센트, 스웨덴인의 83퍼센트가 '중국이 싫다'고 대답하고 있다.[26] 이 모두 '국격'을 말해 주는

---

25 〈중앙일보〉 2022. 9. 13.
26 〈조선일보〉 2022. 8. 29.

것이다. 역사가 아무리 오래되고 문화가 아무리 축적돼도 닫힌 제국의 '닫힘'만큼 '국격'은 결코 오르지 않는다는 증거일 것이다.

VI. 류성룡(柳成龍)의 열림 정책
― 오래된 지혜: '닫힘' 위압에 맞선 '열림'

닫힌 제국의 정책은 '닫힘' 방법에 의존한다. '닫힘' 방법은 강압적이고 강제적인 정책의 집행이다. 병사를 풀어 군사력으로 백성으로부터 군량은 물론 전쟁에 소용되는 것이면 무엇이든 수거해 간다. 전통 국가가 아닌 근대 국가에서도 1940년대의 최고의 닫힌 제국인 일제를 경험한 사람들은 누구나 기억할 것이다. 돈이든 곡식이든 쇠붙이든 전쟁에 도움이 되는 것이면 무엇이든 앗아 갔다. 근대 국가에서도 '닫힌 제국'이면 예외 없이 이 같은 약탈적 방법으로 백성의 것을 뺏어 가는 약탈 국가(掠奪國家, the looter-state) 행태며 횡포를 국가는 어김없이 자행했다.

임진왜란은 조선의 입장에서는 군량(軍糧) 전쟁이었다. 조선군은 왜군과 싸울 전투력이 없었다. 육지에서의 전쟁은 절대적으로 명과 왜의 전쟁이었다. 조선이 할 일은 군량미 조달이었다. 그것도 많지 않은 조선군과 명나라 군대 일부에 공급하는 군량미였다. "아, 군량미 1만 석만 있었으면―" 하는 류성룡의 통탄이 여기저기서 나오는 것을 보면, 그 1만 석 조달조차도 어려운 것이 그 당시 조선의 사정이었다. 조달만 어려운 것이 아니라 군량미 운송도 그만큼 힘들었다. 임진왜란 내내 영의정과 도체찰사를 맡아 전쟁을 실(實)은 한 몸에 치른 류성룡은 전쟁 국가 일반의 그 '약탈적' 방법이 아닌 백성들이 '즐겨서 하는' '자원·자발적' 방법을 어떻게 구현할 수 있었는가? 세 가지로 나눠서 보면, 이는 완전히 '닫힌 국가'에서의 '열림' 정책들이다.

1. 모속(募粟)

먼저 군량미 조달에서 모속(募粟)이라는 방법을 썼다. 모속은 민간에서 백성들이 자원해서 군량용 곡식을 국가에 바치는 것이다. 문제는 끼니도 잇기 어려운 처지에서 누가 남는 식량이 있어 자진해서 곡식을 내놓느냐이다. 전국은 전쟁으로 피폐해 있고 곡식 생산량은 왜군이 상주하는 영남은 말할 것도 없고 이를 제외한 다른 지역에서도 평년작에 도저히 미칠 수가 없다. 평화시에도 곡식을 내놓을 수 있는 가구가 극히 희소한 그 조선의 지속적 빈곤 상태에서 하물며 농사를 제대로 지을 수 없는 전시에 있어서랴. 그만큼 '자원성', 특히 전시에 있어 자원성이 어렵다면 류성룡의 모속은 어떻게 가능했는가?

그는 무엇보다 모속의 대상을 일반 백성이 아닌 중인(中人)으로 삼았다. 중인은 양반과 상민(常民)의 중간 계급으로 오늘날로 말하면 전문직 종사자들이다. 전문 행정직인 아전, 곧 이서(吏胥)다. 그리고 의관·율관·역관(譯官)·산관(算官) 등이 모두 중인이다. 그들은 과거를 보아서 문·무관 벼슬은 할 수 없었지만 전문직에 종사해서 양반보다 훨씬 부유했다. 노비도 양반보다 많이 가지고 있었고 토지도 양반들에 비교가 안 될 만큼 많이 소유했다. 세습직이어서 대대로 내려오는 부자들이었고 따라서 부의 축적도 양반이나 일반 서민에 비할 바 아니었다. 그렇다 하여 지나치게 자원성을 요구하면 오히려 강제가 돼서 역효과를 거둔다.

요체는 모속하는 데 수량을 많이 바라서도 안 되고, 어떤 경우에도 강제성을 띠어서는 아니 되며, 그 무엇에 앞서 그로 해서 백성들의 원성이 있어서는 안 된다는 것이다. 백성들이 자원해서 곡식을 낼 때는 수량 따라 즉각 상을 주어서 보상해야 하고, 백성들에게 신의 잃는 일을 가장 두려워해야 하고, 언제나 백성들에게 시종일관 믿음을 주어 백성들이 기뻐하고 즐거워하며 따르도록 해야 한다는 것이 류성룡의 자원성(自願性) 모속이다. 이 모속을 또한 호조(戶曹)에게 명하여 할 수 있는 한 다른 지역에서도 시행하도록 했다. 그러면서 이 때문에 백성들이 고통을 받는 것만큼 무익한 일이 없음을 강력히 지시했다.[27]

이러한 류성룡의 모속은 이름만의 모속, 허울만의 모속이 아닌 실제 모속, 이름과 실행이 한 가지인 모속을 주창하고 그것을 실천에 옮긴 것이다. 그것이 가능했던 것이 류성룡의 '열림'이었다. 그 '열림'은 당시 조정 신하 벼슬아치들의 '닫힘'과는 완전히 대소되는 섯이었다. 이는 단순히 유학자로서 그의 수신(修身)과 학덕(學德) 때문이라고만 말할 수 없고 그의 천품과도 연관되겠지만, 당시 다른 조신들과 다른 현장 경험, 그리고 그 경험에서 깊이 터득한 자오(自悟), 스스로의 깨달음이며 자치(自致), 스스로 도달한 경지일 것이다.

그의 오랜 관직 생활을 총괄(總括)해서 보면, 백성에 관한 한 '강제'라는 것을 찾아볼 수 없다. 백성들에게 관(官)이 갖는 위압이며 위세라는 것을 느끼게 하는 일이 그 어디에도 없다. 군량미를 모을 때는 심지어 근처 민가에도 갈 겨를이 없어서 같이 일 보는 사람들과 함께 풀 더미 위에서 자면서 일을 보았다. 계급 간 거리가 영속화된 신분 사회에

---

27 「근폭집(芹暴集)」, "무사실신어민 사민낙종사(無使失信於民, 使民樂從事, 백성에게 신의를 잃으면 안 되고 백성이 즐겨 따르게 해야 한다)."

서 보통 영의정들과는 전혀 다른 영의정으로서의 완전 '열림'이 그에
게 있었다. 그래서 '원성'이 일지 않는 모속, 재력을 가진 중인들이 기
탄없이 내는 모속이 가능했던 것이다. 닫힌 국가에서 도저히 상상할
수 없는 이 자원성은, 더구나 '약탈적 방법'만이 일반화된 닫힌 국가에
서 모속이 보이는 그 같은 자원성은 오직 류성룡의 '열림'에서만 가능
했고, 그것도 류성룡이 물러나면서 끝나고 말았다.

2. 공명첩(空名帖)

그러나 모속으로 큰 효과를 보았다 해도, 지역에 따라서는 관리들이
모속의 규정을 자기 재량껏 만들어 민간으로부터 강제로 곡식을 찾아
내 거둬들이는 일이 횡행했다. 그것은 현대적 관료 시스템에서도 적잖
이 보는 관료 행태며 관료 속성이라 할 수 있다. 어쨌든 류성룡은 성공
리에 시행되고 있던 그러한 모속과 함께 또 하나 '공명첩'이라는 것을
선조에게 상신했다.[28]

공명첩(空名帖)은 글자 그대로 실직(實職)이 없는 이름만의 벼슬이고
그 이름만의 벼슬을 문서로 만들어 주는 것이다. 당시 도내 군사들 중
에서 곡식을 바치고 첨사(僉使)나 만호(萬戶), 권관(權管)의 사령장을 받으
려고 하는 사람이 많다는 것이 류성룡의 선조에게 올린 상신 내용이
다. 이는 관(官)에다 곡식을 내고 벼슬을 사는데 실무는 보지 않고 명색
만 행세하겠다는 것이니 군량을 모으는 데 앞의 모속 못지않게 이보다
좋은 방식 또한 찾기 어렵다.

이 공명첩은 사실 합법적으로 조장된 매관매직이라고 할 수 있고,

---

28 「진사록(辰巳錄)」(1592), 11월.

따라서 현대 국가에서는 말할 것도 없고 전통 국가에서도 국가 정당성 문제를 야기하는 것이 되지만, 당시야 신분 위주의 강한 경직성을 띤 계급 사회인 데다 전시라는 특수성 때문에 대사간·대사헌·홍문관 등 언론 삼사(三司)는 물론 그 누구도 이를 배격하고 들고 나설 처지가 못 되었다. 설혹 전시가 아니더라도 당시 사회에서 신분은 성취(成就)되는 것이 아니라 귀속(歸屬)되는 것이고, 따라서 보다 높은 계층으로의 신분 이동은 특히 전시 기간에서나 볼 수 있는 공명첩 같은 그런 방법에서만 가능했다 할 수 있다.

그 뒤 올린 상소문에서도 곡식을 내고 공명첩을 받고자 자원하는 사람들의 수가 아직도 자못 많다고 하고 따라서 공명첩 500장을 더 만들어 달라고 청하고 있다. 선조의 비답도 노직(老職) 외에는 모두 상소문대로 따르겠다고 하면서 낱낱이 장부에 적어서 허사(虛事)로 돌아가는 일이 없도록 하라고 당부하고 있다.[29] 재미있는 것은 왜 노직은 제외하라고 했느냐이다. 노직은 노직 당상(老職堂上), 즉 정3품 이상의 노인직을 말하는데, 80세 이상의 노인에게만 해당하는 당상관 벼슬이다. 따라서 수가 아주 적을 수밖에 없는데, 그럼에도 구태여 제외하라고 한 것은 아마도 당상관이기 때문일 것이다.

모속에서 보든 공명첩에서 보든 이 모두 돈이나 곡식을 자원해서 내고 신분 이동을 하는 것이다. 그러나 앞의 모속보다 공명첩에서는 그 수는 그렇게 많지 않아서, 임진왜란 7년을 통산해도 류성룡이 올린 상소문에 의거해서 보면 공명첩 전체 건수가 1,500장을 넘어서지 않는다. 그러나 그 수는 결코 적은 수라고 할 수 없다. 왜냐하면 전란시의 식량 품귀성을 고려해 10석에서 100석 사이로 공명첩 품계에 따라

---

29 「군문등록(軍門謄錄)」(1596), 10월.

받았을 것으로 추산한다면, 공명첩으로 백성들이 자원해 내는 곡식의 양은 임진왜란 7년 동안 최소한 한 해 1만 석 이상에 이를 수 있지 않나 상정할 수 있다. 그렇다면 당시로서는 한 모퉁이를 메울 수 있는 적잖은 군량이라 할 수 있다.

중요한 것은 이 공명첩으로 얼마나 많은 곡식을 모을 수 있었느냐의 곡식의 양보다, 그 공명첩으로 닫힌 국가의 전시 약탈성을 얼마나 줄일 수 있었느냐의 반(反)약탈성 기여도다. 그 기여도는 공명첩이 설혹 비규범적 매관매직이고 비정상적 신분 이동의 수단이라 해도, 전시의 특히 닫힌 국가의 '닫힘'에서 오는 비인간적 강압적 횡포가 가져다주는 백성들의 고통에 비하면, 공명첩이 내포하는 부정성은 충분히 상쇄되고도 남음이 있다. 더구나 자원해서 곡식을 내는 쪽에서는 신분 이동이고, 국가로서는 군량 공급의 절대적 부족분의 충당이며 백성으로서는 전시 고통의 가능한 최대 완화이다. 그런 면에서 공명첩은 이 삼중의 기능을 함께 수행하고 실현한 것이 된다. 이는 오로지 이 기능의 직접적 설계자이며 담당자인 류성룡의 '열림' 정책에서만 가능했던 것이다.

3. 속오군(束伍軍)

류성룡이 임진왜란 때 만든 당시 실정에 너무 부합하면서도 누구도 생각지 못한 기발한 군대가 속오군이다. 그것은 '혁명적'이었다. 그러나 '혁명적'이었기에 류성룡 이후 임진왜란이 끝나면서 사실상 기능도 군 체제도 종결된다. 이름만 존속할 뿐 실제는 사라졌다. 실제가 없어진 것은 군 체제(군대)를 구성하는 사람(요원)이 없어진 것이고, 기능이

종결된 것은 '열림'으로 만든 군이 '닫힘'으로 종언되었다는 것이다. 그런 면에서 조선은 태생적으로 군을 지탱할 수 있는 나라가 아니었다. 군은 국가 방위를 위해 절대 불가결한 것이라는 것, 그럼으로써 온 국민이 병역 의무를 가져야 한다는 것, 그런 의무와 의식이 없는 나라가 조선이었다.

류성룡의 속오군은 그런 조선의 의식과 그런 '조선적(朝鮮的)' 현실에서 만들어진 것이었다. 그만큼 '혁명적'이었고 또한 그만큼 '모험적'이었다. 이 혁명과 모험이 당시로서는 생각지 못한 국민개병제(國民皆兵制)였다. 국민개병제는 모든 남자는 일정 연령이 되면 군 복무의 의무를 갖는 것이다. 그러나 조선은 너무 차별적이었다. 양민(良民)만이 병역 의무를 지고, 양반이나 과거에 급제한 사람은 말할 것도 없고 공·사천(公私賤) 등의 천민(賤民) 또한 병역 의무가 전혀 없었다. 류성룡은 이 절대 불평등한 국방 의무 불이행 제도를 혁파해서 속오군이라는 것을 만들었다. 그가 각 도(道) 감사(監司)·병사(兵使)에게 지시하는 공문을 보면 이렇다.

> 출신(出身), 양반(兩班), 서얼(庶孼), 향리(鄕吏), 공천(公賤), 사천(私賤) 논할 것 없이 장정으로 실제 군사가 될 만한 사람은 모두 뽑아서 사목(事目)에 의거해 대오를 편성하고 가까운 부근의 각 동리에 거처하도록 하라. 그리고 병기를 조치하고 준비해서 모두 새로이 훈련하도록 하라.[30]

여기서 '출신(出身)'은 문·무과(文武科) 그리고 잡과(雜科)에 합격을 했으

30 「군문등록」, 10월.

면서 아직 벼슬길에 나가지 못한 사람이다. 서얼은 서자와 그 자손들이고 향리는 그 고을에서 대물림으로 내려오는 아전들이다. 공천과 사천은 노비, 백정, 광대, 무격(巫覡), 갖바치 등 모든 천민을 다 포함한다. 여기에 양민이 들어 있지 않은 것은 군은 으레 양민이 주축이기 때문에 더 언급할 필요가 없었던 것이다. 그 양민에 양반까지 총망라해서 실군(實軍)을 만든다면 완전히 국민개병제에 의한 군의 구성이며 재편성이다. 이는 아무리 전시라 해도 군을 대로 군은 당시의 신분 사회의 벽을 완전히 뛰어넘는 엄청난 군제 개혁이며 또 다른 측면에서 신분 해방이다.[31]

이런 면에서 속오군은 양민만으로 구성된 종래의 군과는 또 다른 군으로서 한계를 지니는 것 또한 어쩔 수 없는 일이었다. 극심한 차별의 신분 사회에서, 그것도 오래고 오랜 세월 차별화해 온 계급 사회에서 아무리 군이라도 양반과 천민이 동격이 되어 한 부대에서 훈련받고 근무한다는 것은 결코 쉬운 일이 아니었다. 그 한계는 일본이나 중국과 달리 또한 조선이라는 나라의 '국가적 한계'였다. 그 국가적 한계가 임진왜란 이후 300년 이상 계속돼 오면서 왕조는 그대로 계속되고 왕은 오직 한 사람이었지만 나라는 완전히 벽을 허물 수 없도록 두껍고 두꺼운 신분의 벽으로 갈라져 있었다. 사회적으로는 완전히 이른바 '분단 상태'였다.

그렇다 해도 이 속오군은 종래의 군제와는 완전히 다른, 양반 자제도, 심지어는 아직 벼슬길에 나가지 않은 문·무·잡과의 과거 합격자도, 지방 향리도 양민, 공·사천과 함께 모두 병역의 의무를 가져야 했

---

31 이홍직 편, 『國史大辭典』, '束伍軍', 765쪽에는 속오군은 양인과 천민 중에서만 뽑는 것으로 되어 있는데, 이는 류성룡의 『징비록』과 다르다.

고, 실제로 모두 소집되어 속오군의 핵심인 초관(哨官)을 중심으로 기(旗)와 대(隊)로 편성되어 상비군 역할도 수행했다. 이 속오군으로 해서 적어도 국가가 무엇인가의 국가 의식도 어렴풋하게나마 깨우치는 것이 됐을 것이고 최소한 국방은 온 국민이 다 함께 져야 하는 의무라는 것도 깨닫게 했을 것이다. 이는 속오군이 당시 얼마나 전쟁을 치를 능력 있는 군대였는가와는 별개의 것이다.

'전쟁은 오직 너희들 몫이고, 죽을 자리는 오로지 너희들 차지다'라고만 생각해 온 양반 사회에 류성룡의 국민개병제와 속오군은 엄청난 충격이었다. 비록 그 충격이 한 세대를 넘어가지 못하고 도로아미타불이 되기까지 했지만, 아무도 생각지 못했던 그 '혁명의 방책(方策)'은 류성룡의 오직 '열림'이 아니면 기(期)할 수 없는 것이었다. 그 '열림' 정책은 시대의 흐름만 좇아서도 안 되고, 시대의 흐름이라 거부만 해서도 안 된다. 흐름엔 언제나 트렌드(trend)가 있다. 트렌드는 추세(趨勢), 즉 어느 한 방향으로의 힘찬 쏠림이다. '열림'은 그 추세, 쏠림에서의 자유로움이다. 함께 쏠리면 내 눈도 내 마음도 닫힌다. 류성룡의 '열림'은 그의 시 연구—자유와 귀의(歸意)[32]가 대답해 주는 것이다.

---

32 이 책 제7~9장.

제4장
중용, 자강(自强)의 요체
― 류성룡 정신의 진수(眞髓)

I. '서애정신'이란

　우리는 어떤 경우에 '정신'이란 말을 어떤 명사나 이름자 뒤에 붙여 쓸 수 있는가? 우리 역사에서 가장 흔히 쓰는 말은 '화랑정신'이다. 삼국 통일을 한 신라인들, 그중에서도 언제 어디서든 선봉에서 나라를 지키고 전쟁을 치르고 죽음과 희생을 마다하지 않은 이른바 화랑들의 정신을 화랑정신이라 했다. 이 정신이 있어 삼국 중 가장 후진국이며 약소국이었던 신라가 삼국을 통일할 수 있었다. 그리고 백제 멸망 후에 신라까지 정벌하려는 당시 세계 최강의 군대 당군(唐軍)을 몰아내고, 다음 고구려 멸망 후에는 역시 당군을 물리치고 고구려의 고토(故土) 남녘 부분까지 차지할 수 있었다. 오늘날 우리가 말하는 노블레스 오블리주(noblesse oblige) 하는 사람들의 정신을 당대의 화랑정신이라 할 수 있다.

　로마가 어떻게 역사상 가장 위대한 그리고 가장 오랜 제국을 유지할 수 있었느냐를 말할 때도 '로마정신'이란 말을 빼놓지 않는다. 아무리 물질적으로 융성하고 군사적으로 강성했다 해도 이 '정신'이 없으면 지속할 수가 없다. 그런 면에서 칭기즈칸의 원(元) 제국을 말할 때 '몽골정신'이란 말은 잘 쓰지 않는다. 비록 어느 제국보다 광대한 영토와 다민족을 차지한 제국이었다 해도 그 역사적 단기성(短期性)에서나 문화 전승의 빈곤성에서 사람들이 통상적으로 쓰는 무슨무슨 '정신'이라는 추상에는 부합하기 어렵다. 반면 일본은 '일본정신'과 동의어로 '화혼(和魂)' 혹은 '대화혼(大和魂)'이라는 말을 쓴다. 이 '일본정신'은 일본인들의 대외 의식의 일면을 나타내는 것으로, 고대에는 중국에 대하여, 근세 이후에는 서양에 대하여 구분된 그들 고유의 정신으로 주창해 왔다.

이런 '화랑정신', '로마정신', '일본정신'은 공통적으로 크게는 한 국가의 정신이고 좁게는 노블레스 오블리주를 수행하는 대표적인 한 엘리트 집단의 정신이다. 하지만 여기서 말하려는 '서애(西厓)정신'은 한 국가도, 대표적인 한 집단도 아닌 역사적인 한 인물, 서애 류성룡이라는 한 개인의 정신이다. 한 국가도 대표적인 한 집단도 아닌 어느 한 개인에게도 그 개인 특유의 정신을 구현해 보려는 의도에서, 그리고 그 구현으로 후대의 정신적 모형으로 상징화하려는 뜻에서, 누구누구의 '정신'이라는 것을 얼마든지 내세울 수 있다. 그러기 위해선 국가적 기여며 업적, 그 행적의 역사적 귀감이며 전범(典範) 그리고 누구나 따르고 싶어 하는 정신적 준거(準據)며 표준, 지향이 있어야 한다.

그런 이유에서 '충무공(忠武公)정신'은 우리 모두에게 이미 보통명사화된 지 오래다. 누구나 인정하고 공감하는, 그리고 언제까지나 기리고 높이려는 '충무공정신'이 있다. 사람들은 단순히 업적이며 발자취 그리고 그러한 현실적 성취며 행태만으로 지속적으로 오랜 세월 그를 높이려 하지는 않는다. 거기에는 반드시 인간의 모방 본능을 자극하고 충족시키는 정신이 있어야 한다. 전통이며 습관 혹은 유행이 만들어지는 이유도 바로 이 모방하는 인간의 본능이 있어서이듯이, 그 어떤 이의 '정신' 또한 이 모방의 충분조건이 갖춰져야 한다.

'서애정신'이라 할 때 서애 류성룡의 그 무엇이 '서애정신'을 만드는 근거며 이유라 할 수 있는가? 임진왜란이라는 참혹한 전쟁을 극복한 업적만으로는 모방의 충분조건이 될 수는 없다. 거기에는 사인(私人)으로서 그의 삶과 행적, 공인(公人)으로서 그의 행태며 리더십, 그리고 오직 한 인간으로서 생에 대한 자세, 이른바 몸가짐이며 마음가짐, 그리고 큰일이든 작은 일이든 온 정성을 다하는 성심(誠心)과 성의(誠意), 몸을 아끼고 돌보지 않는 타고난 희생심과 헌신이 있어서다.

그 위에 현장을 찾고 현장에서 대비책을 찾는 실존(實存) 중시의 실제인(實際人)이라는 특징이 있다. 그리고 그 어떤 난관에도 꺾이지 않고 절체절명의 상황에서도 체념하지 않는 불굴의 정신, 그러면서 언제나 부드럽고 유연하며 여유와 미소를 잃지 않는, 특히 명군(明軍) 장수들과 명나라 사신들을 대할 때 속국 대표가 아닌 한 나라 대표로서 의연함과, 그들의 마음과 의지를 움직이는 인격과 감동의 외교 능력은 오늘날 말하는 '국제인'으로서의 면모를 보여 주고도 남음이 있다. '서애정신'은 이 모든 것의 총화이며 초월이다. 단순한 총화가 아니라 그 총화의 초월이 있음으로써 정신이 된다. 이러한 '서애정신'은 다음 세 가지로 나눠 설명할 수 있다.

II. 징비(懲毖)

1. 자기 주체화(自己主體化)

징비(懲毖)는 서애정신의 축약이며 그의 라벨(label)이다. 서애정신으로서 징비는 첫째로 자기 주체화다. 징비의 주체는 누구냐, 바로 나(我)라는 것이다.

조선조 오백 년은 물론 근래에 와서, 특히 현 정권에 와서 두드러지게 나타나고 있는 현상이 자기 객체화다. 내가 나를 주인으로, 주체로 보지 않고 피동체(被動體) 객체로 보고 있다는 것이다. 지금까지 잘못된 것 그리고 현재 잘못되고 있는 것, 그것은 모두 나의 잘못, 나의 책임이 아니고 내 아닌 남, 타자의 잘못, 타자의 책임이라는 것이다. 잘못된 모든 것의 타자로의 책임 전가다. 왜 나라가 바로 서지 못했느냐, 그것은 너희 잘못, 너희 탓이고, 왜 나라를 남에게 빼앗겼느냐, 그것은 빼앗아 간 그들 잘못, 그들 탓이라는 것이다. 이렇게 주인이며 주체로서 능동체(能動體)인 나는 없고, 마치 심부름 온 하인처럼 오직 피사역체(被使役體), 객체인 나만 존재하는 것이다.

징비에서는 '징(懲)'의 주체도 나이고 '비(毖)'의 주체도 철저히 나다. 이 '징'과 '비'에서 남, 그들, 타자는 없다. 그래서 징비의 의미는 더 단순하고 더욱 명료해진다. '징'은 모든 잘못은 나에게 있고 따라서 모든 책임도 나에게 있다, 이 내 잘못, 내 책임을 분명히 깨닫고 뉘우쳐 나를 철저히 징계한다는 것이 '징'이고, 그다음 후환이 없도록, 또 다른 실패나 파탄이 일어나지 않도록 철저히 경계하고 준비해서 새로운 내일을 만들어 간다는 것이 '비'다.

『징비록(懲毖錄)』에서 이 징비는 「자서(自序)」에서 말하는 것처럼 '이목소체(耳目所逮)', 눈으로 직접 보고 귀로 친히 들은 것을 근거로 해서 훨씬 더 자세하고 구체적으로 제시된다. 오늘날 언론의 금과옥조인 바로 육하(六何)원칙에 의한 설명이며 기술이다. 언제, 어디서, 무엇이, 왜, 누가, 어떻게 잘못해서 나라가 이렇게 그르쳐졌고 전쟁의 참화를 입어야 했느냐의 기록이다. 그 핵심에는 '왜' '내'가 '어떻게'가 소상히 진술된다. 그래서 나의 잘못, 나의 책임은 더 선명하고 더 무겁게 비추어진다.

역사에서 진화냐 퇴화냐의 갈림길도 이 잘못의 주체를 '나'로 하느냐 나 아닌 타자, '그들'로 하느냐에 따라 서로 달라진다는 것은 400년이 훨씬 지난 지금도 깊은 교훈을 남겨 주고 있다. 그래서 모든 잘못은 나의 책임이라는 '자기 주체화'로서의 '서애정신'은 언제 어디서든 이어지는 정신이 될 수밖에 없다.

2. 미래 지향성(未來指向性)

둘째로 '서애정신'으로서의 징비는 시관(時觀)으로 따지면 미래 지향성이다. 잘못이 나에게 있다고 하면 나는 왜 그렇게 잘못했는가를 살피고 돌이켜 보게 된다. 소위 말하는 반성의 계기가 된다. 반성은 어떤 반성이든 지난날의 잘못을 뉘우치는 데 그치지 않고 앞으로 그와 같은 과오를 되풀이하지 않겠다는 각오와 함께 미래 설계를 동반한다. 설혹 미래 설계까지 가지 않는다 해도 다음 내가 어떻게 할 것인가의 그 '어떻게'에 집중하게 한다. 미래 지향은 '내 탓이오' 하는 반성의 순간 갖게 되는 이 '어떻게'가 출발점이다. 그 출발점에서 사람들은 과거와 혜어진다. 과거는 이미 지나간 것이고, 내가 어떻게 무엇을 저질렀든 되돌릴 수 없는 것이다. 내가 다시는 되돌릴 수 없는 것에 고민할 이유는 무엇이며, 더구나 이미 그 지나간 것과 싸울 이유는 무엇인가?

이렇게 해서 '서애정신'에서 징비는 과거와의 싸움을 멈추게 한다. 우리 역사에서 내부 갈등, 분쟁, 진영으로 나누어진 치열한 싸움들은 모두 과거와의 싸움에서 비롯됐다. 그 대표적 예가 적폐 청산이다. 조선조의 적폐 청산은 끈질기게도 오래 계속되었고 그것은 지금도 이어져서 이 시대가 조선시대인가를 의심케 하고 있다. 원래 적폐 청산은 과거의 잘못된 제도, 법규며 관행을 개혁해서 새 시대 새 현실에 맞는 새로운 제도며 법규, 관행을 만드는 것이다. 그런데 그 제도, 법규, 관행은 그대로 두고 그 제도, 법규, 그 관행에서 일했던 사람들을 처벌하고 숙청하는 것이 작금의 적폐 청산이다.

이를 현대 사회학에선 목적 전치(目的顚置)라 한다. 목적과 수단이 거꾸로 뒤집혀 자리가 완전히 바뀐 것이다. 잘못된 제도·법규의 개혁이 원래 목적인데, 그 목적이 되는 제도·법규는 그대로 둔 채 그 목적을 수단으로 해서 거기서 일한 사람들을 모두 몰아내는 것이다. 그리고 다음 새 정권 사람들이 들어서면 그전 정권 사람들이 했듯이 어김없이 전 정권 사람들을 감옥으로 보내는 처절한 당파 싸움, 진영 싸움이 되풀이해서 벌어지는 것이다. 과거와의 싸움은 결과적으로 내 정파 내 진영에 속하는 사람들만 옳다는 '신념윤리의 왜곡'과, 정권에서 일하는 적재(適材)들의 씨를 말리는 '인재 풀(pool)의 왜소화'를 가져와서 미래가 없어지는 것이다. '현재가 과거와 싸우면 미래가 없어진다'는 잠언이 조선시대는 물론 지금 우리만큼 잘 들어맞는 경우도 드물다 할 것이다.

징비에서 '비(懲)'는 이러한 과거와의 싸움이 가져오는 후환을 가장 경계하는 것이다. 그리고 오직 내일을 설계하고 미래를 지향하는 것이다. 임진왜란은 과거와 싸우다 후환을 경계하지 않은 채 미래를 망각함으로써 자초한 비극이었다. 그래서 이 징비의 '비(懲)'에서 가장 경계하는 것이 '과거 지향'이다. 과거 지향이 완전히 습성화되고 지배하던 시대, 모든 사고의 표준이 요·순 시대처럼 과거에 있고, 모든 행동의 표준이 상고주의 전고(典故)를 찾듯 과거에 있고, 모든 기술(記述)의 표준이 경(經)이나 『사기(史記)』처럼 오직 과거 문헌에만 의거하던, 과거 지향만이 오직 지향이던 시대에, 미래 지향성으로서의 '서애정신'은 그 과거는 말할 것도 없고 지금 이 시대까지, 시대를 뛰어넘는 대전환적 사고라 하지 않을 수 없다.

III. 진정(眞情)

둘째로 '서애정신'은 '진정' 혹은 '진정성'이다.

무엇을 진정(眞情)이라고 하는가? 자전적(字典的) 의미의 진정은 '거짓이나 꾸밈이 없는 참됨, 혹은 참된 실상'이다. 일상 통용어 상의 진정은 '참되고 애틋한 정 혹은 마음'이다. 이러한 진정은 대다수 사람들이 다 갖고 있는 것이다. 그러나 권력이 개입하고 이익이 거래될 때는 이런 진정은 무너지기 쉽고, 대개의 사람들 또한 실제로 그렇게 되고 있다. '서애정신'에서 진정도 일차적으로 앞의 의미를 떠나서는 말할 수 없다. 그러나 정작 공인(公人)으로서의 서애와 '서애정신'으로서의 서애가 갖는 진정은 전혀 다른 의미가 있다. 여기에는 자전적 의미의 진정과는 전혀 동떨어진, 혹은 별개라 할 수 있는 두 가지 의미가 있다.

1. 두 가지 의미

1) 이념과 가치와 분리

그 하나는 오늘날 우리가 말하는 이념·가치와 분리된 '진정'의 의미다. 말할 것도 없이 그 시대에는 '이념'이라든지 '가치'라는 말이 없었다. 그러나 그런 개념은 있었다. 좌(左)라든지 우(右), 또는 중도(中道)가 바로 그것이다. 이는 어느 시대나 다 있기 마련인 좌-우-중간이라는 방향성과, 그리고 그 어느 한 방향으로의 기울어짐이라는 편향성이 있기 때문이다. 그 방향과 편향의 구분이 오늘날 우리가 말하는 '진보면 좌, 보수면 우'라는 식의 언어 사용 혹은 이념 구분은 아니라 해도, 어쨌든 이쪽저쪽으로 향하고 기우는 것은 어느 인간 사회나 공통된 것이다.

그런데 서애의 경우 '진정'은 이것저것, 이쪽저쪽 그 어느 한 방향으로 기울어짐의 편향이 없다는 것이다. 서애뿐만 아니라 오늘날 우리 경우에도 진정은 좌우 쏠림의 구분, 이념적 사고의 구분, 가치 상의 비교의 구분이 없이 갖는 마음이며 생각 그리고 행동을 말한다. 심중에 이런 구분들이 자리하고 있을 경우, 그것도 장기적으로 지속적으로 그런 구분들을 가지고 있을 경우 누구든 그런 특정 사상, 이념, 가치를 품게 되고 거기에 집착하게 된다. 그러면 예외 없이 진정은 꺾이거나 사라진다. 이는 우리 모두 지금 그렇게 느끼고 있고 또 실제로 경험하고 있는 것이다.

2) 정파·당파의 초월

진정의 또 다른 하나의 의미는 정파 혹은 당파 개념이 없는 것이다. 더 정확히는 정파·당파를 초월하는 것이다.

정치의 세계에서 정치인은 예외 없이 정파 혹은 당파에 소속된다. 그런 면에서 무소속도 그 자체가 하나의 소속이라는 점에서 정파다. 그래서 정치를 하는 한 정파나 정당은 불가피하다. 이에 대해서 이미 1천 년 전 중국 송나라 구양수(歐陽脩)의 유명한 말이 있다. "붕당(朋黨) 의 설은 예로부터 늘 있어 온 것이고, 있어 온 만큼 그것은 자연의 이 치다(朋堂之說自古有之, 此自然之理也붕당지설 자고유지 차자연지리야)." 이는 바로 경험적으로 정치의 세계에서 정파나 정당을 벗어난다는 것은 불가능 하다는 말이다.

그렇다면 어떻게 이 정파, 당파에 소속되어 있으면서 그 정파, 당파 를 '초월'하느냐이다. 그것은 누구나 바라는 '소망'에서, 누구나 추구 하는 '이득'에서, 그리고 누구나 시무(時務)에 맞다고 생각하는 '정책'에 서 정파·정당을 초월하는 것이다. 진실로 진정으로 더 '소망'스러운 것 이고 더 '이득'을 주는 것이고 더 시무에 맞는 '정책'이라면 어느 정당 어느 정파의 것이든, 심지어는 정당·정파 소속 아닌 어느 불특정 개인 의 것이든 가리지 않고, 모든 경계를 넘어서서 거리낌 없이 차용(借用), 원용(援用)해 쓰는 것이다. 초월은 바로 이 가장 진실한 것, 가장 실질적 이고 실제적인 것, 그리고 누구나 바라는 것에 따름으로써 절로 이뤄 지는 것이다.

2. 두 가지 현실태(現實態)

'서애정신'에서 진정은 바로 앞의 두 가지 이념이며 정파의 분리와 초월에서 오는 것이다. 그렇다면 진정의 현실태는 무엇인가? 현실에 서 진정은 실제로 어떻게 나타나는가? 그것은 상식과 평상심으로 나타난다.

1) 상식(常識)

첫째로 상식(common sense)에 일치하거나 부합해야 한다. 상식에서 벗어난 사고는 올바른 것일 수 없고, 실제에 맞게 시행될 수도 없고, 시행했다 해도 성공할 수 없다. '가장 현실적인 것은 가장 상식적인 것'이라는 오랜 경험칙(經驗則)이 있다. 그같이 가장 정치적인 것도 가장 상식적인 것이다. 최근 몇 년 동안 이 나라에서 '상식이냐 비상식이냐'로 국론이 완전히 갈라져 왔듯, 상식은 정치인이나 일반 국민이나 누구에게나 중요한 '깨달음'이다.

미국이 영국으로부터 독립할 수 있었던 것도 이 상식 덕분이라는 유명한 역사가 있다. 우리 역사에서도 지난날 항간에서든 정가에서든 끊이지 않고 내려오는 말, '정요는 막작필불가상지사(政要莫作必不可常之事)'라는 명언이 있다. 정치의 요체(要諦)는 상식에 맞지 않은 일은 '절대로' 해서는 안 된다는 것이다. 나라 임금도 정승 판서도 일반 서민이 일상으로 생각하는 그 생각에 닿지 않고 맞지 않는 생각은 진실·진정이 될 수 없다는 말이다. 그만큼 진실·진정은 상식에서 나오는 것이고, 상식에서 벗어나는 진정은 없는 것이다. 그러나 우리는 이 상식의 진정성을 인정하지 않고 상식을 비(非)지식이며 속된 것으로 폄하하는 경향이 짙다.

2) 평상심(平常心)

다음으로 진정은 평상심(平常心)이다. 평상심은 평소에 일상으로 갖는 '결코 특별하지 않은' 늘 가지고 있는 그 마음이다. 그 마음은 꾸밈도 거짓도 없는 본디 그대로의 마음이다. 그래서 그 마음은 오래가고, 작심삼일(作心三日)이라는 말처럼 삼일이 지나지 않아 딴 마음으로 바뀌는 그런 마음이 아니다. 중용이 바로 그런 마음이고 그런 행태다. 중용의 용(庸)은 보통이고 평범한 것이다. 보통은 특별하지도 귀하지도 않아서 널리 통하는 것이고, 평범은 흔히 누구나 보는 예사로운 것이어서 누구에게나 익숙한 것이다. 공자(孔子)가 "중용의 덕이 크고 위대하다(中庸之爲德也, 其至矣乎·중용지위덕야 기지의호)"고 한 것도 그래서다.

평상심은 그런 보통으로 누구에게나 널리 통하는 마음이고 누구에게도 친숙하고 익숙해 있는 그런 마음이다. 그래서 이리저리 치우치지도 않고 이리저리 흔들리며 변덕을 부리지도 않는다. 귀한 사람, 높은 사람 뵙는다 해서 굽실거리지도 않고, 낮은 사람, 천한 사람 만났다 해서 젠체하지도 않는다. 평상심은 그런 것이고 그것이 내 본디의 진정이다. 앞서 말한 상식에서 벗어나면 진정이 아니듯이 평상심에서 달라진 마음 또한 진정이 아니다.

'서애정신'에서 진정은 이처럼 일상의 삶의 과정과 일치해서 자연적으로 만들어진 것이다. 거기에는 꾸밈도 없고 의도도 없고 작심도 없다. 내가 '상식'을 내 뜻을 갖고 만드는 것이 아니기에, 그리고 삶의 과정에서 그 상식이 너무나 자연적으로 만들어진 것이기에, 거기에 부합해 갖는 것이 내 진정이다. 하늘이 준 그대로 갖고 있을 뿐인 평상시의 그 마음, 특별한 것도 나만의 것일 수도 없는 그 보통의 평범과 평상, 거기서 우러나오는 것이 곧 진정이다. 그 진정이 바로 서애의 삶이고, 그의 삶의 자세이고, 내재화된 그의 인격이다. 그래서 그의 정치에는 기교가 없고, 불투명한 정책이나 정략이 없다. 그것이 '진정'이 뿜어내는 '서애정신'이다.

IV. 자강(自强)

1. 조선과 자강

조선은 왜 자강(自强)하지 못했는가? 끝내 나라마저도 빼앗겼는가? 단 하나, 가장 결정적인 이유를 든다면, 충신이 많아서다. 조선은 '충신의 나라'다. 세계 역사상 그 어떤 왕조도 조선조만큼 '충신'이 많은 나라는 없었다. 그렇게 많은 충신을 가지고, 그리고 그 많은 충신들 때문에 조선은 망했다. 충신은 충성스러운 신하다. 그 신하들의 충성이 크면 클수록 조선은 속수무책의 나라가 되었다. 누구도 손을 쓸 수 없고 누구도 지략을 펼 수 없는 나라로 바뀌었다.

조선조에서 '자강'은 류성룡 이후 '잃어버린' 말이었다. '잊힌 말'이 아니라 없어진 말, 사라진 말이 됐다. '자강의 실상(實像)' 이순신(李舜臣)마저 전쟁이 끝난 후 아예 버려졌다. 백성도 조정도 찾지 않았다. 세월 따라 기억하는 왕도 있었지만 허물어지고 초라해진 그의 사당(祠堂)에는 지네가 설설 기어 나왔다. 아이러니하게도 그를 알고 그를 숭배해 준 사람은 그의 적(敵)들이었다. 그것도 임진왜란 이후 300년이 지나는 20세기 초, 일본과 러시아가 전쟁을 벌이는 때였다. 기막힌 것은 그 이순신 사당에 와서 그들의 승리를 기원하는 것이었다.

'자강'은 스스로 힘을 기르고 키우는 것이다. 스스로의 노력과 스스로의 지략으로 부강해지는 것이다. 그리고 그 부강해진 힘으로 자기 나라를 지키고 외침을 막는 것이다. 현대식으로 말하면 경제적으로 부유하고 군사적으로 강력하고 사회적으로 통합을 잘 이뤄서 국제 경쟁에서 이겨 내는 것이다. 이러한 자강은 '서애정신'의 가장 실제적이고 실천적인 정신이며 사고, 생각의 방식이다. 앞의 징비와 진정이 '서애정신'의 정신적 모형이라면 자강은 현실적 실체다. 눈으로 확인하고 몸으로 감지하고 결과를 만들어 내는 것이다.

2. 충신과 자강

문제는 앞의 '충신'과 자강의 관계다. 왜 충신이 그토록 많은 나라에서 자강이 안 되느냐이다. 그렇다면 충신은 누구며 어떤 사람이냐, 도시 어떤 사람이어서 그들이 많을수록 자강은커녕 나라가 끝내 마침내 망하고 말았느냐이다.

먼저 '충신'은 어떤 사람이냐? 그 대답은 누구나 일치한다. 임금에게 지극히 충성(忠誠)하는 사람, 오로지 임금에게 충성을 다하는 신하다. 그러면 임금은 누구냐? 더 이를 여지 없이 그 나라 '최고의 권력자'다. 그것도 전통 사회에서는 절대권력을 한 손에 쥔 절대권력자. 충신은 그 최고의 권력자, 절대권력자에게 충성하는 사람들이다. 그들, 그 충신은 나라에 충성하는 것이 아니라 권력자, 그것도 최고 권력자, 절대권력자에 충성했다.

전통 사회에서 왕과 국가가 분리되는가? "짐(朕)이 국가다"라고 한 프랑스 루이 14세의 외침처럼 유럽 전통 사회에서도 왕과 국가는 하나였다. 그래서 프랑스사(史)와 영국사가 갈라져 나갔지만, 조선조 역시 왕이 국가이고 국가는 오직 왕의 것이었다. 국가는 절대로 백성의 것이 아니었다. 그래서 다산 정약용도 "조선의 백성은 임금이 계시는 궁가(宮家)가 있는 것은 알아도 백성이 사는 국가(國家)가 있는 것은 모른다(百姓知有宮家, 不知有國家백성지유궁가 부지유국가)"(『경세유표經世遺表』)라고 했다.

이런 조선조에서 임금에게 충성을 다하는 신하, 충신이 무엇이 잘못되었느냐이다. 문제는 무엇이 잘못됐느냐를 알지도, 알려고도 않는 데 있다. 나라에 대한 충성이 아니고 임금에 대한 충성은 최고 권력자, 그 절대권력자의 뜻, 그 권력자의 목적, 심기(心機)에 충성하는 것이다. 그 것은 나라에 대한 충성과 유(類)가 다르고 차원이 다르다. 최고 권력자의 최고 목적은 최고 권력의 지속적 유지와 안위(安危)에 대한 끊임없는 집착이다. 그것은 오로지 최고 권력자 한 몸 개인의 것이다. 그 외의 것은 국가든 백성이든 모두 이차적이다. 이 최고 권력자의 뜻, 목적, 심기에 반하는 정책이나 주장, 행동은 통하지 않는다. 그야말로 역린(逆鱗)을 거스르는 것이 된다. 그것이 아무리 나라의 자강, 백성의 안위(安危)에 관계되어도 그것은 끝내 폐기되거나 뒤로 밀리고 만다.

3. 영혼 없는 신하

그래서 충성스러운 신하는 모두 예나 이제나 육신으로부터 영혼을 빼놓는 '영혼 없는 신하'가 된다. 그것도 송두리째 빼놓는 신하일수록 가장 충성스러운 신하가 된다. 그렇다 하여 그 임금이 그런 신하, 충신을 언제까지나 책임지는 것도 아니고 생각하는 것도 아니다. 일단 유사시는 그 신하를 죽이고 자기의 살길만 도모한다. 1896년 고종의 아관파천(俄館播遷)이 그 하나인데, 자기에게 충성을 다하지 못한 신하는 모두 죽이라고까지, 숨어들어 간 남의 나라 공관에서 명령을 내린다. 김홍집(金弘集)·어윤중(魚允中) 등 조선조 말 나라를 맨 먼저 생각했던 최고의 개화파들이 그렇게 해서 죽임을 당한다.

민주화된 오늘날도 다르지 않다. 대통령은 최고의 권력자다. 누가 이 최고 권력자의 뜻을 잘 읽는가, 누가 복심(腹心)인가 충성 경쟁을 한다. 그래서 한 번도 경험하지 못한 '황당한 나라'를 만들고 있다는 아우성이 있어도, 조선조 충신들처럼 나라는 뒷전이다. 오직 권력자의 심기를 행여 거스를까만 생각한다. 더 참담한 것은, 권력자면 그 지위가 높든 낮든 관계없다는 것이다. 정부 관료도 그렇게 해서 날이 갈수록 '영혼이 말라' 가는 관료, '영혼이 없는' 관료가 된다.

조선조 충신들은 글을 써도 일자불망군(一字不忘君)이라 했다. 어느 한 자도 임금을 빼놓지 않고 임금을 잊지 않는다는 것이다. 그 대표적인 예가 송강(松江) 정철(鄭澈)의 글들이다. 송강은 우리나라 가사(歌辭)문학의 대표자다. 그러나 그 많은 가사 어느 한 편도 임금을 생각지 않는 글이 없다. 글자마다 임금을 생각하고 임금을 그리워한다. 심지어 백사(白沙) 이항복(李恒福)도 유배지로 가면서까지 비바람 치는 철령(鐵嶺)이라는 험한 고개 위에서 눈물을 흘리며 임금을 생각했다. 이 모든 충신들이 나라와 백성을 그렇게 간절히 생각했다면 왜 자강을 못 했겠으며, 끝내 나라까지 잃었겠는가?

4. 일등공신은 누구?

그러나 진정으로 나라를 생각하는 '자강'하려는 충신들은 일등공신이 되지 못했다. 임진왜란이 끝난 후 하회(河回)마을에 낙향해 있던 류성룡은 2등 공신이 되어 있다. 명실공히 전시 수상(戰時首相)으로 임란을 극복하고 국가를 다시 만든 최고의 공로자가 어떻게 2등 공신이 되는가? 충무공 이순신은 어떠한가? 선무(宣武)공신으로는 일등이지만 그 일등도 원균(元均)과 동급의 일등이다. 충무공이 어떻게 수군을 전멸당하게 한 원균과 같은 급이 될 수 있는가? 그러면 그 선무일등공신은 어떤 의미를 갖는 것인가? 선조라는 왕이 보는 일등공신은 나라가 아닌 오로지 임금에게 충성을 다한 사람이다. 의주(義州)까지 가서 조석으로 임금을 모신 신하들이다. 국사를 연구하는 학자도 배우는 학생도 잘 들어 보지 못한 정곤수(鄭崑壽, 1538~1602)가 대표적 일등공신이다.

충신 하면 『정관정요(貞觀政要)』의 위징(魏徵)의 말을 빼놓을 수 없다. 위징은 당 태종(唐太宗)을 중국 역사상 최고의 황제로 만든 핵심 인물이다. 『정관정요』는 태종의 정치 요체를 기록한 중국 최고 정치 명저다. 당 태종 정관 6년(632)에 위징이 태종에게 "폐하, 저를 충신이 되게 하지 말아 주소서(勿使臣爲忠臣물사신위충신)"라고 한다. 태종이 그것이 무슨 말이냐고 묻자 위징은 "충신은 그 몸이 죽임을 당하거나 유배되거나 내몰립니다. 그리고 군주를 큰 악에 빠뜨리고 끝내는 자기 가정도 나라도 함께 망하게 합니다(忠臣身受誅夷, 君陷大惡, 家國竝亡충신신수주이 군함대악 가국병망)"고 대답한다. 위징이 어떤 의도에서 그렇게 '충신'을 말했는지 그다음 깊은 설명이 없다.

그러나 더 이상 말하지 않아도 그 함의(含意)는 분명하다. 나라 아닌 최고 권력자에 대한 충신은 '영혼이 없는 사람'이 되어 '죽거나 추방되는 주이(誅夷)'의 불행을 맞을 수밖에 없고, 더 비참한 것은 그 가족·자손들까지 복록(福祿)을 누리지 못하게 한다는 것이다.

조선의 자강도 그들 충신으로 하여 결코 될 수 없었다. 그러나 '서애 정신'으로서의 자강은 그래서 더 의미가 깊다.

V. 보론(補論)
— 화랑정신, 충무공정신, 로마정신

1. 화랑정신

신라가 어떻게 삼국을 통일했을까? 아니, 할 수 있었을까? 이는 역사를 전공하지 않은 사람도 우리 국사를 한 줄이라도 읽었다면 누구나 던질 수 있는 질문이다. 질문이라기보다 의문이다. 의심스러워 별생각 없이 무심코 내뱉을 수 있는 물음이다.

신라는 백제·고구려까지 삼국 중에서 가장 가난하고 약하고 그리고 가장 뒤떨어진 후진국이었다. 조선의 다산 정약용이 쓴 「신라론(論)」 「고구려론」 「백제론」을 보면 삼국 중에서 최강국은 백제이고, 그다음 고구려이고 마지막이 신라다. 「백제론」은 시작부터 "백제가 삼국 중에서 가장 강했는데 가장 먼저 망했다(百濟於三國最强, 而其亡最先백제어삼국 최강 이기망최선)"고 쓰고 있다. 지금 배우고 있는 역사 교과서는 고구려가 가장 강국이라 하고 있는데, 당시 지식인들에게는 그렇지 않았던 것 같다.

어쨌든 신라가 가장 빈약한 나라였던 것만은 당시나 지금이나 공통적으로 같이 생각하고 있는데, 어째서 이런 나라가 삼국을 통일할 수 있었을까? 역사를 잘 알지 못하는 일반인들이 고정 관념으로 생각하는 것은 당나라 군대를 끌고 왔기 때문이라는 정도다. 그러면 당나라 군대는 그 머나먼 데서, 거기에 황해라는 넓고 넓은 바다를 건너서 무엇을 목적으로 왔을까? 그냥 신라가 도와달라 해서 왔을까? 신라가 그렇게 당나라와 외교를 할 때 백제는 가만히 있었을까?

당시 기록을 보면 백제 역시 당나라 군대가 쳐들어오기 전에 열여섯 번이나 당나라에 사신을 보내고 외교 교섭을 열심히 한다. 고구려도 수(隋)와 당(唐)과 치열한 전쟁을 치렀지만, 그때는 이미 당에 조공(朝貢)을 하고 있었다. 그런데 당은 왜 대군을 거느리고 쳐들어왔을까? 의문의 여지 없이 한반도를 그들 영토로 만들기 위해서였다(이기백, 『한국사신론』 신수정판, 98~102쪽). 그래서 서기 660년 백제가 망하고, 8년 후인 668년 고구려가 이어 망하고, 그리고 당은 백제 옛 땅에는 웅진도독부를 설치하고 고구려 땅에는 안동도호부를 설치해서 그 땅을 자기네 영토로 만들어 다스리고, 그리고 신라까지 점령하려 했다. 이때부터 당시 세계 최강의 군대를 가진 당과 신라 간에 기나긴 전쟁이 벌어진다.

이 전쟁은 백제가 망하고 또 고구려가 망하는 그해까지 한편으로는 신라가 고구려군과, 다른 한편으로는 당군과 싸우는 양면전을 거쳐, 675년 드디어 당군이 완전히 패배해서 물러가는 매소성(買肖城) 전투에 이르기까지 자그마치 15년 동안이나 치러진다. 이 매소성을 『삼국사기』 권7에서는 양주(楊州) 창화(昌化)로 기록하고 있고, 이기백 교수의 『한국사신론(韓國史新論)』에서는 오늘날의 의정부로 쓰고 있다(102쪽).

이 매소성 전투가 얼마나 큰 전쟁이었는지는 설인귀(薛仁貴)·이근행(李謹行) 등을 대장으로 하는 당나라의 대규모 군사 수만으로도 알 수 있다. 문무왕 15년(675) 9월 29일 이들은 20만 명을 거느리고 매소성에 주둔해서 신라군과 건곤일척의 격전을 벌였는데, 이 전투에서 신라군은 설인귀와 이근행 군을 완전히 격퇴시켰을 뿐 아니라 전공으로 전마(戰馬) 3만 380필과 많은 병기구를 획득한다. 이 매소성 전투를 끝으로 당군은 신라 땅에서 완전히 물러나 문무왕 17년(677)에는 요동(遼東)

의 신성(新城, 지금의 무순撫順)으로 철수한다. 국민들에게 널리 알려진 화랑 원술랑(元述郎)도 이 전투에서 큰 공을 세운다.

우리 역사책에서 지금도 잘 이해가 되지 않는 것은 이 매소성 전투에 대한 기술이다. 당군이 한반도에서 뜻을 접고 완전히 물러간 것은 이 매소성 전투에서의 패배에 기인한 것이라는 것은 앞서 『삼국사기』에서 적고 있고, 우리보다 훨씬 먼저 신라사를 연구해 1910년대에 벌써 결과물들을 내놓은 도쿄대학의 일본인 학자들 쓰다 소키치(津田左右吉, 1873~1961), 이케우치 히로시(池內宏, 1878~1952) 등도 이 전투에 큰 비중을 두고 있다. 그러나 이들은 모두 이 "전투에서 신라가 승리한 것은 믿을 수 없다. 당이 요동으로 물러난 것은 당 스스로 물러남으로써 한반도는 빙기(放棄)되었고, 결과적으로 신라가 한반도의 주인이 되었다"고 쓰고 있다(일본인 학자들의 이 주장도 이상훈, 『신라는 어떻게 살아남았는가』의 '일제의 식민사관'에 잘 수록되어 있다).

이 매소성 전투는 고구려 보장왕 4년(645) 고구려-당 간의 안시성(安市城) 전투와 비교하고도 남음이 있다. 안시성 싸움에서 고구려는 크게 이겼지만, 그로부터 고구려는 쇠잔해서 결국 망했다. 그러나 신라는 매소성 전투에서 승리함으로써 통일 국가로서 한반도를 지켰을 뿐 아니라, 당이 망한(907년) 후까지도(935년) 통일 국가로서 역사가 이어져서 오늘날의 한국인을 만들어 내는 원초(原初)가 되고 원초(原礎)가 되었다. 처음 시작이 되고, 처음 놓아지는 초석(礎石)·기둥이 되고 주춧돌이 된 것이다. 그럼에도 일제의 식민사관을 비판한다는 우리 역사학자들도 식민사관이나 다름없이 이 매소성 전투를 보고 있다. 단순히 보는 정도가 아니라 혹은 폄하거나 혹은 무시하고 있다.

이 결정적인 매소성 전투에서 신라는 설인귀와 이근행의 20만 대군을 어떻게 이겨 낼 수 있었는가? 전투에서도 이기고 전쟁에서도 이겼다면 단순히 무력이 강해서만은 아니고 반드시 다른 그 무엇이 있어 그렇게 되었다고 보아야 할 것이다. 인구수에서도 경제력에서도 군사 수에서도, 물론 무기에서도 결코 당군에 비해 우위일 수가 없었다면, 무엇이 상대보다 우위에 있어서, 혹은 상대가 갖지 못한 그 무엇을 신라는 갖고 있어서 삼국을 통일하고 당으로부터 나라를 지켜 낼 수 있었을까?

고구려·백제도 갖고 있지 못했고 물론 당도 갖고 있지 못했던 것, 따라서 오직 신라만 갖고 있었던 것, 그것은 바로 '화랑정신(花郎精神)'이다. 화랑도(花郎徒)와 같은 제도는 고구려도 갖고 있었고 백제도 갖고 있었다. 예컨대 고구려에는 '경당(扃堂)'이라는 화랑과 비슷한 청년 단체가 있어 젊은이들이 함께 모여 독서도 하고 습사(習射, 활쏘기 훈련)도 했다. 이 '경당'은 『구당서(舊唐書)』 「고구려전(高句麗傳)」에 오를 만큼 중국에까지 이름을 떨쳤다. 백제도 화랑과 유사한 청년 단체가 있어, 이들 역시 집단으로 독서와 습사를 했다(이기백, 『신라사상사연구』, 86쪽). 당나라에서도 뽑는 과정이 조금 다른 것이긴 해도 일찍부터 수련을 시키는 '조의(皂衣)'라는 것이 있었다. 조의는 '검은 의복'이라는 뜻으로, 당 태종 휘하 중에서 가장 우수하고 날쌘 병사들로 승패의 고비마다 투입되어서 한 번도 패한 적이 없는 정예 중의 정예였다. 그러나 이들의 수명은 모두 짧았다. 그리고 백성들로부터 지지받지도 널리 받들어지지도 못했다. 받들어지지 못했던 만큼 오래 지속될 수도 없었다. 이유는 '화랑정신'과 같은 정신이 없었기 때문이다.

상무 정신(尙武精神)은 백제도 고구려도 한때 충만했다. 백제 말년 황산벌에서의 계백(階伯) 장군과 그의 오천 결사대의 항전 기개는 장열(壯

熱)했었다. 그러나 그것은 그때뿐이었다. 일반 국민들도 따라 주지 않았다. "그때 다른 지역의 군사들은 머뭇거리며 나아가지 않았고(列郡逗留而不進열군두류이부진)" "사방 백성들은 쳐다보기만 하고 구하려 하지 않았다(四方觀望而不救사방관망이불구)"라고 정약용은 「백제론」에서 쓰고 있다.

고구려 역시 마찬가지였다. 안시성 전투만 보아도 그 상무와 기백과 용감성 그리고 전투력, 그것은 우리 역사뿐 아니라 중국을 통틀어도 공전(空前)이며 절후(絶後)였다. 이전에도 없었고 이후도 찾을 수 없는 것이었다. 그러나 그때가 전부였다. 그리고 소진(燒盡)되었다. 타서 없어져 버린 것이다.

그러나 화랑은 달랐다. 그것은 제도보다는 '정신'이었다. 예컨대 조국애며 순국 지상주의(殉國至上主義), 특히 전사(戰死)를 명예롭게 생각하는 상무와 희생과 명예심, 이 모두를 일체화한 정신이며 행동, 거기에 골품제(骨品制) 사회에서 신분 계층의 장벽을 넘어서는 상호 수용성과 자유로운 인간관계, 다름과 다양성에 대한 관용과 지지, 그리고 왕경(王京) 경비 부대를 9개 종족(고구려·백제·말갈·보덕국報德國 등)으로 구성할 만큼의 개방성이었다. 고대며 중세 사회에서 이런 정신이며 도의며 도덕은 정말 진귀한 것이었다.

하지만 중국과 한국의 역사에서 이런 '화랑정신'은 이전 이후 한 번도 경험한 일이 없다. 더 진귀한 것은 이 화랑정신의 내재화(內在化)이며, 일반 백성에게로의 확산이다. 내재화는 그 정신이 그 몸의 뼈와 살이 되었다는 의미이고, 그리고 확산은 그 정신이 신라인 전체의 기풍(氣風, discipline)이 되었다는 것이다. 화랑정신의 위대성이며 숭고성은 바로 여기에 있다.

이러한 '화랑정신'과 '서애정신'은 직접적으로 연계되고 전승되지는 않았다 해도 몇 가지 점에서 유사성을 지닌다. 무엇보다 모든 잘못은 나에게 있다, 결코 남을 탓하지 않는다는 '징비정신'과 '화랑정신'은 깊이 상통하는 것이다. 이는 곧 화랑정신의 면면(綿綿)함이 천년을 이어져 온 것이라 할 수 있다. 그리고 나라 사랑이다. 임금에 대한 충성이 아니라 나라에 대한 충성이다.

이는 다음의 '충무공정신'에서도 볼 수 있고, 또 앞의 '충성이란 무엇인가'의 본문에서도 볼 수 있다(IV. 2. '충신과 자강'). 화랑정신의 내재화(internalization)는 가치관의 자기 체화(體化)와 신라인 전체의 기풍으로의 전화(轉化), 또한 '징비정신'과 함께, 우리 미래 세대 윤리의 근간, 즉 뿌리와 줄기로 만들어 볼 수 있다. 이런 '정신'의 탐구와 구현이 곧 식민사관의 극복이며 우리 역사의 재발견이다.

2. 충무공정신

충무공(忠武公) 이순신(李舜臣, 1545~1598)의 정신을 기리는 '충무공정신'도 화랑정신처럼 역사가 오래지 않다. 조선시대, 일제시대는 물론이고 해방되고도 1950년대까지도 대중화되지는 못했다. '60년대에 들어서면서 근대화·산업화 바람이 한창 불고, 그리고 '근대화는 곧 서구화가 아니냐'는 주장과 이론이 제기되면서 우리 것에 대한 자아 개념, 자아 의식이 솟아나면서였다.

그때까지만 해도 우리는 스스로를 '엽전(葉錢)'이라 비하했다. 엽전은 조선시대 놋으로 만든, 가운데 구멍이 뚫린 동전이다. 이 동전을 아직까지 봉건적 인습에서 벗어나지 못한, 뒤떨어지고 무능력한, 무엇 하나 제대로 할 수 없는 한국 사람으로 비유해 썼다. "엽전이니까 그렇지" "엽전이 무얼 할 수 있겠어"라며 잘하든 잘못하든 으레 일상으로 주고받던 말이 이 엽전이다. 그야말로 자학적이며 패배 의식에 젖을 대로 젖어서 내뱉던 말이다. 지금도 『우리말 큰 사전』에서 '엽전'이라는 단어를 찾으면 그렇게 적어 놓고 있다.

앞의 '화랑정신'도 그리고 이 절(節)의 '충무공정신'도 이런 자학과 패배 의식이 골수에까지 차 있던 시대에 마치 어둠을 뚫고 나온 한 줄기 빛처럼 우리 내면을 비추며 우리 안에서 솟아 나왔다. 거기에 '근대화'며 '서구화'가 무엇이냐의 논쟁도 한몫했다. 우리가 산업화하고 근대화하는 것이 단순히 서구를 본뜨는 서구화가 아니라 우리 본연의 모습을 찾는 자아 발견과 자아 확립 과정이라는 주장이 세차게 나온 것이다. 우리는 오랜 문화를 가진 민족이고 우리 고유의 그리고 우리 특유의 충만한 내면세계가 형성되어 있는 민족이라는 목소리가 마치 봄볕에 꽃망울 터지듯 일반 국민들 사이에서도 터져 나오기 시작했고, 학계에서도 그런 연구가 잇따라 나왔다.

그러나 거슬러 올라가서 보면 '화랑정신'과 달리 '충무공정신'은 일본 사람들이 우리보다 앞서 찾았고, 앞서 열성을 보였다. 물론 일본인들이나 일본인 학자들이 '화랑정신'이니 '충무공정신'이라는 말을 쓴 것은 아니고, 그냥 화랑도며 이순신 연구를 우리보다 먼저 했다는 것이다. '정신'은 그 연구 과정에 깊숙이 침잠해 있었을 뿐, 밖으로 노골적으로 드러나 있는 것은 아니었다. 어떻든 화랑도나 화랑정신에서 일본 학자들은 이미 말한 대로 긍정적이 아니었지만, 이순신의 경우 특히 1904~05년의 러시아와의 전쟁 기간 전후 이순신 사당에 보여 준 그들의 이순신 숭배와 현창(顯彰, 밝게 드러냄)은 우리를 놀라게 하고도 남음이 있다(이종각, 『일본인과 이순신』, 이상, 2018).

그렇다면 '충무공정신'은 무엇인가? 우리 국민들 누구나 다 알고 있는 '충무공정신'은 '필사즉생(必死則生)'이다. 글자 그대로는 '반드시 죽으려고 하면 산다'는 뜻이다. 더 풀이하면 죽음 앞에서 생사(生死)를 초월하는 것이다. 더구나 죽음의 사신(死神)인 적 앞에서는 그 어떤 경우에도 생을 구하기 위해 죽음을 양보하지 않는다는 것이다. 이는 얼핏 생각하면 무인(武人)이면 다 그런 것 아니냐, 그게 뭐 특별한 것이냐고 말할 수 있다. 사실 수사학적으로 보아도 그저 아름답게 다듬어진 말에 불과하고, 그래서 새삼스레 누구에게나 감동을 불러일으키는 말은 아니다. 더구나 임진왜란 때의 조선조처럼 문인이 군 지휘자, 총사령관 노릇을 하던 시절엔 버릇처럼 내뱉던 말이 바로 이 말이다. 그만큼 우리나라 사람들 입에 쉽게 오르내린 말이고, 그래서 진정으로 가슴에는 와닿기 힘든 말이자 정신이 '필사즉생'이다.

그러나 실제로 무인들 중에서, 아니, 이름 있는 장군들 중에서 이 말을 실천에 옮긴 사람이 몇이나 되느냐? 우리만이 아니라 동서고금을 두루 살펴도 그리스·로마의 장군들, 고대부터 현대에 이르기까지의 중국의 장군들, 심지어는 1~2차대전 때의 그 많은 장군들 그 누구도 '필사즉생'한 장군은 없다. 단 한 사람, 영국의 넬슨 제독이 예외일 뿐, 이순신 장군처럼 실천에 옮긴 장군은 어느 시대 어느 나라에서도 찾기 어렵다. 오로지 이순신 장군만이 누구나 말하면서 누구도 실천에 옮기지 못한 이 말을 몸소 실천해 보여 준 장군이다. 그렇다면 '필사즉생'이야말로 오직 이순신 장군에게만 해당되는 '충무공정신'이라 할 수 있지 않은가.

하지만 '충무공정신'은 여기서 그치지 않는다. 그것만으로도 충무공정신은 위대하지만, 그러나 그 위에 더한 것이 있다. 그것이 충무공의 '순국 일념(殉國一念)'이다. 오로지 나라를 위해서 적과 싸우고, 나라를 위해서 있는 힘을 다하고, 나라를 위해서만 죽는다는 것이다. 이것이 이순신과 다른 조정 신하들과의 차이다. 임진왜란 때의 조정의 신하들, 비단 임진왜란 때만 아니고 정묘호란·병자호란 등 적이 쳐들어올 때마다 목숨 바쳐 싸운 장군들 모두 나라를 위해 싸운 것이 아니라 임금을 위해 싸웠다. 그 모든 신하들엔 나라 개념이 없었다. 오로지 임금과 임금에 대한 충성만 있었다. 임금이 나라고 나라가 임금인 것이 아니라, 오로지 임금만 있었다.

그 대표적인 예가 원균(元均)이다. 원균은 나라의 적이었다. 그 강한 수군을 송두리째 왜군에 갖다 바쳤다. 이순신에게는 있을 수 없는 '패군(敗軍)'을 그는 있게 만듦으로써 왜군에 충성했다. 그럼에도 선조는 원균을 선무일등공신으로 추켜세웠다. 이유는 오직 하나, 임금에게는 충성했기 때문이다. 그래서 선조는 이순신을 용납할 수가 없었다. 이순신은 임금 아닌 나라에 충성했기 때문이다. 승전으로 이순신의 성가(聲價)가 올라갈 때마다 선조의 심기는 불편했고, 못마땅해 했고, 끝내 전공을 폄하했고, 마침내는 죽이려고까지 했다.

여기에 이순신과 영국 넬슨의 다른 점이 있었다. 넬슨이 미칠 수 없는 위대함이 이순신에게 있었다. 넬슨은 혼자서 강력한 나폴레옹 군대와 싸운 것이 아니다. 영국 전체의 국가적 총력과 총동원이 있었다. 정부와 국민이 완전히 하나 되어 나폴레옹 군대와 치른 전쟁이었다. 당시 영국은 유럽 최강국의 하나였다. 그러나 이순신은 당시 최약(最弱)의 나라에서 혼자서 싸웠다. 그것도 선조 주변, 선조를 모시는 신하들의 갖은 모략과 참소와 시기를 견뎌 내며, 조정의 지원이라곤 하나도

없는 고립무원의 상태에서 싸웠다. 그런 임금, 그런 조정을 위해서가
아니라 오로지 나라를 구한다는 구국의 일념으로, 한 명의 적도 그냥
돌려보낼 수 없다는 '필사즉생'이며 '순국 일념'의 정신으로만 치르는
전쟁이었다.

　이런 이순신을 발탁하고 내내 지원한 류성룡은 이렇게 말한다.

　　당시 백전의 장군 이순신, 오로지 혼자 힘으로 반동강 난 나라를 버티
　　고 있었다. 그러나 공이 높으면 높을수록 조정 신하들의 참소와 투기,
　　시기와 질투의 얽음에서 벗어날 수 없었다. 그럼에도 거리낌 없이, 괴
　　로움도 두려움도 없이 오직 나라만을 위해서 싸우고 목숨을 바쳤다.

　　當時白戰李將軍, 隻手親扶天半壁.　당시백전이장군 척수친부천반벽
　　功高不免讒妒構, 力戰不憚身殉國.　공고불면참투구 역전불탄신순국

　이순신에게 '필사즉생'은 극한의 삶이었다. 더 이상 나아갈 수 없는
끝, 한계에 다다라 있는 삶이다. 그것은 극치의, 더할 수 없는 값을 치
러야 하는 경지다. 목숨을 내놓아야 하는 상황보다 더 나아가는 경계
는 없다. 그 경계에서의 삶은 목숨을 내놓은 것만큼 혼신의 힘을 다하
는 것이다. 온 정성을 쏟고 온 마음을 다 모으는 것이다. 그래서 생과
사를 초월하는 것이다. 그것이 어찌 일상을 살아가는 보통 사람들에게
가능한 것이겠는가. 더구나 조선조 조신(朝臣)들처럼 당리(黨利)에 매몰
되어 있는 사람들에게 언감생심, 즉 생각이나 해 볼 수 있는 일이겠는
가.

　조선조 말 나라가 일제에 넘어갔다. 그래서 스스로 목숨을 끊었다.

그것은 '필사즉생'이 아니다. 이순신에게 이 '필사즉생'은 나랏일 하는 사람으로서 그 일상의 생활 과정에 용해되어 있는 정신이며, 긴 전쟁과 수없이 치르는 치열한 전투의 고비마다 쏟아 내는, 그 어느 순간도 찬연(燦然)하지 않음이 없는 그런 정신이다. 이순신에게 순국은 이 필사즉생의 긴 끝이며 결과다. 그래서 '충무공정신'은 오늘날 우리에게도 얼마든지 소생하고 재생할 수 있는 정신이다. 정치에서 책임감, 경제에서 기업 활동, 사회생활에서 헌신과 희생, 이는 하나같이 서애 류성룡이 말하는 충무공 행적의 '충무공정신'과 직결된다.

3. 로마정신

　로마라고 하면 로마사의 어느 한 시점과 비교되는 중국 진(秦)나라와 한(漢)나라를 생각하게 한다. 그 비교는 잠시 제쳐 두고, 오랜 로마 역사에서 가장 다이내믹했던 때는 미상불 포에니(Poeni) 전쟁과 그 이후 150여 년간이라 할 수 있다. 포에니 전쟁은 아프리카 북부에 위치한 카르타고(Carthago)와의 3차에 걸친 기나긴 전쟁으로, 1차는 기원전 264년에 시작된다. 그리고 마지막 3차전을 끝으로 카르타고가 완전히 망하는 기원전 146년까지 전후 118년에 이르는, 역사상 유례가 드문 치열하고도 잔인했던 전쟁이다.

　문제는 기원전 218~216년간, 포에니 전쟁 중에서 가장 기간이 짧았던 2차 전쟁이다(1차는 기원전 241년에 끝났다). 유명한 한니발(Hannibal) 휘하의 카르타고군에 로마군은 연전연패했다. 다시 일어나지 못할 정도로 로마 군세는 무너졌다. 기원전 218년 이탈리아 북부의 트레비아 전투에서 패하고, 이듬해 217년 중부의 트레시메노 전투에서도 완전히 깨졌다. 그리고 1년 뒤, 로마 총력을 기울인 절체절명의 대결전을 한니발 군과 다시 벌였다. 로마군은 이전의 전쟁과는 비교가 안 되는 8개 군단 7만 6,000명의 대군이었고, 장소는 지금도 그 현장이 남아 있는 이탈리아 중남부의 칸나에였다.

로마군 사령관은 새로 집정관에 선출된 가이우스 테렌티우스 바로(Gaius Terentius Varro)였다. 로마 집정관이며 장군들의 이름이 모두 그렇듯이 바로 역시 정말 부르기 힘들 정도의 긴 이름의 소지자였다. 그러나 그는 긴 이름과 달리 아무것도 내세울 것이 없는, 오로지 열렬한 주전파여서 압도적인 지지로 집정관이 되고 총사령관이 된 사람이었다. 로마사의 권위자인 테오도어 몸젠(Theodor Mommsen, 1817~1903)에 의하면 '이성이 실종된, 안하무인의 자격 없는 리더'였다. 혁혁한, 빛나는 무공을 수없이 세운 다른 로마 장군들에 비하면 "설마 그럴 리야" 할 정도의 인물이었다.

전투는 기원전 216년 6월에 벌어졌지만, 몸젠의 서술대로 전투는 시작과 더불어 사실상 끝나 있었다. 우세한 기병대를 종횡무진으로 활용한 한니발 군대가 동서남북 사면팔방에서 물샐틈없이 로마군을 포위해 치고 들어오면서 전선에 배치된 로마군 7만 6,000명 중 7만 명이 제대로 손도 써 보지 못한 채 순식간에 목숨을 잃었다. 로마 역사상 다시없는 대학살전이었다. 이전 이후 세계 어느 전쟁사에서도 찾기 어려운 대참패였다. 바로와 함께 동료 집정관이 되어 같이 전투에 참여했던 역시 긴 이름의 소지자 루키우스 아이밀리우스 파울루스(Lucius Aemilius Paullus)도 죽었다. 열렬한 주전파였던 80여 명의 원로원 의원도, 8개 군단 장교들의 3분의 2도 그렇게 죽었다.

2년 전 트레비아 전투에서 이탈리아 북부를 잃었고, 1년 전 트레시

메노 전투에서는 이탈리아 중부 전체를 잃었는데, 이제 칸나에 전투에선 남부까지도 잃었다. 거기에 한니발은 로마에서는 누구도 견줄 수 없는 무적의 장군이었다. 그는 지장(智將)이면서 용장(勇將)이고 그리고 동양적 개념으로 또한 덕장(德將)이었다. 이탈리아반도에서 로마는 이제 고립무원의 상태가 되었다. 게다가 이 세 번의 전투에서 로마는 모두 12만 명에 달하는 병사를 잃었다. 당시 로마 인구 실력으로는 다시 더 끌어모을 수 없는 숫자였다. 누가 생각해도 로마는 다시 소생할 것 같지 않았다.

그런데 다시 몸젠의 『로마사(Römische Geschichte)』에 따르면, 바로 그때 아무도 상상할 수 없는 기이한 일이 벌어진다. 총사령관 바로가 살아서 돌아온 것이다. 7만 명의 병사가 죽어 가는 가운데 그는 뒤로 도망쳐서 부끄러움도 없이 버젓이 살아 로마 성문으로 걸어 들어오는 것이다. 몸젠의 표현대로 '이성의 실종자로, 안하무인으로', 더 기막힌 것은 그 같은 그를 마치 아무 일도 없었다는 듯이, 시민들 누구도 그를 비방하거나 책임을 묻거나 욕설을 퍼붓지 않는 것이다. 오히려 원로원에서는 전쟁에 나가지 않은 의원 거의 전원이 나가서 그를 맞이했다. 마치 '살아 돌아온 것에 감사하다'는 듯이.[01]

그러나 로마는 다시 살아난다. 그리고 3차 포에니 전쟁이 그로부터 67~70년 지난 기원전 149년에서 146년까지 계속되고, 그리고 카르타고는 역사에서 완전히 사라진다. 물론 그때는 천하의 용장 한니발

---

01   특히 카르타고와의 전쟁을 소상히 기록한 테어도어 몸젠의 『로마사』는 실증주의적이고도 문헌학적인 방법에 입각하여 독일어로 쓴 획기적인 저서로, 1854~85년까지 집필 기간만 무려 31년에 걸쳐 쓰인 가장 대표적인 로마사다. 그는 이 저서로 1902년 노벨 문학상을 받았다. 이 2차 포에니 전쟁, 특히 칸나에 전투는 〈조선일보〉 2019년 6월 3일자 '송동훈의 세계문명기행(31)'에 재미있고도 실감나게 잘 그려져 있다.

도 죽은 지(기원전 183) 이미 한 세대도 더 지난 후가 된다. 그렇다면 무엇이 로마를 그렇게 살아나게 했을까? 살아났을 뿐 아니라 그로부터 한 세기가 지나는 동안 로마사 최고의 영웅 율리우스 카이사르(Julius Caesar, 기원전 100~전44)가 나타나고, 다음 가이우스 아우구스투스(Gaius Augustus, 전64~기원후 14)가 이어받아서 역사상 다시없는 대제국으로 로마는 완벽히 통일된다. 그리고 정치적으로 경제적으로 가장 안정되고 번영하고 가장 넓은 영토를 가지는, 다섯 황제가 선위(禪位)하는 소위 오현제(五賢帝) 시대(기원후 96~180)까지 무려 450년, 그리고도 서로마제국이 망하는 476년까지는 800년, 동로마제국이 망하는 1453년까지는 아예 계산의 의미 자체를 망각하게 하는, 로마는 어떻든 최고 지속과 최고 번영과 최고 강성의 제국이 된다. 도대체 그 무엇이 로마로 하여금 인류사에서 그 어떤 나라도 흉내 낼 수 없는, 활화산처럼 오래 꺼지지 않는 거대한 힘을 솟구치게 했는가?

정말 로마의 그 같은 에너지는 어디서 나왔는가? 무엇보다, 어디서 그 설명을 들을 수 있는가? 유명한 몸젠의 『로마사』에서도 그 '에너지'를 집약적으로 설명한 것이 없다. 촌철살인(寸鐵殺人)으로 내비친 흔적도 찾기 어렵다. 그러나 단언컨대, 그 에너지는 바로 '로마정신'이라 할 수 있다. 어느 나라 어느 제국도 갖지 못한, 오직 로마인만 가졌던 '로마정신'이라 할 수밖에 없다.

'로마정신'이란 무엇인가? 이 '로마정신'은 결코 심오한 것도, 희귀한 것도 아니다. 누구나 일상으로 생각하고 말하고 주장하면서, 그러나 역사의 어느 지배자도 지도자도 군주도 '실제(實際)'에 옮겨 놓지 못한 정신이다. 기나긴 중국 역사가 그 전형적 예다. 중국 역사는 하(夏)나라에서 청(淸)나라에 이르기까지 통칭 21왕조(王朝)라 한다. 그 21왕조의 그 어느 왕조도 '왕조정신'이라 내세울 왕조가 없다. 내세울 이렇다 할 '정신'이 없다는 면에서 중국 왕조는 어느 왕조도 치켜세우거나 본받을 만한 왕조가 없다. 오늘날 중국도 '보편 가치' '보편 정신'이 없다는 점에서 다를 것이 없다. 그런 전통의 중국 왕조를 조선이 본받아 '소중화(小中華)'가 되려고 했으니, 미국의 1세대 동양학자 라이샤워 말대로라면 '소중화의 변형' 조선 또한 실패한 왕조다.

1) 관후장대(寬厚長大)

어떻든 누구나 쉽게 생각하고 쉽게 주장할 수는 있지만 실제에 옮기기는 어려운 이 '로마정신'은 첫째로 '관후장대(寬厚長大)'의 정신이다. 관후는 마음이 너그럽고 인정이 두터운 것이다. 장대는 시간적으로 밀리 보고 공간적으로 큰 것을 생각하는 것이다. 관대(寬大)니 관용(寬容)은 관후장대의 하위 개념이다. 관대는 마음이 넉넉하고 마음 씀의 폭이 넓은 것이다. 흔히 관대한 사람을 두고 도량(度量)이 크다고 말한다. 도량의 도(度)는 길이를 재는 자(尺)이고, 도량의 량(量)은 양을 재는 되(용기)다. 사람 인품을 말할 때 이 도량은 바로 그 사람의 넓은 마음과 깊은 생각이다. 관용은 남의 잘못을 너그럽게 폭넓게 받아들이는 것이고 그리고 용서하는 것이다. 로마인들 속담에 '용서하지 않으면 옳은 사람 하나도 없다'는 말이 바로 그것이다.

이 '관후장대'의 정신이 극명하게 드러나는 것이 '책임 공방' 하지 않는 것이다. 책임 공방에 매몰되면 어느 나라든 발전은 끝난다. 과거의 잘잘못, 적폐 청산에 휘말리면서 미래는 사라지는 것이다. 앞서 2차 포에니 전쟁의 마지막 칸나에 전투에서 완전 패하고 돌아온 로마 사령관 바로를 로마 시민들이 기꺼이 받아들이는 것, 그 많은 병사를 죽음으로 몰아넣은 그 참담, 그 실패, 그 분통과 절통의 책임을 물어 원(怨)이며 한(恨)을 풀지 않는 로마인들의 그 관후함, 그리고 패전의 실패를 자산으로 해서 재개를 도모하는 그 장대함, 그것이 중국 역사의 그 중국인들과 완전히 다른 '로마정신'이다.

『사기』를 쓴 사마천(司馬遷, 기원전 145~전86)은 가장 잔혹한 형벌인 궁형(宮刑)을 당한다. 이유는 기원전 98년 흉노에 패배했지만 재기를 위해 부득이 항복한 이릉(李陵)을 변호한 것이었다. 중국인들은 로마인들처럼 전투에서의 패배를 다음 전쟁의 성공을 위한 자산으로 절대로 생각하지 않았다. 전투에서 지면 장수도 무조건 죽였다. 그래서 싸움터에 나간 장군들은 져도 졌다 하지 않고 그냥 얼버무렸다(임진왜란 때 명나라 장군들이 다 그랬다). 그리고 실패의 자료, 실패의 자산이 없었던 것만큼 전쟁에서 계속 졌다. 지루한, 승패 없는 책임 공방으로 조야(朝野)는 정쟁에 늘 휘말렸고 그리고 왕조는 망했다. 새 왕조가 들어서도 실패를 자산으로 활용하지 못하는 만큼, 예외 없이 앞선 왕조를 늘 반복하며 망해 갔다.

2) 참여실용(參與實用)

둘째로 로마정신은 '참여실용'의 정신이다. 이 또한 어느 나라든 가질 수 있고 실현할 수 있는 정신이다. 그런데 왜 하필 로마정신인가? 참여와 실용은 서로 함께하기엔 그 관계가 묘하기 때문이다. 근본적으로 참여는 대중 영합적(迎合的) 성격을 띤다. 많은 사람들이 참여하면 그들을 유혹하는 대중 선동가(煽動家)가 득세한다. 그러면 실용은 파괴된다. 지금 우리가 경험하고 있는 것 그대로다. 남아메리카 정치며 사회가 그 전형적 예다. 정치 선진국인 미국·유럽 또한 차이가 있다 해도 대중 선동 정치인이 있기는 마찬가지다. 그러나 이들 나라는 참여하는 국민들의 자제력 혹은 절제력의 수준이 높다. 그래서 남미 정치와 달리 실용이 쇠퇴하지 않는다.

참여는 역사적으로 그리스·로마 전통이다. 이들 나라는 시작부터 '참여 정치'였다. 대중의 참여가 왕성했던 것만큼 정치도 '대중 영합'과 '대중 자제' 사이를 오갔다. 대중 영합적일 때 아테네는 스파르타와의 전쟁에서 졌다. 역시 대중 영합적일 때 로마도 2차 포에니 전쟁에서 보았듯 카르타고에 대패했다. 그래서 아리스토텔레스(Aristoteles, 기원전 384~전322)는 대중 영합은 우중(愚衆, demos)이 지배하는 데모크라시(democracy)라 해서, 그다음에 오는 정치 체제는 대중의 참여를 싹 줄이거나 완전히 없애는 군주제(monarchy)가 된다 했다. 그때 비로소 '실용'이 살아난다는 것이다.

로마는 패전을 거치면서 그 패전의 실패를 자산으로 해서 '참여'를 실용의 수단, 실용의 발판으로 삼았다. 로마에서 참여의 주체는 원로원 의원이며 로마 시민들이었다. 그들의 목소리며 요구가 국가의 방향과 국가 정책을 결정했다. 그래서 로마에서 참여는 로마 역사의 바이탤리티(vitality)가 되었고 그로 인해서 로마 역사는 아주 다이내믹(dynamic)했다. 어느 역사보다 활기차고 원기 왕성했다. 그러나 그 참여는 항상 실용을 지향했다. 참여하는 사람들의 모든 주장과 요구는 '실용적'이냐, '실용 가능하냐'였다. 그리고 시무(時務, timing)에 맞느냐에 와서 멎었다. 그렇지 못할 때 참여자들은 더 이상 주장하지도 요구하지도 않았다.

로마에서 '실용'은 모두 현장에서 이루어졌다. 그 최고 책임자인 집정관이며 황제는 모두 '현장'에 있었다. 그 현장은 전쟁에서는 전장(戰

場)이며, 평시에는 백성이 사는 곳이었다. 로마시가 아니며, 중국이나 조선에서 보는 구중궁궐이 아니다. 로마 오현제의 마지막 황제 마르쿠스 아우렐리우스(Marcus Aurelius, 기원후 121~180)도 로마시에서 수천리 떨어진 국경의 현장에서 죽는다. 철인(哲人) 황제이면서도 백성들의 '실용'을 높일 대로 높이며 황제 노릇을 한다. 그것이 바로 '참여실용'의 로마정신이다.

중국과 조선은 역사의 어느 장에도 '참여' 개념이 없다. 거기에 '실용'은 더더욱 없다. 『논어(論語)』「태백(泰伯)」편에 "백성은 따라오게 할 수는 있으나, 그 이유를 알게 할 수는 없다(民可使由之, 不可使知之민가사유지불가사지지)"는 구절이 있다. 마오쩌둥은 그 글귀를 들어 공자를 공격하고 유교를 반대한다고 했다. 역대 중국 황제들은 궁궐 밖을 나온 일이 없다. 조선조 왕들도 마찬가지였다. 그래서 정약용이 "백성은 오직 궁가(宮家) 있는 것만 알지 국가가 있는 줄은 모른다"고 한 것이다. 조선이나 중국이나 군주들은 모두 '종이 위에서 전쟁(紙上兵戰)'만 했다. 군주며 조정 대신들에게 '실용' 정책을 만들어 주는 '현장 의식'이 없었다. 그래서 로마정신 같은 '정신'을 가진 왕조가 나타날 수가 없었다.

3) 개방다양(開放多樣)

셋째로 '로마정신'은 '개방다양'의 정신이다.

고대 사회는 본능적으로 문을 닫는 폐쇄 사회다. 그리고 혈통이니 골품(骨品)을 따지는 종족 사회다. 그것이 가장 안전하고 가장 자기 보존적이었기 때문이다. 그런데 그리스의 아테네와 로마는 달랐다. 문을 안으로 꼭꼭 걸어 잠가서 남을 들어오지 못하게 하지도 않았고, 혈통을 따져 지배자·지도자를 추대하고 추앙하지도 않았다. 우리와 중국

사회와는 달리 아테네·로마는 시작과 더불어 문을 열고 살았고, 문이 열려 있는 것만큼 다른 종족들과 섞여 살았다. 문을 열어 놓으니 개방 사회, 열린사회가 되고, 다른 사람들과 섞여 사니 자동적으로 다종 사회, 다양 사회가 된 것이다.

그렇다면 적어도 '개방다양'의 측면에선 '로마정신'처럼 '아테네정신'이라고도 할 수 있지 않은가? 왜 유독 '로마정신'인가? 그것은 '개방다양'이 로마는 아테네의 그것과 비교할 수 없이 공간적으로 넓고 시간적으로도 길었기 때문이다. 그리고 인물로도 아테네는 열림의 페리클레스(Pericles, 기원전 495~전429)도 있었지만, 닫힘을 철저히 강조하는 플라톤(Platon, 전427~전347)도 있었기 때문이다. 플라톤은 최고의 폐쇄 사회인 스파르타를 이상(理想) 국가로 생각했다. 플라톤뿐 아니라 당시 사람들은 생존 본능으로 '닫힘'을 찾았다. 지식인이든 철인이든, 일반인이든 지배자든 닫힘을 주장하는 데는 대동소이했다.

그런데 로마는 완전히 달랐다. 로마시는 다인종 사회였다. 특별히 지배적으로 한 종족만 사는 것이 아니라 많은 종족들이 섞여서 살았다. 법적으로도 누구나 로마 시민권만 받으면 다 시민이 되었다. 따라서 일상의 삶이 자연히 다양할 수밖에 없었고, 의견과 주장·사고(思考)가 다종다기(多種多岐)할 수밖에 없었다. 그 다른 삶, 그 다른 생각들이 별로 큰 갈등이나 충돌 없이 수용되었다. 그야말로 다른 획일적 동질 사회(homogeneity)와는 완전히 구분되는, 다원적 이질 사회(heterogeneity)였다. 이같은 개방다양의 '로마정신'은 이후 오랜 세월 진화해 만들어진 오늘날의 이 다원·이질 사회와 다름없는 사회를 그때 이미 만들어 살게 했다.

그 '로마정신'이 중국의 진·한대는 말할 것도 없고 명·청대에 이르는 중국 역사, 심지어는 시진핑의 현대 중국과도 완전히 구별된 로마를 만들었다. 그 개방다양의 정신으로 해서 로마는 그때 벌써 50만 킬로미터의 도로를 로마 전역에 깔았다. 도로는 열림의 상징이다. 다양한 문물이 들어오는 길이다. 그때 중국은 만리장성(萬里長城)을 쌓았다. 장성은 닫힘의 상징이다. 닫힌 것만큼 이동이 끊어지고 문물의 발전도 정체된다. 그래서 중국은 진·한대나 명·청대나 사고방식(way of thinking)이며 생활 양식(style of living)은 내내 그대로였다. 오늘날 중국 사회도 산업·기술이 서구화·현대화되었다는 것을 제외하면 그때와 달라진 것이 무엇일까? 오늘날 세계의 보편 정신이며 보편 가치를 누리지 못하고 있다는 가장 기본적인 면에서는 그때나 조금도 다름이 없지 않은가. 로마정신 같은 '정신'을 갖지 못했기 때문이다.

VI. 서애정신: 맺음말

　서애정신은 많은 점에서 '로마정신'과 유사성을 가진다. 서애정신의 '징비'는 '로마정신'에서 보듯 무엇보다 '책임공방'을 거부한다. '로마정신'에선 그것이 정쟁의 시초라는 점에 가장 큰 의의를 두었지만, 서애정신의 '징비'에서는 '모든 책임은 나에게 있다. 남을 탓하지 않는다'는 자기 수련, 자기 마음가짐에 초점을 둔다. 둘째로 '실용'이다. 그리고 시무(時務)다. 그때의 시급함에 맞는 정책이 무엇이며, 그것은 어떤 쓸모가 있는지를 먼저 생각하는 것이다. 그 정책은 조정 안에 있는 것이 아니라 현장에 있다는 것이다. '로마정신'에서처럼 그래서 '서애정신'도 현장 제일주의인 것이다.

　'로마정신'의 관후장대며 열린 마음도 또한 '서애정신'에선 기본이다. 서애는 당시 조정의 그 누구보다 다른 의견에 대한 수용의 폭이 넓고 컸다. 그만큼 다른 의견을 받아들이는 마음의 넉넉함이 있었다. 그것은 바로 유연(柔然)의 리더십, 부드러움으로 강경(强硬)함을 누르는 로마 원로원 집정관들의 정치 일상(日常)과 유사했다. 서애의 그 같은 정치 행태는 로마 정치인들의 그것과 시간의 간격을 뛰어넘어 '정신'을 구현한다는 점에선 하나라 할 수 있다.

제 5 장
중용, 징비철학
─ 현실과 본질

I. 징비(懲毖) 의미
─ 이 글에서 징비 연구는 보편적 가치로서의 내재화[01]가 주안점이다.

'징비(懲毖)'는 서애(西厓) 류성룡(柳成龍)이 만든 최고의 조어(造語)다.[02]
전시 수상으로서 임진왜란을 치르며 만들어 낸 실제 경험어(經驗語)다.
조어는 지금까지 없던 말을 새로이 만드는 말이다. 뜻을 가진 가장 작
은 말에 다른 가장 작은 말이 붙여져서 만들어지는 것이 조어다. 모든
조어가 다 근거가 있듯이 징비 역시 『시경(詩經)』 한 구절의 앞 글자 징
(懲)과 뒤의 비(毖)를 합쳐서 만든 말이다. 이는 서애 류성룡이 그만큼
시(詩)에 정통했다는 의미도 되고 그만큼 언어 감각이 뛰어났다는 증좌
도 된다. 어쨌든 '징비'는 400년 이상을 살아남아서 지금 우리에게 엄

---

01 내재화(內在化, internalization): 사회심리학 용어로 사고와 행위 지침으로서 실생활에
서 실제로 그렇게 생각되고 행동으로써 나타나고 있음을 말함.

02 '징비'는 1982년 이희승 편 『국어대사전』(민중서림)에는 임진왜란 수난사의 대표적 사료
로서 『징비록(懲毖錄)』만 올라와 있고 '징비'는 표제어로 나와 있지 않음. 그러다가 2009
년 고려대 편 『한국어대사전』에는 국보 제132호 『징비록』과 함께 표제어로서 "징비: 이전
의 잘못을 뉘우치고 삼감"이라고 뜻풀이와 함께 올라와 있음. 미루어 보면 '징비'가 이렇게
보통명사로 널리 쓰이게 된 것은 2000년대 이후부터라 할 수 있음.

청난 비전(vision)을 제시하고 있다.

징비의 의미는 간단하고 명료하다. '과거의 잘못을 반성하거나 스스로를 응징(膺懲)하고 그런 환난이 다시는 일어나지 않도록 스스로를 경계하고 다짐한다'는 뜻이다. 이 말을 본디 시(詩) 그대로 표현하면 "여기징이비후환(予其懲而毖後患)"이다.[03] 이 구절의 일곱 글자를 '징비' 두 글자로 단순화(單純化)한 것이 징비다. 최고의 언어는 최고의 단순화다. '징비'라는 조어는 이 '단순화'의 상징이다. 아인슈타인이 물리학의 요체(要諦)는 '단순화(simplification)'라고 한 것과 궁극적인 깨달음은 동서와 고금이 다르지 않다.

오늘날 우리에게 징비의 의미는 징비 조어(造語) 400년의 역사만큼 징비의 가르침이 살아 있다는 것이다. 어떤 가르침도 시대를 넘어 해석되고 또 해석되고, 깨달음을 주고 또 깨달음을 주지 않으면 사람들의 기억에서 곧장 사라지고 만다. 진리라고 다 살아남는 것이 아니다. 사람들 가슴에 울림이 없고, 사람들 일상에 자극이 되지 않으면 기능 잃은 자침(磁針)처럼 바로 무용(無用)이 된다. 그래서 '징비'의 그 지속적이고 지구적(持久的)인 역사가 새삼스럽게 오늘에 다가오고, 그래서 다시 '징비'의 근본으로 돌아가 원론적으로 깊이 되새길 이유가 서는 것이다.

---

03 『시경(詩經)』「소비(小毖)」의 이 "予其懲而毖後患"과 짝으로 많이 쓰이는 말이 『서경(書經)』의 '천작얼유가위(天作孼猶可違)'나 자작얼불가환(自作孼不可逭)"(「태갑 中」)이다. 하늘이 만든 재앙은 그래도 피할 수 있으나 스스로 만든 재앙은 도망갈 수 없다. 자기 잘못이 다시 일어나지 않도록 삼가고 삼가야 한다는 것이다.

II. 징비 시제(時制)

이 징비라는 간단한 글자 속에도 과거 현재 미래라는 시제가 있고, 시제마다 사고와 행위의 지침이 있다. 지도적 방법이며 방향을 지도하는 준칙이 있다. 그 지침 그 준칙은 시공을 넘어서도 있는 것이고, 시공을 넘어서도 움직이는 것이다. 그 같은 존속력, 그 같은 작동력이 없으면 시대의 고비를 넘어설 수 없고 시대의 진통(陣痛)을 견뎌 낼 수 없는 것이다. 이는 '징비'라는 어휘만이 아니다. 시대를 넘어, 그래서 역사성을 지닌 모든 '어휘'들은 모두 그 같은 존속력, 그 같은 작동력을 지닌 것이다.

어찌 인간이 한시도 쓰지 않을 수 없는 그 어떤 어휘만이랴. 인간이 만든 모든 존재는 늘 존속의 시험을 치르고 있다. 인간 하나하나의 개체는 말할 것도 없고 인간이 만든 그 많은 조직들이며 집단, 심지어는 국가까지도 존재의 시험을 당하고 있다. 이른바 존재 지속성(持續性)의 시험이다. 모든 존재에는 존재 한계(the limitation of being)라는 것이 있다. 그 한계를 넘어서 존재할 수 있느냐 없느냐, 이른바 'to be or not to be'의 시험이다. 이 시험을 이겨 낸 국가, 작게는 이 시험을 통과한 회사나 기업만이 역사를 갖는다. 이 시험에 실패한 국가는 역사를 잃는다. GM처럼 한때 찬란했던 대기업도 역사가 중단된다. 역사의 상실이며 역사의 중단은 인류의 뇌리에서 사라진다는 말이다.

이와 같이 존재 한계성이라는 시험을 이겨 낸 '어휘'만이 역사적이 된다. 우리가 오늘까지 즐겨 쓰던 일상의 어휘가 내일도 똑같이 쓰인다는 보장은 없다. 모든 어휘는 날마다 시험을 치르고 있다. 쓰임의 시험을 당하고 있는 것이다. 소용이 다하는 순간 세인의 입에서 곧장 사라진다. 기억의 계속이 끝나는 것이다. 그럼에도 '징비'의 쓰임은 400년 이상 계속해 왔다. 그 계속은 앞으로도 지속될 것이다. 이유는 그 '말'에 촌철(寸鐵)이 있기 때문이다. 촌철은 날카로운 쇠붙이다. 그냥 쇠붙이가 아니라 '경계하는 말'이 담긴 쇠붙이다. 사람 사람의 가슴에 울리고, 또한 '사람 사람의 마음에 깊이 새겨지는 말'이 담긴 쇠붙이, 그 촌철의 말이 '징비'에 담겨 있기 때문이다.

이 징비에는 시제(時制)가 있다.[04] 과거와 현재 그리고 미래라는 시제다. 징비가 촌철을 품고 있는 것은 이 시제가 있기 때문이다. 사람은 누구나 과거 현재 미래라는 시간에 얹혀산다. 그런데 그 과거는 내가 언제 거기에 얹혀 있었나 생각하기 무섭게 지나가 버린다. 그리고 현재가 오고, 그 현재 또한 오늘이라 느끼기도 전에 내일이 온다. 이렇게 삽시간에 가 버리는 것이 과거 현재 미래라는 시제다. 그러나 '징비'는 그 시제를 그냥 내보내지 않는다. 각 시제마다 '경계'한다. 각 시제마다 깨달음의 시간, 생산의 장으로 되새기게 한다.

첫째로 과거는 반성(反省)이다. 반성은 되돌아보는 것이다. 무엇이 잘못되었는가, 왜 잘못되었는가, 어떻게 잘못되었는가를 하나하나, 마치 평평한 면에 글자를 도드라지게 새기듯 부각(浮刻)시키는 것이다. 마치 황혼이 오면 나는 부엉새처럼 지난 시간을 좇아가는 것이다. 그것이 '반성'이고 그것이 깊이 살핌의 성찰(省察)이다. 그 반성, 그 성찰에는 성취의 파노라마는 없고, 오직 실패의 어두운 골짜기만 있다. 그 골

---

04 여기서 시제(時制)는 문법에서 말하는 과거·현재·미래 시제, 즉 tense도 있지만, 그보다는 과거·현재·미래를 마치 사물이나 자연 경관처럼 멀리 떼어 놓고 본다는 조망(眺望)이며, 혹은 사물을 꿰뚫어 본다는 투시(透視)의 의미를 지닌 시관(時觀)의 의미를 지닌다. 따라서 과거 시관, 현재 시관, 미래 시관으로 나눠 볼 수 있다.

짜기의 생생한 재현이 현재라는 시제의 밑그림이 된다. 현재의 성취는 그 실패의 골짜기를 샅샅이 뒤져 간 그 매서운 부엉새 눈초리의 재발견에서만 가능한 것이다.

둘째로 현재는 직시(直視)다. 직시는 온 정신을 한곳에 모아 대상을 똑바로 보는 것이다. 현상과 사물의 진실은 그렇게 해서 파악하는 것이다. 그때 비로소 지금 무엇이 잘못되고 있는가, 왜 잘못되고 있는가, 어떻게 잘못되고 있는가가 분석(分析)되는 것이다. 분석은 복잡한 사물을, 기기묘묘한 현상을 요소나 성질에 따라 나누고 가르는 작업이다. 나누고 갈라서 그 현상 그 대상을 최대한 단순화시킨다. 그때 바로 현재가 보인다. 지금 내가 당면하고 있는 현재, 당하고 있는 현실은 지나온 과거보다 훨씬 복잡하고 동적(動的)이다. 무엇이 어떻게 전개되고 있는지를 과거처럼 지나 봐야 알 때는 이미 늦은 것이다. 지금 바로 알아야 하고, 지금 바로 명료히 그 사실 그 진실을 파악해야 한다. 그것이 직시다.

셋째로 미래는 통찰(洞察)이다. 통찰은 앞서 내다보는 것이다. 그것은 현실을 직시해야만 가능하다. 현재의 사상(事象)을 면밀히 관찰하고 정확히 분석할 때, 장차 무엇이 일어나고, 왜 일어나고, 어떻게 일어날 것인가가 파악되는 것이다. 파악은 추상이 아니고 손에 잡히듯 확실히 이해되고 계산됨을 말한다. 흔히 말하는 예상(豫想, prediction)이 아니고 예측(豫測, forecasting)이다. 예상은 상상으로 앞일을 예언처럼 하는 것이고, 예측은 측량의 '측(測)'자처럼 합리적인 분석과 계산으로 하는 것이다.[05] 일기 예보며 경기 예측이 그 한 본보기다. 이 본보기는 현재의

---

05 predict와 forecast의 우리말 번역은 일정하지 않다. prediction은 예보·예언으로, forecast는 예측·예보·예상 등으로 많이 번역되어 쓰이고 있다. *Oxford Dictionary*에서는

직시를 통해서만 가능하다. 그것이 쉽게 이뤄지지 않음으로써 '현재 직시'는 미래학자들을 무덤으로 보내는 길이 되기도 한다.

이 징비의 시제를 축약해서 보면 첫째로, 과거를 읽고, 현재를 보고, 그리고 미래를 찾는 것이다. 이때의 징비는 자성(自省)의 징비며 자계(自戒)의 징비다. "모든 잘못은 내게 있다, 모든 책임은 내가 진다, 남을 탓하거나 원망하지 않는다"[06]는 태도이다. 둘째로, 통념(通念)을 넘어(과거), 상황을 꿰뚫고(현재), 내일을 설계하는 것(미래)이다. 이때의 징비는 직시(直視)의 징비며 정찰(正察)의 징비다. 현실을 있는 그대로 나를 떠나 왜곡됨이 없이 보고, 제삼자(第三者) 객(客)의 처지에서 구부러짐 없이 현재를 정확히 분석하는 것이다. 셋째로, 새로이 판을 짜는 징비다. 새로이 정의(定義)하는 과거, 새로이 구조화(構造化)하는 현재, 그리고 새로이 전망(展望)하는 미래의 징비다. 이때의 징비는 예시(豫示)의 징비며 비전의 징비다. 창의력을 최대로 키운 미래도(未來圖)이며, 상상력을 최대로 높인 미래도를 생산하는 징비다.

III. 징비 철학(哲學)

징비철학은 징비의 본질을 따지는 것이고 징비의 원리를 캐내는 것이다. 본질은 징비가 지닌 내재적 가치이고, 원리는 징비가 작용하는 외재적 가치다. 내재적 가치는 본연의 가치이고, 외재적 가치는 서로

---

predict는 prophesy(예언)를 나타내는 신의 의지 영역 'the supposed will of God'이고, forecast는 특히 일기 예보, 일기 예측 'estimate esp. of weather'를 나타낸다 했다. prediction을 특히 예상(豫想)이라 한 것은 '예상'이라는 말이 실제 경험하지 않은 현상이나 사물(상像)을 마음속으로 그려 보는(상想) 것이라는 점에서다.

06 "모든 것은 내 탓이다. 내 책임이다. 남을 탓하거나 원망하지 않는다." 이는 류성룡의 『징비록』에 나오는 기본 철학이다.

에게 영향을 주고받는 행위적 가치다. 본연의 가치는 현상의 변화와 관계없이 항시 그대로 '지니는' 가치이고, 행위적 가치는 변화에 따라 결과를 달리하는 '효과상'의 가치다. 이는 비단 징비에 한해서만이 아니고 그 본질과 원리로 접근하는 주제들은 공통적으로 두 가지 면을 지니고 있다. 동시에 이 두 가지 면에서 철학적 특수성을 함께 갖는다. 징비는 그 철학적 특수성을 세 가지로 나눠 볼 수 있다.

첫째로 주체(主體) 가치다. 주체 가치는 주체성(主體性), 즉 주체 지향성으로 표현할 수도 있다. 주체성, 주체 지향성, 주체 가치의 반대말은 객체로서의 나의 존재적 가치다. 나의 존재는 주인으로서의 가치가 아니고 객(客)으로서의 가치를 지닐 뿐이라는 것이다. 보다 직설직으로는 내 주인은 내가 아니라 나 아닌 다른 사람이라는 것이다. 그 대표적인 것이 조선조에는 사문난적(斯文亂賊)이고, 오늘날에 와서는 '내로남불'이다. 조선조 오백 년 내내 중국 의존의 사대주의 사대성(事大性)도 그 한 전형이다.

술이부작(述而不作)[07]—나는 내 학설을 주창해서도 안 되고, 내 식으로 창작해서도 안 되고, 심지어는 내 방식대로 주(註)를 달아서도 안 되는, 그러면 유배되거나 죽임을 당하는, 오로지 경전에 있는 대로만 읽고 외우고, 경전에서 지시하는 대로만 쓰고 말하는, 심지어 제 나라 안에서 제 나라 백성이 저항해도 남의 나라 '대국'의 군대를 끌고 와 진

---

07 술이부작(述而不作)은 『논어』 「술이(述而)」편에 나오는 첫 구절로 "옛 고전을 전하고 서술하되, 내가 독단으로 창작하지 않았다"는 공자의 말로 '창작하지 말라는 것이 아니라 내 독단으로 함부로 창작해서는 안 된다'는 의미로 융통성 있게 얼마든 해석할 수 있는 것임에도, 원문이든 주(註)든 원래 쓰인 것에서 글자 한 자라도 다르게 쓰고 다르게 해석하면 '사문난적'으로 모는 행태를 지적하는 것이다.

압하고 죽이는, 어느 시인이 절규한 대로 "이는 하늘이 낸 선천(先天)의 벌족(罰族)이더라도"**08** 제 나라 백성을 그렇게 철저히 객체화할 수 없는, 바로 거기서 징비의 주체성, 주체 지향성, 그리고 주체 가치가 솟아났다는 것, 그것이야말로 진실로 역사적이며 창조적이라 할 것이다.

징비의 자성(自省), 자계(自戒), 그리고 자강(自强)은 그 시대의 통념을 넘어 새로운 시대에로의 상황을 꿰뚫고 그리고 내일을 설계하는 것이다. 이전 그대로의 습성화된 과거에서 벗어나 새로운 눈으로 시대를 재정의하고, 고정 관념에서 벗어나 그때까지와는 완전히 다른 나라의 틀을 새로이 재조(再造)하는 것, 그것은 기존의 자아와는 다른 자아, 징비의 주체적 자아가 아니고는 불가능하다. 징비의 가치로 전환하고 그 가치로 다시 재무장한 자아가 아니고는 이제껏 공고화되고 관행화된 그 낡은 틀은 결코 부서지지 않는다.

이는 오늘날의 비도덕적 종속적 자아에도 꼭 같이 해당된다. 똑같은 행위가 나의 경우 도덕적이고 윤리적이고, 반대로 너의 경우 비도덕적이고 비윤리적이라면, 그 '나'는 누구이며 그 '너'는 누구인가? 그 '너'는 나와 어떻게 다른가? 틀림없이 그 '나'는 객관적 주체로서의 '나'가 아니고 나를 포박하고 있는 그 어떤 다른 객체—타자에 종속된 '나'다. 그 '나'는 독립된 나, 혼자 사고하고 혼자 행동하고 혼자 설 수 있는 나만의 '나'가 아니고, 꼭두각시가 된 나, 허수아비가 된 나다. 주체성을 잃고 주체 지향성을 상실하고, 그리고 주체적 가치를 갖지 못한 괴뢰(傀儡)가 된 나, 바로 '내로남불'의 '나'가 아닌가.

---

08 김남조, 「목숨」.

둘째로 미래(未來) 가치다. 미래 가치는 미래성(未來性), 미래 지향성(未來指向性)도 동시에 내포한다. 징비는 처음 조어될 때부터 과거를 자성(自省)하는 것이지만 과거 지향적도 아니고, 현재를 직시(直視)하는 것이지만 현재 지향적도 아니었다. 오직 미래를 내다보고 미래에 대비하는 미래성이며 미래 지향성이었다. 징비의 징(懲)은 이제까지의 나를 징계하고 응징한다는 '징'이지만, 그 '징'은 곧 미래 지향의 '나'의 전진을 위한 채찍질의 비(毖)에 목적을 둔 징이었다. '징'이 있음으로써 '비'가 있고, 비가 작동함으로써 '징비'로 무장한 나의 미래가 살아나고, 그 살아난 미래가 찬연히 빛날 수 있는 것이었다.

이 징비의 미래 가치, 그 가르침으로 오늘날 우리는 두 가지 현안(懸案)을 해결해아 한다. 현안은 지금 딩징 해결하지 않으면 목에 걸린 밧줄처럼 숨통을 끊는 문제들이다. 그 하나는 인구 소멸이고, 다른 하나는 지방 소멸이다. 인구 소멸은 지금 끝없이 내려앉는 우리의 시급한 저출산 문제이고, 지방 소멸은 지난 40년 동안 아무리 돈을 쏟아부어도 안 되는 지역 왜소화(矮小化)다. 왜 안 되는 것일까? 왜 젊은이들은 애를 낳지 않을까? 왜 지방은 해가 다르게 작아지기만 할까? 이대로는 인구도, 지방도 그 종착역은 '사라짐'이다. 지금까지 참 잘 달려왔는데, 결과는 왜 정반대일까?

이유는 단 하나, 징비의 그 미래 가치가 없어지기 때문이다. 징비의 그 미래성이며 미래 지향성이 작동하지 않기 때문이다. 오늘날 한국 젊은이들은 철두철미 현재 지향성이다. 그들 젊은이들의 의식 속에는 현재만 있다. 그들의 뇌리, 그들의 심중에 내일은 없다. 미래는 그들이 생각하는 바도, 생각할 바도 아니다. 미래는 독자 가치가 없다. 미래는 희생의 대상이 아니다. 희생할수록 미래가 주는 대가는 줄어든다.

미래 대가(代價)가 줄어들수록 현재만이 나를 보장해 주는 가장 확실한 시간이다. 설혹 미래가 있다 해도 그 미래는 너무 불확실하고 불확정적이다.

아이는 미래 가치다. 그것도 가장 불확실한 미래 가치다. 아무것도 정해진 것이 없고 아무것도 보장된 것이 없는 그 미래 가치를 위해, 왜 내가 애를 낳고, 왜 지금 이 현재 이 순간을 희생할 것인가? 나에게 가장 확실한 것 그리고 가장 확정된 것은 지금 이 순간, 현재의 이 시간이다. 현재 지향 현재주의가 나의 최고의 가치다. 우리에게 미래가 중요하다고 말하지 말라, 그 미래를 위해 지금 이 '현재'를 희생하라고 더욱 강요하지 말라. "우리는 이미 이전 세대와는 완전히 다른 세대다."

그러나 그 현재 지향 현재주의는 자동적으로 히더니즘(hedonism)과 연결된다. 히더니즘은 현재 중심의 쾌락주의다. 모든 현재주의 현재 지향은 스스로 거부하기 힘들 정도로 쾌락주의화한다. 그것은 아편과도 같은 것이다. 지금 우리 젊은이들의 절대다수가 그 히더니즘에 경도되어 있다. 이를 징비의 이 미래 가치 미래 지향성으로 향도해야 한다. 그것이 성공하든 못하든 기성세대는 젊은 세대를 바람직한 방향으로 이끌어야 한다. 젊은 세대에게 미래 가치를 강조해야 한다. 기성세대의 냉소주의는 금물이다. 냉소주의는 '그래 봤자 소용없다'이기 때문이다. 그 또한 징비의 미래 가치로 막아야 한다.[09]

지방 소멸도 돈으로, 그것도 오직 중앙정부에서 내려보내는 돈으로

---

09 이로 미루어 보면 청춘은 세 가지가 있는 것 같다. 하나는 여기서 이미 본 히더니즘의 청춘, 다른 하나는 방황하는 청춘, 그리고 또 다른 하나는 쾌활인(快活人) 청춘. 방황하는 청춘은 이제니 詩人의 「발 없는 새」. 몇 줄만 옮겨 보면, "청춘은 다 고아지, 새벽이슬 맞고 허공에 얼굴을 묻을 때 바람은 아직 도착하지 않았지. (…) 어디든 어디든 무엇이든 무엇

막으려 아무리 노력해 봐야 소용이 없다. 이미 40년이나 해 보지 않았는가. 조선시대도 그러했다. 모든 가치는 '서울'에 모여 있다 하여 서울로 몰려오지 않았는가. 그래서 그때도 이제도 지방다운 '지방'은 없었다. 단 하나 예외. 지방에 미래 가치가 있다 해서 '지방'을 만든 지방, 바로 안동(安東)이었다. 오늘날 우리는 안동이 있어 전통문화, 우리의 고유문화를 알고, 일본과 중국과 차별화된 우리 특유의 정체성(identity)을 내보인다.

지방이 사는 길은 그 지방 고유의 정체성을 가진 문화를 살리고 만드는 길이다. 문화로 경쟁해야 지방 소멸을 막는다. 경제와 권력으로 중앙—수도권과 경쟁하려 함으로써 지방 소멸이 오는 것이다. 이 또한 징비의 미래 가치의 가르침이 말해 주는 것이다. 모든 미래 가치는 본질적으로 지방은 지방 스스로 만드는 것이다. 중앙에 의존할수록 그 지방의 미래 가치는 사라진다. 결국은 소멸이다.

셋째로 중도(中道) 가치다. 이 또한 중도성(中道性), 중도 지향성(中道指向性)으로 말할 수 있다. 바로 징비의 본질이며 원리다. '중도'란 무엇인가. 좌우의 중앙을 생각할 수 있다. 그러나 산술적 중앙은 아니다. 그런 중앙은 산술적으로는 존재하지만 현실적으로는 존재하지 않는다. '나는 좌파도 우파도 아닌 중도파'라 했을 때 정책적으로 나는 어떤 선택을 하느냐, 좌파의 것도 좋은 점을 취하고 우파의 것도 좋은 점을 취

이든 청춘은 다 고와지. 도착하지 않은 바람처럼 떠돌아다니지. 나는 발 없는 새. 불꽃같은 삶은 내게 어울리지 않아. (…)" 또 다른 하나 쾌활인(즐겁게 사는 사람이며 대장부)은 육당 최남선의 「일일시호일(日日是好日)」에 나오는 청춘으로, "부귀도 나는 싫고 권력 또한 마음 없네 / 뜻하는 그대로를 실현할 수 있다 하면 / 인간에 快活人 되기 나는 원(願)을 하리라." 이 시는 1955년 9월 17일 당시 〈자유신문〉에 기고한 것으로 지금부터 약 70년 전 그린 젊은이의 초상이다.

한다면, 실제로 투표할 때 어느 당에 투표를 하느냐, 그것은 불가능하다. 왜냐하면 그런 정당은 없기 때문이다. 현실적으로 모든 정당은 좌파 아니면 우파다. 좌우 정책을 섞은 온건파라 해도 정도의 차이가 있을 뿐, 실상은 우파 아니면 좌파, 보수파 아니면 진보파다.

그러면 '중도'란 무엇인가. 중도는 사고방식이며 정신적 지향이고, 심정적(心情的) 혹은 심리적인 자세다. 그것은 '극단'을 피하는 것이다. 이쪽 변이든 저쪽 변이든 '변(邊)'에 머무르지 않는 것이다. 금기(禁忌)며 요체(要諦)는 양극단이고 양변이다. 그것은 내 몸이 앉은 자리도 되지만, 내 마음 내 정신의 공간도 되고, 내 사고의 범위도 된다. 이 모두의 가고 머무는 곳이 극이나 변이 아니고 한가운데 중간이다. 양극단 양변을 보면서 그 중간에서 길을 찾는 것이 중도(中道)이고, 그 중간에서 일상(日常)을 보내는 것이 중용(中庸)이다. 심오한 도(道)로 생각되는 중도며 중용은 별것도 신기한 것도 아닌 바로 그 '가운데'로의 머묾이다.

그 가운데에 중심(中心)이 있고 중앙(中央)이 있다. 중앙은 중심이 되는 중요한 곳, 수도(首都) 수부(首部)라고 말하기도 한다. 으뜸이 되는 도시—그러나 그것은 지리적 중앙이 아니고 정신적 심정적 중앙이다. 그 중앙 중심은 양극이며 양변에 비할 바 없이 훨씬 넓고, 훨씬 크다. 물리적으로 면적이 넓다. 넓고 넓은, 크고 큰, 그러면서 높고 높은 공간이다. 그래서 사고도 넓게 하고 크게 하고 높게 한다. 인간의 사고는 공간이 결정한다. 좁은 공간에서는 좁게 하고 넓은 공간에서는 넓게 한다. 새로운 아이디어 새로운 사상도 모두 어떤 공간이냐가 결정한다. 공간이 넓고 큰 것만큼 시야도 커진다. 멀리 보고 많이 보고 새로이 본다.

가운데의 그 큰 공간, 넓은 공간의 중간 중심에 자리하는 것만큼 다툼도 시비도 적어진다. 불공대천의 원수처럼 절대로 싸우지 않는다. 왜냐면 거기에는 절대(絶對)는 있을 수 없기 때문이다. 『논어』「이인(里仁)」편에 "무적야 무막야(無適也. 無莫也)"라는 말이 있다. 절대로 옳고 절대로 그르다는 것은 있을 수 없다는 것이다. 오로지 누가 도리(道理)에 맞게 말하고 행동하느냐만 있다는 의미다.[10] 그것이 바로 중도성, 중도 지향성이며 중도 가치다. 그것이 곧 징비정신이며 징비철학이다.

류성룡의 자강(自强)은 이 징비에서 시작된다. 징비가 곧 자강철학(自强哲學)이고 자강의 기본 개념이다. 류성룡에게 있어 이 징비는 명(明)에서 먼저 나오고, 그리고 왜(倭)로 향했다. 구원군 명이 1순위이고 침략군 왜가 2순위였다는 것, 거기에 징비의 피맺힘이 있고, 자강의 한(恨)이 서려 있다. 구원군으로 온 명은 구원군이 아니었다. 왜와의 전쟁에서도 구원군이 못 되었고, 그 명군(明軍)을 맞는 백성들에게도 구원병이 못 되었다. 그들은 침략군 왜보다 더 침략적이었고 더 침범, 더 약탈적이었다. 막무가내(莫無可奈)였다. 더 공포스러웠고 동정심도 없고 사실상 더 야만적이었다. '문화'라는 것이 없었다. 백성들은 구원군인 그들을 보면 도망을 갔고, 침략군인 침략자들을 보면 오히려 동정을 구했다. 가까이 가서 먹을 것을 얻고 바랐다.

류성룡의 자강은 그런 명에서의 자강이었고, 류성룡의 징비는 그런 왜에서의 징비였다. 아무도 약하고 무능한 나를 강하게 만들어 줄 수

---

10 『논어』「이인」, "子曰: '君子之於天下也, 無適也, 無莫也. 義之與比.'" 공자가 말했다. "군자는 만사에 있어 어느 한 가지만을 절대로 옳다고 고집하지도 말고, 또 안 된다고 오직 부정하지도 말라. 오직 도리에 맞느냐 안 맞느냐만 판단해 따르라." 여기서 도리는 옳은 것, 정의며 상식이다. 상식은 글자 그대로 일상생활에서 늘 맞고 옳고 합당하다고 생각하고 있는 것이다. 그것이 곧 중도다.

없고, 어느 누구도 방기(放棄)되고 잘못된 나를 바로잡아 줄 수 없다. 주인이며 주체는 오직 나이고, 나 밖의 그들은 모두 타자고 객체다. 그 객체 그 타자에 아무리 오래 사대(事大)하고, 아무리 높게 공대(恭待)해도 내가 자강하지 못하는 것만큼 무시되고 하대(下待)되는 것, 그것은 어느 역사에서나 필지(必至)의 사실이다. 그 필지의 사실을 역(逆)으로 명은 바로 그때 그 전쟁에서 구원군이란 이름으로 가감 없이 보여 주었다. 그 객체 그 타자를 아무리 매섭게 질책하고 아무리 강하게 죄상(罪狀)을 따지고 물어도 왜(倭) 또한 내가 이미 나를 징비하지 못한 것만큼 전쟁에서든 회담에서든 나를 상대하지 않았고, 나 또한 그들의 상대가 되지 못했다.

기나긴 역사를 다 거치고 나서, 오늘 이 징비의 철학과 효용을 묻는 것은 징비는 언제나 '현대사'이기 때문이다. 아무리 지난날이라 해도 그 과거사에는 반드시 업보(業報)가 있다. 업과(業果)라고도 하고 과보(果報)라고도 했다. 모두 인과응보를 의미한다. 과거의 행업(行業), 그 과거에 일어났던 일, 행해졌던 까닭은 화든 복이든 선이든 악이든 모두 '현재의 것'이 된다. 징비는 그 '현재의 것'을 징비해서 새로운 현실, 과거와 '다른 현재'를 만들고, 그리고 미래를 설계한다.

과거를 징비하지 않는 현재는 언제나 과거의 복사(複寫)다. 바로 과거의 '리프로덕션(reproduction)'—과거의 재생이다. '현재'라고 다를 것이 없다. 징비하지 않는 현재는 과거사의 연장일 뿐 '현대사'는 아니다. 진정한 현대사는 '징비된 현실'의 역사다. 모든 현대는 현대와 동시에 바로 과거사가 된다. 징비되지 않은 현재는 징비되지 않은 과거사와 마찬가지로 '진정한 현실'이 아니라 허구(虛構)다. 사실이 아닌 것이 사실처럼 얽어져 있는 것, 잘못된 것이 잘못이 아닌 것으로 가장(假

製)되어 있는 것이다. 그래서 진정한 ‘현실’은 징비된 현재이고, 그 ‘현재’의 실상이다. 그것이 바로 류성룡 징비의 의미이고, 류성룡으로부터 ‘징비’를 찾는 이유다.

IV. 징비 현실

중요한 것은 지금 이 ‘현재’이고 그리고 지금 이 ‘현실’이다. ‘현재’는 지금 이 시간이고, ‘현실’은 지금 이 시간의 실제 모습 실상(實相)이다. 지금 우리에게 징비의 핵심은 과거도 미래도 아닌 바로 지금 이 ‘현재’ 이 ‘현실’이다. 다른 나라 다른 사회와 너무 차이 나는 그 ‘현재’ 그 ‘현실’에 지금 우리는 살고 있고, 그들 나라 그들 사회에선 상상을 불허하는 그런 ‘현재’ 그런 ‘현실’을 겪으며 만들며 살고 있다. 기막힌 나라며 기막힌 사회다. 바로 ‘갈등 사회’며 ‘분노 사회’다. 세계 어느 나라보다 갈등이 첨예화한 나라이고, 세계 어느 사회보다 분노가 치솟고 있는 사회다. 어디 가도 싸움 마당이고 누구라 할 것 없이 울분에 차 있다.

1. 최하위 사회 수준

왜 그럴까? 우리는 절대로 그런 나라일 수가 없다. 객관적으로 우리는 대(大)성취 국가이고 기적적으로 성공한 나라다. 2024년 세계은행 보고서만 해도 우리는 중진국 함정에서 벗어나 고소득 국가로 진입한 대표적인 나라다. 도대체 그 치열한 식민지와 전쟁을 경험한 나라가 어떻게 성장의 슈퍼스타로 등장하고 있는지, 다른 중진국 정책 입안

자들에게 필독의 자료며 필독서로 추천까지 되고 있는 나라다.[11] 영국의 세계적 싱크탱크인 레가텀 연구소(Legatum Institute)도 매년 발표하는 국가별 번영지수(Prosperity Index)에서 평가 대상 세계 167개국 중 우리를 올해의 종합 순위는 물론 이미 10년 전부터 상위 10~12퍼센트 안에 넣고 있다. 특히 교육 수준과 삶의 가장 기본 요건인 보건 의료 수준에서는 세계 최상위 3위에까지 올라 있다.[12]

그 같은 사회가 어떻게 그렇게 날카롭기 그지없는 갈등 사회일까? 끝없이 치솟고 있는 분노며 울분 사회일까?[13] 편의상 갈등을 분노며 울분의 하위 차원 또는 종속 변수라 한다면, 오직 '분노' 하나만으로 우리 사회의 현재며 현실을 설명할 수 있다. 이를 설명하기 위해 레가텀 연구소의 또 하나, 우리에 관한 다른 중요한 자료를 소개할 필요가 있다. 그것은 우리의 '교육 수준'과 대비되는 우리의 '사회 수준'에 관한 보고서다.

개인에게 인격 수준이 있다면 국가에는 통상 국격(國格)이라고 말하는 국가 수준이 있고, 그와 구분해서 사람들이 일상(日常)으로 살아가는 삶의 현장, 이른바 '사회'라고 말하는 그 현장에는 현장 나름의 수준이 있다. 통칭 '사회 수준'이라 한다. 이 사회 수준은 그 사회 '사회 자본'의 크기를 말한다. 전통 사회와 달리 현대 사회는 그 사회의 그 '어떤 특성'이 토지 노동과 마찬가지로 생산의 주요 요소가 된다. 그래서 '사회 자본'이라는 말이 생겨난다. 사회 자본은 '사회적 신뢰'의 다

---

11 세계은행, 「2024 세계개발 보고서」, 2024년 8월. 이 보고서에 의하면 중진국 함정을 벗어나기 위한 핵심적 조건으로 제시하고 있는 투자율과 혁신 지표(특허 출원 수, 연구 개발 지출 등)는 이미 세계 최고 수준이다.

12 Legatum Institute, 2024년.

13 최근 보건사회연구원 조사에 의하면 우리국민의 36.5퍼센트가 울분에 차 있다고 했다.

른 표현이기도 하다. 얼마나 '신뢰 사회냐'이다. 그에 따라 사회 자본의 크기도 달라진다는 것이다. 그런 사회 자본은 1) 국가기구 및 국가제도에 대한 국민들의 신뢰 수준이며, 2) 그 사회 사회적 규범에 대한 그 사회에 살고 있는 사람들의 신뢰 정도이며, 3) 타인과의 관계며 갖가지 다른 사회 연결망이며 언론 등 소통 기구에 대한 관계자 이용자들의 신뢰 강도이며, 4) 그리고 그 사회 공동체에 대한 믿음의 수준이며 정도. 이 사회 자본이 클수록 사업을 하든 생활을 하든 돈, 비용이 적게 들어간다. 바로 수준 높은 사회다.

레가텀 연구소에 의하면 이 '사회 수준'이 우리나라는 세계적으로 하위 수준인 107위다. 10년 전보다 12단계나 추락했다. 가히 해마다 떨어진다 할 수 있다. 무침하게도 동아시아·대평양 18개국 중에서도 최하위인 15위다.[14] 흔히 드는 예시지만 우리의 고소·고발·무고 건수가 인구 비례로 일본의 125배다. 사회적 비용이 일본의 125배라는 소리다. 그토록 우리는 사회 비용이 많이 소요되고 그만큼 우리의 사회 수준은 낮다는 것이다.

교육 수준은 세계 최고인데 사회 수준은 왜 세계 최하위인가? 캄보디아보다도 낮고 라오스보다도 어째서 낮을 수 있는가? 높은 교육 수준과 낮은 사회 수준, 어떻게 그런 역설이 있을 수 있는가? 교육 수준이 높으면 사회 수준도 높아야 일반적이지 않은가. 더구나 우리는 500년을 유교 국가로 지탱해 왔고, 유교 교육을 받았든 못 받았든 '유교적 삶'을 500년이나 살아오지 않았는가. 그 유교적 삶의 제1 원칙이며 기본은 경제도 안보(安保)도 아니고 사회(社會)—사회적 신의다. 『논어』「안연(顏淵)」편에서 제자 자공(子貢)이 나라 다스림에 대해 묻자,

---

14 Legatum Institute, 2024년.

공자는 경제로 식량과, 국가 안보로 무력과 아울러 사회적 신의를 근간(根幹)이라고 말한다. 그중에서도 가장 중요한 것은 경제도 안보도 아니고 민신(民信)이라 했다. 그 유명한 말이 "민무신불립(民無信不立)"이다. 사람들이 서로 믿지 않으면, 경제도 안보도 그 이전에 국가 자체가 존립할 수 없다는 것이다.[15] 그런 교육이며 그런 삶을 500년이나 받으며 살아왔다. 그런데 왜 지금 우리는 정반대가 되어 있는가?

2. 역사의 트라우마(trauma)

우리의 경제 수준, 국가적 대성취와는 정반대로 너무나 낮은 우리의 '사회 수준'—그 터무니없이 적은 우리의 '사회 자본'은 도대체 그 시작이 어디서부터일까? 애초 무엇이 그렇게 만들어 냈고, 그것은 어째서 지금까지도 우리를 그렇게 강하게 포박하고 있는가? 그것은 가장 '간단히' 가장 '명료하게' 단언해서 우리가 '징비'를 하지 못해서이다. 그 징비의 의미 징비의 핵심은 다음에서 보기로 하고, 지금 우리를 그렇게 만들고 있는 것은 더 이를 여지 없이 우리들 간의 치열하고도 끝이 보이지 않는 싸움, 가히 '극렬 사회(極烈社會)'라고도 단언할 수 있을 만큼 세차고도 질긴 우리들 간의 '갈등' 때문이라 단언할 수밖에 없다. 그렇다면 그 갈등은 어디서 왔는가? 우리들 모두의 내부에 쌓이고 쌓인, 치솟고 치솟는 분노며 울분에서 왔다고 역시 말할 수밖에 없다.

---

15 『논어』「안연」편의 유명한 국가 존립 3기본으로 족식(足食), 족병(足兵), 민신(民信)이다.

1) 분노의 연유

왜 우리 사회는 그렇게 '분노 사회'일까? 우리 사회 분노의 특성, 다른 말로 우리 사회만의 분노의 특유성은 무엇일까? 분노는 인간의 본성이다. 분노하지 않는 인간은 없다. 왜 인간은 분노하는가? 그것은 선천적이며 생물학적이다. 그렇다면 분노는 생래적(生來的)인 것이다. 모든 인간이 생래적으로 분노한다면, 다른 사회의 그 분노와 구분되는 우리 사회만이 갖는 분노의 특성은 무엇이며 그 이유는 무엇인가?

가. 가난

우리 사회 분노는 어디서 왔을까? 세 가지를 생각할 수 있다.

첫째로 가난이다. 그것은 너무한 지나친 가난이다. 지금 우리는 가난하지 않다. 세계 많은 나라들 중 적어도 우리는 현재 상위권 부국(富國)에 속한다. 그러나 50년 전을 기억하는 사람이 있다면, 그때 우리는 세계 최빈국, 보릿고개를 넘기기 어려운 나라였다. 그렇다면 역사를 거슬러 조선시대는 어떠했는가? 라이샤워와 페어뱅크가 쓴 『*East Asia*』에서 한·중·일 동양 3국 중 최빈국이 조선이었고, 조선 백성들의 "노동 시간 95퍼센트는 먹는 것 구하는 데 보내야 했다"고 쓰고 있다. 노동의 95퍼센트를 쏟고도 먹을 것을 구할 수 있다면 다행이고, 그나마 보릿고개를 맞으면 굶어 죽는 사람이 헤아릴 수 없이 많았다면, 왜 우리 역사학자들은 그런 기록을 찾아내지 못했을까?[16]

1950년대, 아프리카의 어느 나라보다도 가난했던 그때, 한국의 병리(病理)를 설명하는 그 어떤 글도 "가난이 모든 것을 설명한다"(이양하 李敭河)는 글보다 더 설득력 있는 가슴 떨리게 한 글은 없었다. 1950년

---

16 라이샤워·페어뱅크, 『동아시아사』.

대, '60년대도 그렇게 가난했다면 우리는 조선조 이래 500년 내내 먹을 것 찾아 하루 종일 헤맨 민족이다. 그래서 생긴 조선시대 대표적 병이 '화(火)병'이고 가장 많이 쓴 말, 가슴속 가장 깊은 곳에서 솟아나온 말이 '한(恨)'이고 '원(怨)'이고 '원한(怨恨)'이고 '원망(怨望)'이고 '원통(冤痛)'이었다.

굶는 것보다 더 원통(冤痛)한 것은 없다. 굶는 것보다 더 절통하고 억울해서 사람을 돌게 하는 것은 없다. 자식이 굶는 것, 굶어서 죽는 것, 그보다 더 부모를 미치게 하는 것, 분통(憤痛) 터지게 하는 것, 뼈에 사무치도록 가슴 쓰리게 하는 것은 없다. 흔히들 조선 선비들의 문화를 안빈낙도(安貧樂道)라 했다. 그런 선비는 조선 어디에도 없었다. 위선(偽善)의 극치였다. 최고의 르상티망(ressentiment)은 화병이다. 화병은 생물학적인 동시에 사회학적인 것이다. 억울하고 원통한 것을 마음으로 삭일 수 없어 간(肝)의 생리 기능에 장애가 오는 병이다. 가슴이 답답하고 머리가 아프고 옆구리가 아려서 잠을 이루지 못하는 병이다. 상상해 보라. 얼마나 생체적(生體的)인 것이고, 얼마나 사회적인 것이냐. 니체가 말하는 '더 악한 분노' 르상티망은 조선 백성들의 그것에 비하면 한갓 분노, 오직 일상의 분노에 지나지 않는다.

그 가난이 지금 우리에게 해결된 것은 불과 50년이다. 지금 젊은이들에게 50년 전의 보릿고개를 말하면 아무도 상상하지 못한다. 그럴 정도로 우리는 그 지긋지긋했던 '굶주리던 가난'을 해결했다. 가난이 해결되었다면 화도 나지 않아야 하고 화병도 없어져야 한다. 분노도 그만큼 끓지 않아야 하고, 언감생심 르상티망은 남의 나라 이야기가 되어야 한다. 그런데 왜 그렇지 못한가? 현실은 조선시대와 별로 다를 것 없이 화병을 내내 앓고 있지 않는가. 이유는 단순하다. 굶주림의 육체적 고통이 사라졌다 해서 그 굶주림으로 심화(心化)된 정신적 고통이 함께 사라진 것이 아니기 때문이다.

사회심리학에서 잘 쓰는 '인터널리제이션(internalization)'이 바로 그것이다. 우리말로 내면화(內面化) 혹은 내재화(內在化)라고 하는 이 '인터널리제이션'은 내 몸속에서 '뼈가 되고 살이 된 상태'를 말한다. 바로 화병, 오래전 선대(先代)로부터 이어받은 이 살인적 고통, 원(怨)이며 한(恨)이며 원통(寃痛)이 대대로 내면화·내재화되어서 지금 나에게도 여전히 뼈가 되고 살이 되어 있는 것이다. 흔히 말하는 기시감(旣視感), 데자뷔도 이의 한 모습이다. 전혀 경험하지 못한 일임에도 그 경험이 전혀 낯설게 느껴지지 않는 것, 처음 보는 것인데도 이미 여러 번 본 것으로 생각되는 것, 그것이 데자뷔다. 뇌에 저장된 기억의 자취들, 그중에서도 지울 수 없이 짙고 짙은 자취들이 DNA가 되어, 태어날 때 부모로부터 받아 나오는 것이다. 그것이 지금 우리의 원(怨)이고 한(恨)이고 원통(寃痛)이고, 그리고 화병, 르상티망이다. 이 모든 것은 다 선대 데자뷔이며, 역사적 고통의 마음속 깊은 상처—트라우마다.

나. 신분

둘째로 너무 차별이 심했다. 조선조는 세계 어느 나라 역사에서도 찾아보기 어려운 경직되고 폐쇄된 신분 사회(身分社會)였다. 신분의 경직성, 폐쇄성은 인도, 중국, 일본도 다 같이 강했지만, 우리와는 전혀 다른 세계였다. 인도는 불가촉민(不可觸民, untouchables)이라는 신분 이동이 전혀 안 되는 최하층이 있었지만, 그들만의 고유 세계가 있어서 상류층에 대한 불타는 분노도 그만큼 수위가 낮았다. 중국도 일본도 층간 이동이 미약했지만, 층간 고유 경제 영역과 생활 영역이 있어 층간 적개심이나 분노도 그만큼 적었다.

그러나 우리는 양반, 중인, 상민, 천민의 구분이 너무 심하고 경직되고 '비인간적'이었다. 특히 전 인구의 30~40퍼센트였을 것으로 추산되는 천민층(일반적으로 칠천七賤)의 '비인간화'는 조선조가 끝나도록 계속되었다. 서구 역사학자들이 보는 조선사(朝鮮史)는 근세가 없는, 일제 식민지가 되도록 오직 중세사(中世史)의 지속이었다. 그 논거는 20세기 넘어와서까지도 존속했다는 노비를 든다. 조선은 그토록 오래 지속된, 그리고 지나치게 차별화된 신분 사회였다. 차별화된 만큼 하층에 대한 착취 또한 일반화되었다. 어느 사회 없이 상층은 하층을 착취한다. 조선도 예외일 수는 없었지만, 특히 조선의 경우 하층은 너무 착취당했다. 따라서 조선에서 착취는 바로 '빈자의 착취'였다.

조선 하층의 이중의 고(苦)가 거기에 있었다. 신분적 차별과 경제적 착취. 기묘한 것은 신분이 낮을수록 더 착취당했고 가난할수록 착취당했다는 것이다. 다산 정약용이 경기·충청 지역 암행어사로 나가 백성의 삶을 목격한 뒤 남긴 글귀가 이를 잘 말해 준다. "대도불거민진류(大盜不去民盡劉)", 큰 도적이 없어지지 않는 한 살아남을 백성은 없다는 것이다. 큰 도적이 누구냐? 다산이 말하는 큰 도적은 '백성을 밭고랑으로 삼고 있는 사람들(民以爲田)', 넓은 땅을 차지한 양반들이며 관리, 그리고 조정 대신들이며 더 높게는 임금이라는 시사(示唆)다.

다. 폭압

셋째로 너무 권력이 횡포했다. 권력의 횡포, 권력의 포악스러움은 오늘날 북한을 보면 잘 알 수 있다. 조선조의 그것과 한 치의 차이도 없다. 조선조는 권력 실세가 바뀌면 으레 이전 실세(以前實勢) 사람들을

'적폐'로 몰아 죽이거나 귀양을 보냈다. 그리고 그들까지 진영을 구축해서 한동안 세(勢)를 누리다가 기필코 내분이 나서, 아니면 다른 파에 몰려서 쫓겨난다. 그리고 적폐가 되고, 죽고, 유배되고, 그 쉴 새 없는 순환이 조선조 권력 정치사다.

그러나 그것은 그들끼리의 횡포며 포악이며 삶이며 죽음이다. 일반 백성하고는 무관한 그들끼리의 패권 싸움이다. 그 패권 싸움이 일반 백성에게 불똥이 튀는 경우도 있었지만, 그와는 전혀 다른 차원에서 백성에게 가해지는 일상화된 권력 횡포가 있었다. 그것이 곧 '관가(官家)의 공포'다. 임금의 궁중과 달리 지방 관원의 관가는 백성들의 일상에 바로 다가가 있고, 백성들의 몸에 바로 닿아 있다. 그들의 명령은 임금의 명령보나 너 무섭고, 그들의 호동은 정승 판서의 그것보다 더 전율적이다. 백성은 부역을 해야 하고 공물을 바쳐야 한다. 그것은 백성의 일상(日常)이다. 그 일상을 이 관가가 관장하고 있다.

그들은 백성을 다스림의 대상을 넘어 부림의 대상으로 생각했다. 그들에게 백성은 소, 말, 양의 가축이나 다름없었다. 그래서 그들을 가축을 기르는 목민관(牧民官)이라 했다. 채찍으로 가축을 몰듯, 목민관은 백성을 매로 다스린다. 백성들에게 명령과 채찍은 같이 나간다. 형옥(刑獄)이 더욱 가혹한, 일상화된 권력의 횡포며 포학이었다. 그 횡포, 포학은 왕조가 계속되는 한 계속됐다. 어진 임금이 없듯이 어진 사또도 없다. 백성들에게 그들은 언제나 관재(官災)며 횡액(橫厄)이었다.[17] 관재는 관청에서 비롯되는 재앙이다. 관청의 억압이며 착취로 해서 받는

---

17 민간에서 고래로 가장 두려워하는 재앙(災殃)을 관재수(官災數)라 했다. 관재수는 관(官), 관청(官廳)으로부터 입는 재앙으로 관 자체가 재앙이라는 심리적 인식이 있었다. 바로 그것이 조선조 사회에서 관과 민의 관계를 나타내는 대표적 언어의 상징이라 할 수 있다.

불행한 사고다. 횡액은 예기치 못한 액운이다. 액(厄)은 모질고 사나운 운수다. 이 모두 관(官)에서 나온다. 얼마나 횡포하고 포악했으면 관(官)을 재(災)며 재앙(災殃)으로, 횡액이며 액운으로 생각했겠는가.[18]

2) DNA 내재화
가. 벌족(罰族): 숙명 천명

그러나 지금 우리는 완전히 다른 세계에 산다. 가난도 없고, 차별도 없고, 횡포도 없다. 가난한 사람은 복지를 누린다. 세금을 내지 않아도 된다. 의무는 없고 권리만 갖는다. 차별은 '신분'의 소멸로 역사상 어느 나라에서도 찾아볼 수 없는 평등을 누린다. 우리만큼 신분상의 천민(pariah)이 없어지고 족보 상 모두가 양반이 되어 있는 나라는 없다. 권력의 횡포는 상상을 할 수가 없다. 그 누구도 갑질을 견디지 않는다. 힘 있는 윗사람의 갑질이든 힘이 나와 같은 동료의 갑질이든 모두 고소 고발의 대상이다. 그래서 일본 국민 한 사람이 고발할 때 우리는 125명이 한다. 정권이 바뀔 때마다 공정과 투명성이 강조되어 그것도 해마다 조사에서 세계 상위권에 속한다. 이런 우리에게 누가 감히 횡

---

18 관의 폭압을 나타내는 대표적인 시(詩)가 정약용의 「애절양(哀絶陽)」이다. 조선시대 군역세(軍役稅)는 16~60세까지인데, 이제 갓 태어난 사내아이에게 군역세를 매겨 내지 않는다고 관에서 달려와 마굿간에 매어 놓은 소를 끌고 나가자, 남자는 이것 때문이라고 자기 성기를 자르고 아내는 그 성기를 들고 관가로 달려간다. 그 장면을 목격한 시가 유명한 「애절양」이다.

夫征不復尙可有, 自古未聞男絶陽. 부정불부상가유 자고미문남절양
薄言往愬虎守閽, 里正咆哮牛去皁. 박언왕소호수혼 이정포효우거조

싸움에 나간 남편이 못 돌아오는 수는 있어도
남자가 생식기 자른 건 들어 본 일이 없다네
가서 아무리 호소해도 관청 문지기는 호랑이
마을 관원은 으르렁대며 마굿간 소를 몰고 갔다네.

포할 것인가. 하는 즉시 날선 도마 위에 오르는, 그 '횡액'을 누가 모르느냐.

그런데 왜 화병이며 르상티망이냐? 왜 분노 사회며 울분·울혈 사회라고 하느냐? 심지어는 얼마 전까지만 해도 '헬(Hell) 조선'이라고까지 희극인지 비극인지 극화(劇化)해 말하지 않았는가. 학자, 지식인들은 이 모든 절규들을 '정의, 공정, 공평'을 잣대로 당연지사로 해석하고, 포퓰리즘의 정치인들은 반대편 공격용으로 또 정의 공정 공평을 내세워 분노를 부추기지 않는가. 그러나 그 어느 사회도 사회적 분노를 장기적으로는 고사하고 일시적으로나마 잠재울 만큼 정의로운 사회도 없고, 전체는 차치하고 일부 사람들에게까지 만족할 만큼 공정하고 공평한 사회도 없다. OECD 국가들 중에서 그 모든 잣대는 말할 것도 없고 심지어는 행복지수까지도 우리가 꼴찌에 속한다고 규탄한다. 도대체 OECD 국가가 몇 나라나 되느냐? 세계 200여 개 나라 중에서 겨우 30여 개국에 불과하고, 우리가 거기서 꼬리에 들어간다 해도 그 많은 나라들을 다 갖다 놓고 보면 우리는 그래도 상위에 속하는 나라다.

그럼에도 우리가 그런 분노, 그런 울혈 울분, 그런 르상티망 사회라고 하는 것은 앞서 '지나친 가난'의 진단에서처럼, '지나친 계급 차별', '지나친 권력 횡포'의 오랜 역사적 누적이 선대의 DNA로 내면화 내재화돼서 우리의 체내 우리의 마음속에 늘 꿈틀거리고 있기 때문이다. 우리는 육체적으로 정신적으로 선대의 그 축적된 경험, 그 DNA의 포박에서 해방되지 못하고 있다. 오늘날 우리의 울분 울혈, 우리의 화병 그 르상티망은 '선대의 데자뷔'다. 그것은 앞으로도 오랜 기간 작동할 것이고, 그렇다면 그것은 우리의 숙명일지도 모르고, 그보다도 더 피하기 어려운 천명(天命)일지도 모른다. 바로 우리가 당하며 견디며 살아온 역사이기 때문이다.

김남조(金南祚) 시인의 시 「목숨」(1953)의 끝 구절이 꼭 그와 같다.

반만년 유구한 세월에
가슴 틀어박고 매아미처럼 목태우다 태우다 끝내 헛되이
숨져간 이건 그 모두 하늘이 낸 선천(先天)의 벌족(罰族)이더라도

돌멩이처럼 어느 산야에고 굴러 그래도 죽지만 않는
그러한 목숨이 갖고 싶었습니다.

그처럼 지금 우리는 그런 선대 역사, 그런 DNA를 숙명처럼 물려받아, 그래서 우리가 태어나기도 훨씬 전부터 지금 우리의 의지에 관계없이 그런 분노, 그런 울분 울혈이 우리 체내 우리 DNA에 깊이 간직되어 마치 꼭 하늘로부터 벌 받고 있는 민족처럼 벌 받고 있는지도 모른다.

나. 좌파(左派): 변형 트라우마
분노 사회, 르상티망 사회의 이면에는 '좌파(左派)'라는 것이 있다. 이 좌파는 서구의 레프트 윙(Left Wing)과도 성격이며 진로를 완전히 달리하는 우리 특유의 좌파다. 보통 좌파라고 하면 진보이고, 우파라고 하면 보수다. 그런데 우리 좌파와 우파의 정책을 비교하면 대동소이, 오십보백보다. 좌파가 더 보수적인 것도 있고 우파가 더 진보적인 것도 있다. 정책으로써는 좌·우파를 확연히 구분하기 어렵다. 여론 조사에서 혹은 신문 지면에서 좌·우·중도로 나눠 구분하지만, 그것은 '어디에

속하느냐' 물어서 정한 '주관식' 조사다. 그 어디에도 객관적 잣대를 대서 각각의 차이를 구분하기는 어렵다.

그럼에도 우리의 경우 우파와 확연히 차별되는, 물론 다른 나라의 좌파와도 완전히 구분되는 우리 특유의 좌파가 있다. 그 좌파의 특유성은 '성취(成就)에 대한 부정'이다. 물론 다른 나라 좌파도 성취에 대한 부정성이 있다. 하지만 대개는 반반(半半)이다. 부정도 있지만 그에 못잖게 긍정도 있다. 그러나 우리 좌파는 오로지 '성취 부정성', 그것도 자기 파가 아닌 다른 파가 이룬 성취에 대한 전면적 부정성이다. 그 전형이 '대한민국 대성취'의 부정이다. 분명히 대한민국은 대성취한 나라다. 우파들이 반공(反共) 구호 이상으로 내세우는, '산업화도 성공하고 민주화도 성공한, 신생국 유일의 나라'가 '대성취 대한민국'이다.

그러나 좌파는 결코 받아들이지 않는다. 처음부터 대한민국은 '태어나지 말았어야 할 나라'라고 부정한다. '부정부패 기회주의가 득세한 나라'로 폄하한다. 물론 대한민국의 대성취를 가져온 이승만, 박정희도 인정하지 않는다. 오로지 독재자로만 낙인(烙印)한다. 대한민국의 대성취는 세계적으로 공인된 것이고 물론 우리 국민의 절대다수도 그렇게 생각한다. 절대다수의 국민은 우리 역사상 처음으로 '나라다운 나라', '다른 나라와 대등한 위치에서 경쟁할 수 있는 나라', '얼마든지 자긍심을 가질 수 있는 나라'로 생각한다.

그런데 왜 유독 좌파만이 그것을 부정할까? 역사적 무지인가 아니면 고의적 부정인가? 역사적 무지여서 8·15 대한민국 건국은 부인하고 9·9절 이북 정권 수립일은 인정하려 하는가? 고의적 부정으로 역사상 미증유의 대성취를 거부하려 한다면 그 심리의 저변에는 무엇이 자리 잡고 있는가? 이 역시 분노, 울혈, 화병, 르상티망에서 보듯 선대의 DNA에서 물려받은 선대 경험의 데자뷔에서 찾아볼 수밖에 없다.

오늘날 북한은 조선조의 완전 복사판이다. 세습이 그러하고, 가난, 굶주림, 차별, 권력의 포악성, 그리고 개방에 대한 혐오와 정치적 사회적 폐쇄성, 그 어느 것 하나 복사되지 않은 것이 없다. 그렇다면 좌파의 친북성은 이북의 이 조선조 복사판에서 온 것이 아닌가. 선대(先代)의 그 위 더 먼 선대로부터 오랜 세월 자리 잡고 살았던 그 조선적 삶의 DNA가 자동적으로 그에게 물려져 스스로 그 선대의 데자뷔가 되어 버린 것, 그것이 바로 지금 우리의 좌파이고, 좌파의 대한민국 대성취 부정이다. 선대의 어느 DNA에도 대한민국 같은 나라는 없고, 더구나 그 대한민국의 대성취는 꿈에도 생각할 수가 없다.

꿈이든 현실이든 선대가 생각할 수 있는 것은 조선조 복사판인 오늘의 북한이다. 그런 선대의 DNA를 가감 없이 물려받아서 그런 선대로부터 아무리 몸부림쳐도 벗어날 수 없는 것이 오늘 이 땅의 좌파이고, 그래서 조선조 그 복사판으로 몸과 마음이 당기는 친북성이라는 멍에를 안고 한계인(限界人)으로 떠돌 수밖에 없는 것이 또한 이 땅의 좌파다. 가장 희극적이면서 가장 비극적인 선대의 데자뷔인 오늘의 좌파는 그래서 우리의 역사적 숙명인지도 모른다.

V. 징비 본질

징비의 본질은 간단하고 명료하다. 세 가지로 요약할 수 있다.

그 첫째는 '과거는 과거로 돌려보내라'이다. 서구 속담에 자주자주 오르내리는 말이 'Let bygones be bygones'다. '과거사는 물에 흘려보내라', '과거는 잊어버려라'이다. 과거 행동이 잘못돼서 법에 어긋났

으면 법의 심판을 받으면 된다. 그것은 법의 소관이다. 도덕적으로 잘
못돼서 지탄(指彈)을 받으면 글자 그대로 '손가락질'로 끝내야 한다. 일
제시대 친일이다 반일이다로 여전히 소란하다. 하지만 친일 해서 남에
게 피해를 주었다면 이미 그 죗값을 치렀을 것이고, 반일 해서 곤궁에
처했었다면 이미 그 보상은 모두 받았을 것이다. 지금까지 죗값을 치
르지도 않고 보상도 받지 않은 경우는 드물다. 예외가 아직도 있다면
그야말로 예외다. 예외를 가지고 밤낮으로 시시비비할 것은 못 된다.

둘째로 '시대의 흐름은 알아야 한다'이다. 모든 시대는 그 시대 나름
의 흐름이 있다. 시간도 물처럼 흘러간다. 그 흐름에는 반드시 방향이
있고 그리고 반드시 실려 가는 것이 있다. 실려 가는 것만큼 또한 실려
오는 것이 있다. 그것은 눈으로 보이는 것도 있지만 대개는 감지(感知)
된다. 영어로는 trend라고 하고, 우리가 흔히 쓰는 말로는 추세(趨勢)라
고 한다. 어떤 현상이 일정한 방향으로 힘차게 나아가는 것이다. 그 트
렌드 그 추세는 가르쳐서 아는 것도 설명해서 되는 것도 아니다. 직관
(直觀)으로 알고 직감(直感)으로 터득하는 것이다. 그렇다면 선택된 사람
만이 시대의 흐름을 아는 것이다.

셋째로 '어느 하나를 고집(固執)함이 없어야 한다'이다. 자신만의 생
각이나 의견을 확고히 내세워 굽히지 않는 것, 얼핏 보면 주견이 뚜렷
하고 주관이 확실한 것 같지만, 대개는 고집불통에 지나지 않는다. 세
상의 특징은 다양(多樣)이다. 사람마다 모습도 다 다르고 생각도 다 다
르다. 나와 같은 사람은 없다. 행동은 더 갖가지다. 살아가면서, 소견
이 늘어 가면서, 보는 것이 많아지면서 제일 먼저 제일 귀중하게 생각
되는 것이 사람들은 모두 다르고 그리고 그 다른 것이 '좋은 것'이라는
깨달음이다. 그 깨달음이 없으면 다른 것은 틀린 것이고 틀린 것은 나

쁜 것이라는 '고집'에 이른다. 고집의 병통은 과거사며 과거 생각에 매달리는 것이고, 세상의 흐름을 잘못 보고 엉뚱하게 판단하고 주장하는 것이다.

징비의 본질은 단순하다. 징비의 징(懲)은 과거에 매달리지 않는 것이고, 나만의 고집에 집착되지 않는 것이다. 징비의 비(毖)는 그렇게 해서 나아가는 추세를 보는 것이다. 물이 어디로 흘러가는지, 대세가 어디로 기울고 무엇을 품고 싣고 가는지 감지하고 깨닫는 것이다. 징비는 그처럼 단순화(單純化, simplify)의 길이고 단순화만큼 우리를 헷갈리지 않게 하는 것이다. 그것이 징비의 본질이다.

제6장

중용, 만남과 결실

― 위대한 만남 그리고 대한민국

I. '만남'이란 무엇인가

우리가 사는 사회(社會)는 사람들 간의 '만남'의 구조(構造)다. 구조는 반복되고 있는 행위의 틀(framework)이다. 다른 말로 행위 모형(模型) 혹은 행위 유형(類型, behavior pattern)이라고도 한다. 사람들은 어제 한 행동을 오늘도 하고 내일도 한다. 그렇게 같은 행동을 끊임없이 반복함으로써 하나의 유형이 만들어지고 틀이 짜인다. 이 유형, 이 틀을 우리는 구조라 말한다. 사회란 어제 만난 사람을 오늘도 만나고 내일도 만나고 그리고 이런저런 일을 해 가는 그 '만남'이 끊임없이 반복되는 행위 구조다.

이 '만남'은 사람들이 더불어 함께 살고 함께 일함으로써 자연스레 이루어지지만 어떻게 만나느냐, 왜 만나느냐에 따라 만남의 이유가 있고 만남의 철학이 있다. 만남의 이유는 만나는 사람마다 다르지만 공통된 것은 만나서 함께 일하는 것이 혼자서 일하는 것보다 낫다는 데 있다. 한마디로 '함께'가 '혼자서'보다 목적 달성에 훨씬 효과적이라는 것이다. 이러한 목적 달성의 목적은 만남에 따라 단순 친목일 수도 있고, 한판 큰일을 벌이는 사업일 수도 있다. 사업도 개인적인 사적 사업, 넓게는 공적 사업, 더 크게는 국가사업이 있다. 어느 것이든 거기에는 그에 합당한 이유와 그 이유에서 절로 생겨나는 철학[01]이 있다.

II. 어떤 철학이 있는가

사람은 '철학'을 가지고 만나는 것은 아니지만, 지나고 나면 거기에는 자기도 몰랐던 철학이 있다. 그 어떤 사소한 만남도 돌이켜서 생각해 보면 결코 심상(尋常)하지 않은 상념(想念)이 있다. 상념은 마음속 깊은 데서 일어나는 생각이다. 그 깊은 곳에다 내 마음을 붙들어 매듯 매어서 생각하게 하는 생각이다. 나를 곰곰이 되풀이 되풀이해서 생각하게 하고 혹은 깊이깊이 침잠해서 생각하게 하는, 그런 속 깊은 생각이며 생각의 과정을 상념이라 한다. 이를 유식하게 '철학적 사유'라고까지는 말할 수 없어도 철학자처럼 생각해 볼 수는 있는 것이다.

'철학자'처럼 그렇게 생각해 보는 만남, 거리의 철학자든 강단의 철학자든 철학자의 '상념'으로 상념하는 인간들의 그 만남은 도대체 어떤 의미를 지니는 만남일까? 매일같이 누구에게나 일어나기 마련인 만남이기 때문에 쉽게 잊히거나 그냥 지나쳐 버릴 '우연'한 만남일 수도 있고, 정반대로 한 인생의 진로를, 심지어는 한 나라의 역사를 통째로 바꿔 놓을 수도 있는 그런 엄청난 '운명적'인 만남일 수도 있다. 어느 것이든 그런 '만남'의 과정이며 결과, 더 나아가서는 그 만남의 본질이며 원리를 캐 보는 '만남의 철학'을 먼저 궁구해 볼 필요가 있다.

---

01   여기서 철학은 '삶의 원리와 본질'에 관한 깊은 사유보다는 일반적으로 혹은 통상적으로 갖는 어떤 인생관이나 가치관이다. 물론 거기에는 내 나름의 깊은 상념이 없을 수 없다.

이 '만남'의 진수(眞髓)를 동서양으로 나눠서 보면, 서양은 이원론(二元論), 동양은 시대론(時代論)으로 가를 수 있다.

1. 이원론(二元論)

토마스 만의 『마의 산』에서는 정신은 원천적으로 '이원적(二元的)'이라 단언한다.[02] 물론 이는 토마스 만 이전부터 서구에서 오랫동안 주창되어 온 서구적 사고며 정신이다. 이 토마스 만의 주장처럼 서구 정신은 처음부터 이원론적(二元論的)이고, 그 전형(典型)은 반대명제다. 명제가 있으면 반드시 반대명제가 있다. 정론(正論)이 있으면 반론(反論)이 있다. 철학적 논쟁, 정신적 싸움은 이 명제와 반명제, 정론과 반론의 싸움이다. 그 치열한 논쟁 뒤 어떤 결론에 이른다. 그것이 합(合)이다. 이른바 변증법적 과정의 정-반-합(正反合)이다. 여기서 요점은 '합'이다. 그것은 곧 화룡점정(畵龍點睛)이다.

정-반-합의 합은 사회적으로는 '만남'이다. 그 만남은 뜻이 다른 두 사람의 만남일 수도 있고, 처음부터 반(反)이 없이 뜻이 같은 두 사람의 만남일 수도 있다. 그러나 생각과 사상과 의견을 가진 사람인 한 의견의 상충성, 사상 사고의 상반성은 크든 작든 있게 마련이다. 처음부터 완전 합(合)에 이르는 완전한 만남, 이른바 '완전 결합(perfect combination)'은 없다. 크든 작든 정-반-합의 변증법적 과정은 거치게 돼 있다. 이는 공적으로 국가와의 만남, 시대와의 만남도 다를 바 없다.

특히 개인들의 만남과 달리 국가며 시대와의 만남에서 반(反) 다음의 합(合)은 개인의 역량에 따라 수동적 합(合)이 될 수도 있고, 능동

---

02 토마스 만, 홍성광 역, 『마의 산』(을유문화사, 2022), 제4장.

적 합(合)이 될 수도 있다. 어느 것이든 '만남'이라는 점에서는 차이가 없다. 더구나 사회적으로 정-반-합을 통한 이 '만남'은 시너지 효과(synergistic effect)[03]를 가져온다는 데서 보통 만남과 다른 기능 극대화의 만남이 될 수 있다. 그것은 경우에 따라 혹은 시대적 상황이며 국가적 대사(大事)에 따라 얼마든지 '위대한 만남'이 될 수도 있다는 데서 그 만남의 의미는 차원을 달리한다.

심지어 역사에서 한 시대사로 획을 그을 수도 있다는 점에서 그 만남의 의의는 그야말로 역사적이 될 수도 있다. 정론과 반론, 명제와 반명제 간의 깊은 간격을 메우려는 격렬한 토론이며 치열한 논쟁 과정에서 가장 실천적이며 가장 창의적인 합(合)이 만들어져 나오듯이, 개인과의 만남이든 국가 혹은 시대와의 만남이든 이 만남에서 또한 가장 실현 가능한, 가장 창의적이며 가장 성공적인 만남 역시 얼마든지 만들어질 수 있다. 그래서 역사에서 '위대한 만남'이 가끔씩 이뤄지는 것이다.

2. 시대론(時代論)

시대론[04]은 이원론과 판이하게 다른 추론(推論)이다. 이원론은 정신론이고 시대론은 상황론(狀況論)이다. 시대의 모습 시대 상태, 시대의 흐름 시대 추세를 따지는 것이다. 이원론이 추상적이라면 시대론은 구상적이고 사실적(事實的)이다. 시대론적 사고는 이원론처럼 형이상학이

---

03 시너지 효과는 승수 효과(乘數効果)다. 두 주체의 합하기 효과가 아니라 곱하기 효과를 말한다. 그래서 '위대한 만남'이 이루어질 수 있다.

04 『순자(荀子)』「유좌편(宥坐篇)」.

아니라 형이하학이다. 눈으로 보는 것이고 몸으로 체험하고 체득하는 것이다. 정신의 세계는 혼령의 세계여서 실(實)은 없고 허(虛)한 것이라 생각한다. 노자(老子)와 장자(莊子)의 노장학에서 말하는 무위(無爲) 사상도 정신세계의 그런 현묘(玄妙)함을 말하는 것이다.

시대론의 대표는 맹자(孟子)와 동시대인 순자(荀子)라 할 수 있다. 그 『순자』「유좌편(宥坐篇)」에 "우불우자 시야(遇不遇者, 時也)"란 말이 나온다. 좋은 운수를 만나고 못 만나는 것은 때에 달렸다는 말이다. 잘되고 못되고 성공하고 못 하고는 모두 시대가 결정한다는 것이다. 우리가 평소 흔히 쓰는 운수 소관(運數所關)도 같은 의미다. 사람의 힘으로는 어찌할 수가 없다, 진인사대천명(盡人事待天命)이다—이 모두 같은 소리다. 혼신의 힘을 다했다, 되고 안 되고는 오직 하늘에 달렸다. 이때의 하늘이 곧 시대이고 운수다.

핵심은 '만남'이다. 시대와의 만남도 만남이고 좋은 운수와의 만남도 만남이다. 이 만남의 실마리, 그 만남의 서막(序幕)은 먼저 사람의 '만남'이다. 그 만남도 '위대한 만남'의 서막은 먼저 탁월한 능력 소지자들의 만남이고, 그 만남으로써 그들 능력의 발휘를 배가(倍加)시키는 것이다. 그 배가는 두 배가 될 수도 있고 세 배 네 배, 드디어 시너지 효과를 나타내는 만남으로 승화(昇華)하는 것, 거기에 '위대한 만남'이 있다. 시대론에서 '위대한 만남'은 만남의 승화다. 승화는 고체에 열을 가해도 액체가 되지 않고 바로 기체가 되는 것이다. 한 과정의 생략이다.

시대론에서 '위대한 만남'은 오로지 이 '승화'로써만 가능하고, 오직 이 '승화'로써만 설명되는 것이다. 승화는 서구 이원론의 변증법적 정-반-합에서 반(反)을 거치지 않고 정(正)에서 바로 합(合)의 단계로 직진하는 것이다. 어떻게 해서 그 같은 일이 일어날 수 있는가? 보다 직설적으로, 그 같은 '승화'가 어떻게 가능한가? 자연의 세계도 아닌 인간의 세계에서, 더구나 과정을 뛰어넘어 합(合)의 단계까지 이를 수 있는가? 시대론이 바로 이를 설명해 준다. 거기에 운수가 붙고 시대의 명운이 따름으로써이다. '진인사대천명'에서 정-반-합의 정-반은 '진인사'에 속하고, 합은 '대천명'에 비유되는 것이다.

III. '맞수'와는 어떻게 다른가

역사에 맞수는 많다. 그 맞수도 물론 '만남'에서 시작된다. 그런데 이 맞수는 변증법적 정-반-합에서의 합(合)은 아니다. 오직 정(正)과 반(反)일 뿐이고, 합(合)에 이르지 못한 상태에서의 맞섬—대립(對立)이다. 대립은 현실에서 경쟁(competition)으로 이어질 수도 있지만, 역시 대결(confrontation)이 주류이며 대세다. 그것이 합(合)에 이르지 못한 상태 혹은 단계에서의 정과 반의 본래 모습이고 본래 의미다. 여기서 경쟁은 서로의 장기 능력을 겨루는 것이고, 대결은 죽기 살기로 싸우는 것이다. 한쪽이 이겨도 다른 한쪽에서 또 기회를 엿볼 수 있는 것이 경쟁이다.

역사에서 '맞수'는 크게 두 개로 나눠 볼 수 있다. 하나는 승패(勝敗)의 맞수이고 다른 하나는 승승(勝勝)의 맞수다. 전자는 생사(生死)의 갈림길에서 대결하는 것이고 후자는 상생(相生)의 평탄로(平坦路)에서 경쟁하는 것이다. 역사에서는 전자의 대결이 주류이고 후자의 경쟁은 근대 세계에 이르러서다. 역사에서 진보란 전자의 '대결'에서 후자의 '경쟁'으로 전환해 가는 과정이라 할 수 있다. 지면 종언이 아니라 져도 시작일 수 있다는, 그 꺼질 수 없는 희망이 곧 진보라는 것이다.

맞수 1

승패의 대결은 동양에서는 유방(劉邦, 기원전 247~전195)과 항우(項羽, 전 232~전202)의 대결을 들 수 있다. 결과는 중국인은 물론 한국인과 일본 인, 동아시아 사람들은 대개 다 아는, 동양사 최초의 맞수 대결이라 할 수 있다. 건곤일척(乾坤一擲) 전후 7년간의 운명을 건 마지막 승부에서 항우는 해하(垓下)에서 패해 오강(烏江)에서 자살한다. 그리고 유방은 사 실상 중국 역사 최초의 통일된 제국을 건설한다. 이 맞수 대결의 의미 는 무엇일까? 패자 잠재력의 소멸이다. 마지막 순간까지 승자와 승패 를 겨루는 싸움을 벌일 수 있었다면 그 패자의 능력은 승자에 못지않 나. 졌나 해도 오십보백보다. 그럼에도 그 능력이, 그 패기 그 리더십, 심지어는 내일을 만드는 상상력 창의력이 패자이기 때문에 사라지는 것이다.

중국 역사에서 승자는 패자를 용서하지도 용납하지도 않는다. 패자 의 것이면 무엇이든 거부한다. 패자의 인재도 패자의 문물도 자산도 더구나 패자의 미풍도, 패자의 것이면 깡그리 부정한다. 그렇게 해서 패자의 그 엄청남 유산이며 잠재력이 승자에 조금도 기여함이 없이 역 사에서 소멸한다. 그것이 유방 이후 2천 수백 년의 중국 역사의 정체 성을 설명해 주는 것이다. 중국의 문물은 기원전 200년대의 한(漢)이 나 20세기 초까지의 청(淸)이나 오직 초록이고 동색(同色)이다.

서구사에서 아마도 최초의 맞수 승패 대결은 스키피오(Scipio Publius, 전237~전183)와 한니발(Hannibal, 전247~전183)의 대결이라 할 수 있다. 항우와 유방이 승패를 겨루던 때와 거의 같은 시기다. 제2 포에니 (Poeni) 전쟁에서 한니발이 알프스를 넘어가 이탈리아에서 승승장구했을 때 로마는 한니발 공포에 떨었다. 그러나 스키피오가 본국 카르타고(Carthago)를 공격하자 한니발은 본국으로 되돌아와야 했고, 그리고 내분으로 패하면서 한니발은 자살했다. 같은 해 스키피오도 죽었지만, 카르타고는 양자(養子) 스키피오에 의해 끝내 망한다(전129).

로마사에서 다음 맞수 대결은 카이사르(Julius Caesar, 전100~전44)와 폼페이우스를 들 수 있다. 유명한 로마 삼두정치에서 두 사람의 마지막 대결—누구나 폼페이우스의 승리를 점쳤지만 카이사르가 이기고 폼페이우스는 최후를 맞는다. 으레 지면 맞수 승패 대결에서는 죽음이다.

다음은 옥타비아누스(Augustus, 전63~기원후 14)와 안토니우스의 역시 맞수 승패의 대결에서, 안토니우스는 죽고 옥타비아누스는 승리해서 로마 제국의 시작이 된다. 서구라고 맞수 승패 대결이 동양의 그것과 다를 수가 없다. 승자의 그 모든 것이 청동에 새겨질 때, 패자는 명성도 능력도 공적도 '물로 쓰여진 이름처럼' 모두 흘러갈 뿐이다.

맞수 2

승승(勝勝)은 대결이 아니고 경쟁이다. 맞섬이 아니고 겨룸이다. 중국에서는 요·순 시대 이야기지만, 실제로 신라 초기에 시행된 선위(禪位)가 그 본모습이다. 로마에서는 기원후 96년에서 180년까지의 오현제(五賢帝) 시대가 전형이다. 원로원에서 원로 의원들이 가장 유능한 맞수들 중에서 황제를 선별해 추대하기도 하고, 전 황제가 다음 황제를 많은 맞수들 중에서 골라 선위하기도 했다. 이리하여 로마는 네르바(Nerva, 후30~98)로부터 시작해서 트라야누스(Trajanus, 52~117), 하드리아누스(Hadrianus, 76~138), 안토니우스 피우스(Pius, 86~161) 그리고 유명한 마르쿠스 아우렐리우스(Marcus Aurelius, 121~180)까지 오현제 시대가 등장한다.[05] 로마사 상 가장 안정되고 강성하고 번성하고 문호가 활짝 열린 최전성기였다. 맞수들의 대결과 경쟁의 차이였다.

현대에 와서는 영국의 처칠(Winston Churchill, 1874~1965)과 애틀리(Clement R. Attlee, 1883~1967)가 서로 승승(勝勝)했던 맞수의 예이고, 미국에서는 케네디-닉슨, 독일에서는 아데나워 이후의 여러 수상들 그리고 프랑스에서는 드골 이후의 여러 대통령들이 현대적 맞수 승승 경쟁자들의 본을 보였다. 정치 선진국은 모두 맞수 승승의 예를 보이고 탄탄대로나 다름없이 그 길을 변함없이 가고 있다. 근대와 전근대를 구분하는 기준이며 잣대, 지수는 수도 없이 많다. 그중에서도 맞수들이 대결(confrontation)하느냐, 경쟁(competition)하느냐의 차이를 구분하는 것은 핵심 중의 핵심이라 할 수 있다.

IV. 우리 역사에서 만남
― 가장 '위대한 만남'은?

우리 역사에서 '만남'을 이원론으로 보느냐 시대론으로 보느냐, 그리고 그 '만남'에서 피할 수 없이 만들어지는 '맞수'들의 행태―대결과 경쟁을 또 어떻게 우리 역사에서 설명해야 하는가. 이를 고대와 중세, 현대 세 시대로 나눠, 각 시대마다 그 시대를 가장 의미 있게 만들어 주는 '만남'에서 보기로 한다. 결과적으로 이 '만남'들이 있어 오늘날 세계 10대 선진국 안에 드는 '대한민국'이 되었다. 도대체 그 어떤

---

05 기번(Edward Gibbon, 1737~1794)의 『로마제국 쇠망사』와 몸젠(Theodor Mommsen, 1817~1903)의 『로마사(史)』, 오현제편(五賢帝篇).

만남들이 오늘의 대한민국을 만들어 냈는가? 그렇다면 그 '만남'이야 말로 새로운 역사의 장을 열고 만드는 가장 '위대한 만남'이라 명명할 수 있다. 이를 시대별로 분리해 보기로 한다.

1. 고대: 김춘추와 김유신의 만남

김춘추(金春秋, 604~661)와 김유신(金庾信, 595~673)의 '만남'이 없었다면 오늘날의 '대한민국'이 존재할까? 누구도 '역사'를 단언(斷言)할 수도 없고 단언해서도 안 된다. 여러 사실들을 근거로 미루어 헤아려 볼 수는 있지만 이것이다 저것이다 결론을 내릴 수는 없다. 흔히 말하는 대로 추론(推論)은 할 수 있지만 추단(推斷)은 할 수 없다. 그러나 사회과학자는 역사학자와 달리 기존의 역사적 사실들을 분석해서 지나온 과정을 가능한 한 정확히 추적하고 조직화·체계화 작업을 통해 미래를 예측할 수는 있다. 이러한 현실 분석과 함께 미래 예측은 사회과학자들의 주된 과업인 동시에 주요 임무이기도 하다.

우리 역사에서 신라에 의한 삼국 통일이 어떻게 가능했을까? 신라는 삼국 중 가장 작고 인구도 적고 가난하고 약한 나라였다. 다산(茶山) 정약용(丁若鏞)의 삼국론에 보면 백제가 가장 강한 나라였다. 그러나 가장 먼저 망했다고 했다. 고구려는 그 백성이 용감하고 강하고 호한했지만 그 임금을 죽이고 형제가 다투는 내분에 의해 망했다고 했다.[06] 강토도 압록강 이북의 넓은 벌을 버리고 대동강 이남의 소잡한 땅에

---

06 『다산시문집(茶山詩文集)』 권12, 「百濟論」, "백제어삼국최강 이기망최선(百濟於三國最强, 而其亡最先)"; 「高句麗論」, "기백성지호한 이기망 이살군 형제지내분(其百姓之豪悍, 而其亡, 以殺君, 兄弟之內紛)."

웅크리고만 있었다 했다.

우리 역사학계의 신라 삼국 통일에 대한 연구는 지극히 간략하고 형식적으로만 기술되어 있다. 오직 대당(對唐) 외교의 성공과 그 성공에 의한 당군(唐軍) 지원으로써 통일되었다는 것이 전부다. 문제는 백제·고구려도 다 함께 당에 조공하면서 대당 외교전을 치열히 벌였음에도 왜 당은 가장 멀리 떨어진 신라 편을 들었을까? 백제도 14번 이상 당에 사신을 보내는 외교적 노력을 그치지 않았고, 고구려도 안시성 전투 이후 바로 사신을 보내고 전과 다름없이 조공을 했다. 역사학계에 대한 의구심은 그만이 아니다. 우리 역사에서 삼국 통일이 갖는 의의를 왜 그렇게 소홀히 보고 대단찮은 것으로 취급하고 있을까 하는 것이다.

지금 우리는 그때 그 통일로부터 비로소 시작된 우리라는 것을 생각하면, 그때 그 통일은 아무리 강조해도 결코 지나치다 할 수 없다. 그 통일로부터 삼국이 아닌 하나의 민족, 지금 우리 한민족으로서의 역사가 만들어지고, 지금의 한반도 내(內)로 강토가 정해지고, 한민족 특유의 오늘날까지 그대로 전승되는 문화가 만들어졌다. 오늘날 대한민국의 정체성과 고유성은 이 통일로부터 시작되는 것이다. 그 이전 700년 동안의 나뉨은 단순히 국가의 나뉨만이 아니라 한민족의 나뉨이며 생활의 나뉨이며 전통·관습·문화의 나뉨이었다. 통일은 이 모든 것을 하나로 만드는 통일이었다.

이런 통일이 어떻게 가능했을까? 신라의 삼국 통일은 처음엔 한반도 내에서 우리끼리나 다름없는 삼국 간 쟁패에서, 그리고 끝내는 당이라는 외국과의 국제전쟁에서 승리함으로써 이루어진 것이다. 더

구나 당시 세계 최강의 군대와 장수를 거느린 당과, 백제(660)·고구려
(668) 멸망 후 15년 동안(675년까지)이나 끈질기고도 치열한 전쟁을 벌
여야 하지 않았는가. 마지막 매소성(買肖城, 의정부)[07] 전투에서 고구려를
멸망시킨 설인귀(薛仁貴, 613~682)·이근행(李謹行) 등의 20만 대군이 신라
군에 패퇴함으로써 마침내 당은 통치·점령의 실질 기구인 안동도호부
(安東都護府)를 평양으로부터 요동성(遼東城, 요양遼陽)으로 옮겨 가야 했고
(676), 그리고 한반도에 대한 야욕을 버리고 최초의 실질적인 지배권을
신라에 넘겨주었다.[08]

　무엇이 신라로 하여금 그것을 가능케 했을까? 거기에 김춘추·김유
신이라는 두 사람의 '위대한 만남'이 있었기 때문이다. 이 두 사람의
만남을 바로 삼국 통일의 시작이며 끝, 삼국 통일의 통사(通史)라 명할
수 있다. 통사는 한 시기의 역사가 아니고 전 시대의 역사이고, 한 지
역의 역사가 아니라 전 지역의 역사다. 역사의 시간과 공간을 모두 함
께 아우르는 것이다. 국사(國事)의 밖에는 항시 김춘추가 있었고, 국사
의 안에는 항시 김유신이 있었다. 국사의 밖에는 김춘추의 외교가 있
었고, 국사의 안에는 김유신의 군무(軍務)가 있었다.

　김춘추는 외교의 달인(達人)이고 외교의 귀재(鬼才)였다.[09] 외교에서 달
인은 그 나라 문물, 그 나라 사정을 그 나라 사람 이상으로 숙지하고
그 나라 인재들과 널리 교류하는 것이다. 외교에서 귀재는 외교 당사
자들 위로 군주며 아래로 대신들, 그들의 마음, 그들의 의도, 뜻하는
바와 도모하는 바를 속 깊이 꿰뚫는 것이다. 그러면서 내 충심(衷心)에

07　매소성을 이기백, 『韓國史新論』(일조각, 1996), 102쪽에서는 지금의 의정부로 보고 있다.

08　金富軾, 『삼국사기·신라본기』 제7, 문무왕(文武王) 15년.

09　『삼국사기·신라본기』 제5, 태종무열왕(太宗武烈王).

감동케 하고 내 충심(忠心)에 신뢰를 두텁게 쌓는 것이다. 참된 외교는 참마음이다. 사람은 누구나 간지(奸智)를 갖고 있어 내 간지만큼 남의 간지도 꿰뚫는다. 그래서 참마음 정직이 결과적으로 최고의 정책이 된다.

당 고종(高宗)은 소정방(蘇定方, 595~667)에게 13만의 대군을 내어 백제를 치게 한다. 김춘추 외교의 성공이다. 그러나 진실은, 왜 당이 대군을 내어 백제를 치게 했을까이다. 그 진실은 삼척동자도 안다. 예나 이제나 고대 국가나 현대 국가나 국가의 존재 이유는 국가 이익의 고수이며 증대다. 당은 그 어떤 '국가 이익'으로 신라를 도와 백제를 치게 했을까? 거기에는 그 어떤 간지도 통하지 않는다. 바로 '국가 이익'—특히 고대와 중세의 '국가 이익'은 남의 나라 영토의 점령이다. '강한 백제'를 멸망시키고 그리고 '약한 신라'를 점령해서 한반도를 점유하기 위해서다. 백제가 망하자 소정방은 바로 신라를 공격한다. 결과는 역사에 기록된 그대로다.

이 당나라의 '국가 이익'을 김춘추는 몰랐을까? 결코 모를 리가 없다. 당이 신라를 돕기 위해 아무런 소득 없이 '군대를 낸다'—그런 출병(出兵)은 애초부터 있어 본 일이 없기 때문이다. 그렇다면 당군(唐軍)은 시작부터 원군(援軍)이 아니라 침략군이며 점령군이다. 그 침략군, 점령군을 김춘추는 왜 순순히 그리고 기꺼이 받아들였을까? 이유는 명료하다. 김유신이 있었기 때문이다. 백제 멸망 후 당연히 벌어질 당과 신라의 전쟁은 김유신이 있는 한 절대로 패할 리가 없다는 김춘추의 철석같은 믿음이 있었기 때문이다.[10]

실제로 백제 멸망 후 벌어진 당과의 전쟁에서 김유신은 한 번도 패

10 『삼국사기』 권41~43 열전 제1~3, '김유신 上 中 下'.

한 일이 없다. 그것은 고구려 멸망 후 싸움에서도 마찬가지였다. 소정방이 김유신과 전쟁에서 패하고 귀국했을 때 당 고종이 왜 신라를 점령하지 못했느냐고 강하게 질책했다. 그때 소정방의 대답이 김춘추·김유신의 그 '위대한 만남'을 진실로 입증했다.

"신라군은 우리 당군이 아무리 수가 많아도 이겨 낼 수가 없었습니다. 신라군의 공고한 단결력과 높은 충성심 그리고 신라 백성들의 위아래가 함께 뭉치는 그 엄청난 단합력과 애국심, 그것은 우리 당군으로서는 어떻게 할 수가 없었습니다."

오늘의 대한민국은 이 김춘추·김유신의 '위대한 만남'이 가져온 삼국 통일이 그 시작이며 뿌리다.

2. 중세: 류성룡(1542~1607)과 이순신(1545~1598)의 만남

1567년 명종(明宗, 1534~1567)이 죽고 선조(宣祖, 1552~1608)가 즉위했을 때 조선은 이미 임계점(臨界點)에 도달해 있었다. 안으로나 바깥으로 더 이상 나라를 끌고갈 능력이 없었다. 현대적 의미에서 국가 지탱력(支撑力, maintenance)이며 국가 유지력(維持力, sustenance)이 전혀 없는 상태였다. 오죽했으면 율곡(栗谷) 이이(李珥, 1536~1584)가 그의 상소문 「만언봉사(萬言封事)」[11]에서 "국비기국(國非其國)—나라가 나라가 아닙니다"라고 했겠는가. 율곡의 이 상소문대로면 조선은 이미 임계점을 넘어서고도 한참이었다.

---

11 「만언봉사」는 1574년 율곡이 선조에게 올린 상소문으로, 당시의 조선을 가장 정확히 본, 예리하면서도 감동적인 율곡의 대표적인 글이며, 미상불 조선시대 상소문 중 최고의 상소문이라 할 수 있다. 임진왜란이 일어나기 8년 전의 것이다.

너무나 섬뜩한 그의 상소문은 한마디로 조선은 '부후일심지대하(腐朽日甚之大廈)'였다. 그 썩고 썩음이 날로 날로 더해 가는, 하루가 다르게 붕괴해 가는 한 채의 큰 집이 조선이라는 것이다. 기둥을 바꾸면 서까래가 내려앉고, 지붕을 고치면 벽이 무너지는, 어느 대목장(大木匠)도 손을 댈 수 없는 집이 바로 조선이라 했다. 그 조선이 임진왜란을 바로 코앞에 두고 정여립(鄭汝立)의 기축옥사(己丑獄事, 1589) 사건까지 벌어져 대들보 호남을 반역향(反逆鄕)으로까지 모는 대분열이 있었다. 정여립 사건은 불과 몇 사람이 역모했다는 것인데, 그로 해서 천여 명의 호남 인사들이 해를 입어야 했다. 참으로 나라가 나라가 아니었다.

그렇다고 멀고 먼 훗날의 항미원조(抗美援朝, 1950)처럼, 곧 후견국이며 후원국으로 나서지 않으면 안 될 항왜원조(抗倭援朝)의 주군 명(明)이라고 제대로 된 나라였겠는가. 덩치만 크고 인구만 많았지, 나라로서 체통, 나라로서 제 기능을 잃은 것은 조선이나 진배가 없었다. 황제 만력제(萬曆帝) 신종(神宗, 1572~1620)이 조정 신하들 앞에 아예 얼굴을 내밀지 않는 단두정치(斷頭政治)가 벌써 수십 년이나 되었고, 거기에 북로남왜(北虜南倭)—북으로는 몽골, 남으로는 왜(倭)에 이미 1세기 이상 시달려 왔다. 국력은 소진될 대로 돼서 여력이라고는 찾아낼 수 없을 만큼 오래전에 바닥을 드러냈다. 임계점에 다다른 것은 조선이나 명이나 거기서 거기였다.

정반대로 일본은 동아시아뿐 아니라 당시 유럽 어느 나라도 견줄 수 없는 군사 강국이었다. 총으로 무장한 정도가 아니라 군사 체계, 무기 체계가 중세 국가의 그것이 아니었다. 일본이 가지고 있는 총 자루수만 해도 450만 제곱킬로미터의 유럽 국가 전체가 가지고 있는 수보다 더 많았다. 그것은 바로 당시 일본의 철강 생산력이며 공업 수준을 말해 주는 것이고, 경제력이며 높은 기술력을 말해 주는 것이다. 거기에 장군들은 전투 경험이 쌓일 대로 쌓인 무장들이었고, 그 장군들도 큰 번(藩)의 장군들이 아니라 고니시 유키나가(小西行長), 가토 기요마사(加藤清正)처럼 겨우 20만 석에서 25만 석 수준의 중간 정도에 속하는 번 수장(首長)들에 불과했다.

그런 일본이 전후(前後) 15만 명을 상회하는 대군을 끌고 쳐들어왔다. 그런 조선이 온 힘을 다하고, 그런 명이 온 힘을 다 쏟아 항왜원조(抗倭援朝)를 해도 그 전쟁의 과정이며 결과는 불을 보듯 번연했다. 당시 동아시아 삼국을 면밀히 알고 치밀히 분석한 조신(朝臣)이 있었다면, 그 전쟁의 결과는 나라의 문명이 아예 풍전등화(風前燈火)가 아니라 풍비박산(風飛雹散)임을 충분히 알고도 남음이 있었다. 아무것도 성한 것 없이 산산이 다 부서지는 것이다. 임진왜란은 그런 힘의 차이가 너무도 완연한 전쟁이었다. 예나 이제나 특히 중세는 그런 무력의 차이가 나라 흥망의 결정판이었다.[12]

그러나 조선은 끝까지 버텼고 마침내 살아남았다. "오 천찬(天贊)"이라 했고, "국가재조지운(國家再造之運)—오직 하늘의 도움으로 나라가 다시 만들어지는 운을 맞았다"(류성룡) 했다. 하지만 하늘의 도움은 그냥 주어지지 않는다. 국가 재조의 운수는 그 어느 시대든 지난하고 더더욱 지난한 것이다. 그 절체절명의 순간에 조선이 그런 '운수'를 맞았다는 것, 그것은 오직 류성룡과 이순신이 '함께'하고 있었기 때문이다. 그 두 사람이 '함께'했다는 것, 그것이 곧 순자가 말하는 "우불우자 시

---

12 명군(明軍)과 왜군(倭軍), 조선군(朝鮮軍)을 가장 면밀히 분석하고 전쟁 양상이며 과정, 결과를 총 집대성한 저서로서는 이형석(李炯錫)의 『임진전란사(壬辰戰亂史)』上·中·下 (서울대학교 출판부, 1967)가 있다.

야(遇不遇者, 時也)"—조선이라는 나라의 '시대 운수'이며 시대 운수 중에서도 가장 귀한 '천운'이라는 것이다.

류성룡은 어떻게 나라의 운명이 육전(陸戰)이 아닌 수전(水戰)에 달렸다 생각하고, 그 수전의 주장(主將)으로 이순신을 적시(摘示)했을까? 그 기상천외의 예견이며 통찰력은 도시 어디서 나왔을까? 수천 년 동양의 전쟁사에서 모든 전쟁은 예외 없이 육지에서의 전쟁이었다. 배가 있어도 물을 건너는 수단일 뿐 전쟁은 으레 육지에서 하는 것이었다. 일본이 쳐들어와도 전쟁의 승패는 당연히 육지 싸움에 달렸다고만 보았고, 이는 왕인 선조는 물론 다른 어느 조신도 예외가 없었다. 이순신을 전라좌수사로 앉힐 때도 다른 조신들의 이견이며 반대는 등급이었지 수군 좌수사라는 자리가 아니었다.

그러나 류성룡은 설혹 그 이상의 등급이었다 해도 이순신을 반드시 그 자리에 앉히는 것이었고, 이상하게도 선조도 류성룡의 의견에 따라 승인해 주었다. 그것이 조선의 시대 운명이었고 천운이었다. 도요토미 히데요시의 대군도 조선의 그 천운을 거스를 수는 없었고, 그로 해서 조선은 '점령이며 할지(割地)' 없이 그 후 300년을 온전히 보존할 수 있었다. 비록 그때의 그 나라를 뺏긴 식민지 시대를 거쳤지만, 류성룡·이순신이 '함께'한 그 '위대한 만남'이 있어 오늘의 대한민국으로 이어졌고, 그때의 그 '나라가 나라가 아닌' 조선시대와는 하늘과 땅 차이로 다른 세계 10대 경제 대국으로 올라선 것이다.

하지만 역사는 늘 되돌아보는 것이어서, 두 위인이 함께한 그 '위대한 만남'도 그 시대로 되돌아가 새로이 되새겨 볼 필요가 있다. 어떻게 해서 그 '만남'이 명(名)에서나 실(實)에서 '위대함'이라는 수사(修辭)가

붙을 수 있고, 아니, 붙어야만 했는가이다. 실이 없이 명만 붙은 수사라면 그것은 과장이거나 허황일 뿐이고, 실은 있으되 명이 없다면 그것은 처음부터 기록될 수도 역사일 수도 없는 것이다. 그래서 명실공히 '위대함'이라는 수사가 붙고 '위대한 만남'이라 명명(命名)하는 것이다. 그것은 두 가지 이유에서다. 그 두 가지 면에서 류성룡과 이순신은 당대의 다른 조신(朝臣)들과 완전히 달랐다는 것이다.

그 하나가 충신(忠臣)과 충성(忠誠)의 구분에서라면, 다른 하나는 권력과 이데올로기의 구분에서다. 일반적으로는 충신과 충성은 하나다. 충신은 충성을 다하는 사람이고, 충성을 다하는 사람은 으레 충신이 되었다. 권력과 이데올로기도 하나다. 권력자에게 권력은 하나의 이데올로기다. 이데올로기를 지고의 가치로 전화(轉化)해도 좋다. 권력자에게 권력은 더 이상 없는 최고의 가치다. 이데올로기 또한 그 추구와 실현을 위해 반드시 권력을 추구한다. 공산주의 이데올로기 그리고 공산당이 그 전형이다. 중세의 종교—기독교든 이슬람교든 때로는 불교, 모두 권력을 끼고 있었고, 그리고 권력을 잡고 있었다.

그러나 류성룡과 이순신, 이 두 사람에게 충신과 충성, 권력과 이데올로기는 완전히 구분되어 있었다.

첫째로 그들은 결코 '충신'이 아니었다. 오직 '충성'하는 사람이었다. '충신'이란 무엇인가? 고대나 중세 왕조에서 충신은 시종일관 임금에 대한 헌신이며 몸 바침, 목숨 바침이었다. 넓게는 그 임금의 왕권(王權)이며, 더 넓게는 그 임금의 왕조(王朝)—김씨 왕조니 이씨 왕조니 하는 왕조에 혼신(渾身)을 다하는 것이다. 충신은 오직 한 개인에 대해, 그 개인의 권력 유지와 그 개인의 혈연 집단에 대해 몸과 마음을 바치는 것이다. 극단적으로, 충신은 공익 집단의 공익(公益)이 아니라 사익 집단의 사익(私益)을 위해 열과 성을 다하는 것이다.

그렇다면 모든 왕조의 부패와 왕의 타락, 마침내 그 왕과 왕권의 몰락, 왕조의 종언(終焉)은 이 충신 때문에 비롯되는 것이다. 그리고 끝내는 그 충신도 죽임을 당하는 것이다.[13] 설혹 죽임까지는 가지 않는다 해도 조정에서 내몰림을 당하거나 유배되고, 그리고 자기만이 아니라 가족끼리도 망하게 하고, 더 멀리는 먼 미래의 자손까지도 일어서지 못하게 하는 것이다. 그야말로 '충신의 역설(逆說)'이다. 그럼에도 신하들은 앞다투어 충신이 되려 하고, 그것도 남을 모함까지 하며 최고의 충신임을 과시하려 하는 것이다.

류성룡과 이순신이 몸과 마음을 바치는 대상은 백성이며 나라였다. 백성이며 나라만이 충성의 대상이었다. 그것이 충신과 충성의 차이였다. 임금에게 충성하는 충신이 아니라 백성과 나라에 충성하는 충신이었다. 일상적으로는 똑같이 '충신'이라는 말을 쓴다 해도, 임금에게 충성하는 충신은 '영혼이 없는 충신'이고 백성과 나라에 충성하는 충신은 '영혼이 살아 있는 충신'이다. 그러나 왕조시대, 살아남으려면 그 충성에 '영혼'을 보여서는 안 된다. 누구든 임금 앞에서는 '영혼'이 없어야 한다. '영혼'을 보이는 충신은 곧 역적(逆賊)이 된다. 더구나 임금에 앞서 충성의 대상이 '백성이고 나라'이면 그는 곧 탄핵되고 역적이 되고, 끝내는 내몰림·추방되거나 살아남지 못한다. 마지막으로 류성

---

13 '충신'이라고 하면 『정관정요(貞觀政要)』의 위징(魏徵)의 말을 빼놓을 수 없다. 위징은 당 태종(唐太宗)을 중국 역사상 최고의 황제로 만든 핵심인물이다. 그는 태종에게 "폐하, 저를 충신이 되게 하지 말아 주소서. 충신은 그 몸이 죽임을 당하거나 유배되거나 내몰립니다. 그리고 군주를 큰 악에 빠뜨리고 끝내는 자기 가정도, 나라도 함께 망하게 합니다(물사신위충신 충신신수주이 군함대악 가국병망勿使臣爲忠臣. 忠臣身受誅夷, 君陷大惡, 家國竝亡)"라 했다.

룡의 탄핵, 이순신의 정유재란 임시 '죽음의 재판'도 그래서 비롯됐다.

류성룡은 어떻게 그 오랜 관직의 직위에서, 그것도 유배(流配)와 탄핵이 일상화된 조선조 관직의 세계에서 유배되거나, 떠날 때를 제하고선 한 번도 탄핵되지 않았을까? 흔히 쓰는 말로 그 비결(祕訣)은 무엇일까? 물론 여기서 '비결'이란 말은 적절하지 않다. 거기에는 '음모'라는 부정성이 들어 있기 때문이다. 그는 33년을 영의정에서 좌의정, 우의정 그리고 이조며 병조 등 육조(六曹)의 요직, 심지어는 대제학까지 지냈다. 어째서 그것이 가능했을까? 그것은 오직 단 하나, 높든 낮든 지위가 갖는 권력을 결코 가치화(價値化)하지 않았다는 것이다. 다른 말로 권력을 이념화하거나, 또 다른 표현으로 이데올로기화하지 않았다는 것이다.

권력의 가치화 이데올로기화는 그 지위가 갖는 권력이 그 지위에서 일을 해내기 위한 수단—역할 수행의 수단이 아니라, 그 지위 그 권력의 점유며 소유가 목적이 된다는 의미다. 그 지위에서 권력은 일을 하기 위한 수단인데, 일보다는 반대로 그 권력 자체의 소유를 지고(至高)의 가치며 목적으로 삼는다는 것이다.[14] 이 같은 권력의 이데올로기화는 당시 조선조 조신들이며 관리들의 일상화된 행태며 관행이었다. 가난 속에서도 오랜 세월 과거 공부를 하는 이유 그리고 과거 합격을 생애 최고의 목표로 삼는 이유, 그것은 오직 하나, 지위와 그 지위에서 권력의 소유였다.

그러나 류성룡과 이순신은 완전히 달랐다. 어느 자리에 앉든 그 자

---

14 권력이 목적을 달성하는 수단이 아니라 이데올로기처럼 권력 그 자체가 목적이 되어 버리는 것을 수단과 목적의 뒤바뀜—전치 현상(顚置現象, goal displacement)이라 한다. 이는 국가 업무—관료의 세계분만 아니라 종교의 선교 사업에서도 많이 발견되고 있다.

리를 '힘쓰는 자리'에서 '일하는 자리'로 바꾸었다. 세(勢)를 누리는 자리가 아니라 임무를 수행하는 자리로 변신시켰다. 윗자리에 오를수록 으레 파벌을 모으고 조성하는 행태에서 인재 발탁과 등용을 하는 자리로 혁신했다. 그래서 류성룡이 발탁하고 기용한 인재들은 한결같이 이순신·권율·고언백(高彦伯)·이성중(李誠中)처럼 오직 열심히 '일하는' 사람—진충보국(盡忠報國)의 인재들이었다. 권세를 탐하거나 세(勢)를 규합하려는 사람은 한 사람도 없었다. 그 참혹한 전쟁에서, 도저히 지탱해 낼 수 없었던 극단(極端)이며 극한(極限)에서 다시 나라를 재조할 수 있었던 것은 오직 류성룡과 이순신이 함께한 그 '위대한 만남' 덕분이었다.

3. 현대

1) 이승만과 미국과의 만남

제일 먼저 미국을 만나고 제일 먼저 미국을 알고, 그 미국의 자유 민주주의, 자본주의, 시장 경제를 터득하고, 더 넓게는 가장 앞선 근대 국가이며 세계 정치의 중심 국가인 미국을 누구보다 앞서 깨친 사람이 이승만이다. 그로 해서 먼 훗날 이야기지만 미국과 협상할 줄 알고, 미국 정부를 요리할 줄 알고, 심지어는 최강대국 미국과 군사 동맹을 맺어 역사상 가장 길고 강한 동맹국으로서 기반을 굳건히 다져 놓는, 그 앞선 지식과 실현 능력을 함께 겸비했던 당대 유일의 인물이 이승만이었다.

그 이승만이 미국을 만난 것은 우리 국민의 복이고 행운이며 천운이었다. 한 세기를 훨씬 넘긴 지금, 되돌아보면 그것은 오히려 천명(天命)

이었다. 하늘의 운수이기도 하지만, 보다 앞서 내린 하늘의 명령이었다. 하늘의 그 같은 명령이 아니고서야 이승만이 어떻게 그때(1904년) 미국을 갈 수 있었고, 그것도 우매하기 그지없던 황제(고종)의 '뜻밖의 명령'으로 미국을 만나는 기회를 가질 수 있었겠는가. 그것이 천운이든 천명이든, 어쨌든 이승만이 미국을 만남으로써 뒷날 우리의 역사는 하늘과 땅 차이로, 오늘날 남과 북의 차이만큼 달라지는 새로운 역사의 장이 펼쳐졌다. 그 이승만과 그 미국의 만남, 그 얼마나 '위대한 만남'이냐.

그때 그 미국을 만난 이승만이 없고, 상하이임시정부 독립투사들만 있었다면 오늘날 대한민국이 존재하겠는가? 당시 독립투사들 누구도 근대 국가를 본 일이 없고 자유 민주주의의 시장 경제를 안 사람이 없었다. 상하이임시정부의 건국강령을 보면 모든 산업은 국유였다. 철도도 항공도 항만도 국유였고, 기업도 큰 기업은 다 국유였다. 사기업은 아주 작은 중소기업만이 용납됐다. 당시 동아시아 지식인들의 추세는 사회주의였다. 공산주의, 공산화까지는 아니라 해도 자본주의 시장 경제는 결코 용납되지 않았다. 민주주의도 자유 민주주의가 아니었고, 당시 유행처럼 날뛰던 인민 민주주의였다.

1948년 7월 11일, 김구를 방문한 유엔 한국임시위원단 의장인 중국 대표 유어만(劉馭萬, 류위완) 공사와 나눈 김구의 대화를 보면,

북한 공산주의자들은 나를 자기네 협력자로 봐요. 내가 영사에게 말했듯이 내 입장은 다릅니다. 그렇다고 내가 남한 정부에 참여한다는 뜻은 아닙니다. (…)
내가 남북한지도자회의에 갔던 동기의 하나는 북한에서 실제로 일

어나고 있는 일들을 알아보기 위해서였습니다. 비록 공산주의자들이 앞으로 3년 동안 북한군의 확장을 중지하고, 그동안 남한에서 모든 노력을 기울이더라도 공산군의 현재 수준에 대응할 만한 병력을 건설하기란 불가능합니다. 소련인들은 비난을 받지 않고 아주 손쉽게 그 병력을 남한으로 투입시키고 한순간에 여기(서울)에서 정부가 수립되고 인민공화국이 선포될 것입니다.[15]

이 대화를 보면 김구는 분명 공산주의를 받아들이는 것은 아니지만, 그렇다고 김일성이 모든 병력을 동원해 쳐 내려와서 서울에 인민공화국을 선포하는 것도 그렇게 두려워하는 것 같지 않다. 우리 임시정부의 독립투사들이 거의 다 그러하듯이 열렬히 염원한 것은 오로지 독립된 '통일 조국'이었다. 이에 비해 이데올로기는 이차적이고, 달라도 크게 걸림돌로 생각지는 않았던 것 같다. 특히 자유 민주주의가 무엇인지 알지 못했고, 오직 민주주의, 민주공화국만 알았다. 공산주의자도 인민 민주주의 공화국을 선포하고 있어서 그 차이에 별로 연연하지 않았다 할 수 있다.

천행으로 우리는 이승만을 만났고 이승만은 미국을 만났다. 그 만남으로 '대한민국'이라는 나라가 만들어졌고 누구나 자부하는 나라, 오늘의 대한민국이 됐다. 1950년대는 그 시작이었으며, 건설 과정에서 지그재그(zigzag)처럼 때로는 가파르고 때로는 급했으며, 때로는 기복(起伏)처럼 위태롭게 솟았고, 때로는 위험하게 내려앉기도 했었다. 그래서 이승만 또한 훼절(毀折)처럼 깨져 부서지기도 했고, 훼상(毀傷)처럼 헐어 깊은 상처를 받기도 했던 것이다. 그러나 위대한 만남, 위대한 성

---

15 이화장의 이승만 문서. 손세일, 『이승만과 김구』(조선뉴스프레스, 2015), 7권, 392~393쪽.

취로 가는 길목에는 반드시 그러한 역사가 있었다. 그것은 우연이 아니고 필연이었다.[16]

2) 박정희와 일본의 만남

누구나 의심할 것이다. 박정희와 일본의 만남이 어째서 '위대한 만남'이냐고!

1910년 이후, 아니 그 이전에도 수많은 사람들이 일본을 만났다. 일본을 보고 일본을 다녀오고 일본이 우리와 무엇이 다른가를 깨친 사람도 그로 해서 헤아릴 수 없이 많았다. 1940년대 당시 조선의 일본 유학생만 해도 3만 명이 넘는다 했다.

그들은 일본의 그 무엇을 배웠는가? 일본의 앞선 지식을 배웠다. 우리로서는 상상도 할 수 없었던, 미국과 맞서 싸울 수 있는 그 거대한 일본의 힘이 어디서 나오는지도 배워서 알았다. 그러나 그것이 전부였다. 그 일본을 배웠다는 것, 그래서 그 일본을 알았다는 것, 그 외에는 아무것도 없었다. 그 일본의 지식을 우리의 지식으로, 우리의 산업으로, 우리의 힘으로 바꾸고 실용화할 능력이라곤 어디에도 없었다. 오로지 그 지식을 지식으로, 말로 싸우고, 그러다 끝내는 그 지식을 허구화해서 싸우고, 마침내는 그 지식을 파당으로 진영으로 나눠 싸우는 것 외에는 아무 소용이 없고 아무것도 하지 못했다. 조선은 입으로 싸우다 망한 나라였다. 그 전통 그 습성이 이젠 일본에서 배운 지식까지 더해져서 해방이 되고 1950년대 내내 그렇게 싸우기만 했다. 무익하고 무용하기 한량없었다.

오직 박정희만이 일본의 진정한 힘이 어디서 나오는지 알았고, 거기

---

16 송 복 편저, 『저서를 통해 본 이승만의 정치사상과 현실인식』(연세대 출판부, 2011).

에 더해 그것을 우리의 것으로 옮겨 놓을 줄 알았고, 그것도 배가해서 우리 산업으로 만들고 이용할 줄 알았다. 그리고 마지막엔 일본 것 이상으로 그것이 우리의 것이 될 수 있도록 제도를 만들고, 그 제도에 맞는 적재적소의 인물을 키우고, 나아가 투입(input)보다 산출(output)이 언제나 많도록 제도·기구·산업의 활성화(performance building) 등을 이루어 냈다. 드디어는 일본에 버금가는, 어느 부분에선 그 이상 수준의 산업화 국가도 만들어 냈다. 오늘날 대한민국의 경제, 대한민국의 부(富)는 그 일본과의 만남을 '위대한 만남'으로 바꿀 수 있음으로써만 가능했다.

'만남'을 어떻게 하느냐, 그 '만남'을 누가 주도하느냐에 따라 역사는 흔히 말하는 천양(天壤)의 차, 극과 극으로 달라진다. 우리의 경우도 친일도 되고 반일도 되고, 친일·반일로 허황하기 한량없는 싸움을 벌이기도 했다. 아직도 많은 신생국들이 그 수렁을 벗어나지 못한 채 여전히 신생국으로 그대로 정체되어 있는 나라가 수도 없이 많다. 그러나 우리는 달랐다. 물론 '죽창가'며 '토착 왜구'를 외치는 시대의 지진아는 지금도 있다. 그 지진아들도 역사의 수레바퀴는 함께 실고 달린다. 역사는 그 지진아도 역사의 한 산물이라 생각하기 때문이다.[17]

V. 맺음말

이 글은 '만남'에 대하여 그 철학적 배경을 서구의 이원론과 동양의 시대론으로 밝히고, 그리고 역사에서 끊임없이 보는 '맞수'와 구분했다. '위대한 만남'의 정의는 시너지 효과를 나타내는 승수(乘數)로 규

---

17 좌승희 편저, 『박정희 그리고 사람』(미래사, 2018).

정하고, 우리 역사에서 네 번의 이 '위대한 만남'이 있어 오늘의 세계 10대 경제 대국 대한민국이 성취되었음을 설명한다. 그 '위대한 만남'은 고대와 중세 그리고 현대로 이어져 오며 역사적 에포크(epoch)를 만들어 낸다.

고대는 김춘추와 김유신의 만남으로서, 삼국을 통일하고, 당군(唐軍)을 한반도에서 완전히 몰아내고, 마침내 삼국 통일로 한민족 국가의 정체성을 만들어 낸다. 이때부터 한반도는 하나의 국가, 하나의 민족, 하나의 문화 정체성을 갖는 오늘의 대한민국의 시원이 된다. 서기 7세기 625년 매소성(買肖城) 전투에서 당나라 군대가 완전히 패퇴해 요동으로 물러나면서이다.

현대의 이승만과 박정희—이 대통령은 미국을 만나 자유 민주주의, 시장 경제, 인권과 개인의 자유를 이 땅에 도입하고 정착시켜 오늘의 자유민주공화국 대한민국이 됐다. 박 대통령은 당시로서는 거의 불가능했던 일본의 산업화를 본받아 성공시켜 오늘의 제조업, 중화학공업의 세계적인 국가를 일구어 냈다.

이 글은 특히 중세의 류성룡과 이순신의 만남으로써 이미 임계점에 도달해 있던 조선을 역사상 가장 치열했던 전쟁에서 구해 냈다는 사실을 알 수 있다. 두 위인의 만남의 승수 효과는 다른 조신들과 두 가지 차이에서 이루어진다. 하나는 충신과 충성의 구분에서이고, 다른 하나는 권력과 이데올로기의 분리에서다. 충신은 임금에 대한 몸 바침이고 동시에 왕권과 왕조에 대한 헌신이다. 그러나 충성은 왕이며 사람에 대한 충성이 아니라 백성과 나라에 대한 충성이다. 전자가 '영혼이 없는 충성'이라면 후자는 '영혼이 살아 있는 충성'이다. 권력과 이데올로기의 분리는, 권력은 자기 지위에서 임무를 수행하고 책임을 완수하는 수단으로서의 권력이지만, 이데올로기는 공산주의 공산당, 혹은 뭇 종교들에서 보듯이, 그 이념 그 종교에 몸과 마음을 바쳐야 하는 목적이다. 조선의 관리들은 자기 지위에서 나오는 권력 자체를 일하기 위한 수단이 아니라 이데올로기, 이념처럼 목적으로 삼았다. 분리해 사고하고 일할 줄을 몰랐다.

제 7 장

중용, 자유의 길

— 류성룡의 시심(詩心)

I. 표층(表層)과 심층(深層)

어느 날 나는 서애 류성룡의 시(詩)에 주목(注目)했다. 그것은 우연이었다. 나는 시인이 아니다. 즐겨 한시(漢詩)를 읽고 외우고 낭송(朗誦)도 했지만 전문가는 못 된다. 흔히 말하는 딜레탕트(dilettante), 아마추어 애송가(愛誦家)일 뿐이다. 물론 시와 소설을 평하는 평론가도 아니다. 그럼 서애는 시인인가? 그는 학자이고 조정 관리이고 정치인이다. 조정 관리도 시를 쓰고 정치인도 시를 남긴다. 그러나 그는 직업적 시인은 아니다. 조선조에 직업적 시인은 없다. 예외적으로 한둘을 꼽는다 해도 고작 한둘 혹은 세넷일 뿐이다.

정치인도 조정 관리도 보통으로는 우음(偶吟)으로 시를 쓴다. 문득 떠오르는 생각을 시가(詩歌)로 읊는 것이다. 대개는 유학(儒學) 한 선비로서 면모를 갖추기 위해서 혹은 더러는 후손에게 문집(文集)을 남기기 위해서 시를 짓는다. 우음이 많은 이유도 거기에 있고 차운(次韻) 또한 많은 이유도 이와 별반 다르지 않다. 차운은 남이 지은 시의 운자(韻字)를 따서 시를 쓰는 것이다. 시는 노래이고 리듬(rhythm), 운율(韻律)이다. 그래서 차운은 시작(詩作)의 좋은 방법이 된다. 좋은 방법일 뿐 남의 시를 모방하거나 표절하는 것은 아니다. 시 자체가 운(韻)이니, 운이 어찌 내 것 네 것이 따로 있겠는가. 서애도 차운시가 적잖이 있다.

어쨌든 서애는 직업적 시인은 아니다. 이백(李白) 두보(杜甫) 백거이(白居易)처럼 전문 시인도 아니고 시를 짓기 위해 사는 사람도 아니다. 따라서 지금까지 그의 연구도 정치인이며 조정 관리로서 그의 치적에 주지(主旨)했고 업적에 주심(主心)했다. 오직 그의 조신(朝臣)으로서의 행적(行蹟)에만 관심(關心)했을 뿐이다. 서애를 연구하는 연구자들 모두가 그러했다. 거기에는 처음 역사학을 전공하는 학자들이 주류를 이루었고, 그러다 지금은 정치학 경제학 사회학 경영학을 위시한 사회과학자들이 다수가 되었다. 모두 예외 없이 그의 언어와 사상, 정책과 대책 그리고 결과로서 성공과 실패를 구명(究明)하는 것이었다.

그 면에서 서애는 캐고 캐도 여전히 캘 것이 많은 풍부한 지하자원이나 다름없다. 어느 학자는 금맥을, 또 어느 학자는 은 동맥을, 그리고 또 다른 학자들은 또 다른 가지가지의 광석을 그의 지하자원에서 캐냈다. 그만큼 그에 대한 연구는 후학들에겐 다양하고도 다의적인 추구 대상이었고, 측면도 관점도 한 가지만일 수 없는 복수적(複數的) 해석의 대상이었다. 앞으로 연구에서도 이에서 크게 벗어난 차이를 찾기는 어려울 것이다. 누구든 자료 선택을 달리하고 설명의 내용과 방식을 자기 식대로 재해석 재체계화하면 생산성 높은 또 다른 연구는 얼마든 기할 수 있기 때문이다.

그러나 연구는 반드시 흐름이 있고 그 흐름은 여러 갈래의 줄기가 있다. 지금까지 연구와는 전혀 다른 줄기와 흐름이 연구하는 과정에서 그래서 생겨난다. 그것은 어떤 연구든 스스로 문제를 내포하고, 그 문제는 스스로 의문을 유발하는 데서다. 의문은 또 다른 의견을 쏟아 내고 새로운 논의를 일으킨다. 그리고 전혀 다른 질문을 제기한다. 예컨대 지금까지 연구해 온 서애는 어떤 서애인가? 서애의 바깥 외면의 서애인가, 서애의 안 내면의 서애인가? 혹은 다른 말로 그것은 서애의 외연(外延)인가 내포(內包)인가?

만일 외면의 서애라면 그의 자세며 행태(行態, behavior pattern)를 본 서애일 것이고, 내면의 서애라면 그의 속마음(in-depth)이며 진면목을 읽는 서애일 것이다. 다시 외연이라면 밖으로 진설된 그의 업적이며 행적을 추적한 서애이고, 내포라면 생래적(生來的)으로 속에 간직한 그의 본성이며 뜻을 읽은 서애가 된다. 그 어느 서애인가? 그것은 지금까지 연구자들이 서애의 어떤 모습, 어떤 유(類)의 서애를 보려 하고, 보고 싶어 했는가에 좌우된다. 연구는 어떤 연구든 보려고 한 것이 보이고, 보고 싶어 한 것이 보인다.

그렇다면 이제까지의 연구는 그 어떤 서애이며 어떤 서애를 보려 한 것인가? 그것은 지금까지의 연구자들이 서애의 그 무엇을 읽고, 그 무엇을 거기서 찾아내려 했는가에 의존한다. 그것은 다른 말로 서애의 안과 밖, 그 어느 쪽의 글, 어느 쪽의 기록들을 자료로 했는가에 달려 있다. 어떤 글 어떤 자료든 자기 안, 마음이나 정신을 적은 글이 있고, 자기 밖, 사실이나 사건을 적은 글이 있다. 지금까지 연구자들, 역사학자며 사회과학자들이 그 어느 쪽을 택해 연구 자료로 했는가에 따라 그 어느 쪽의 서애인가로 나눠진다.

이제까지 연구자들이 읽고 찾아내 다룬 자료들은 의문의 여지 없이 거의 모두 『서애전서(西厓全書)』 속의 서사적(敍事的)이며 서술적(敍述的)인 자료들이다. 이 자료들은 그때의 사실들을 본 대로 들은 대로 적은 것이고, 그때 일어난 사건들을 육하원칙(六何原則)에 따라 소상히 기록한 것이다. 그렇다면 그 사실 그 사건들은 서애가 직접 부딪치고 맞닥뜨려 싸우고 고투하며 해결해 간, 오직 서애 몸 밖의 외면세계이며 서애의 외연이 아닌가. 그 외면, 외연은 어떻게 기록하고 어떻게 설명하든 있는 그대로의 서애의 표피(表皮)며 그 표피를 덮는 서애의 옷이다.

표피는 피부의 표면이고 옷은 그 표면을 또 한 번 더 덮은 껍질이다. 그 껍질의 외면 외연 세계를, 서애가 아무리 주체적으로 몸소 해결해 간 것이라 해도, 그리고 책임 있는 주체로서 그 책임을 군사도 군량도 기진하고 고갈한 극한의 상태에서 이행해 간 것이라 해도, 그것은 역시 서애의 표징(表徵)일 뿐이다. 표징은 오직 겉으로 드러난 상징이고 특징이다. 그것은 어떻든 서애의 표면, 표층의 세계일 뿐 서애의 이면(裏面), 심층(深層)의 세계는 아니다.

II. 동굴의 잔영(殘影)
—본연의 서애 리더십(1)

서애의 시(詩)에 주목한 이유가 바로 여기에 있다. 서애의 표면, 표층의 세계가 아닌 이면, 심층의 세계는 어떤 것이며, 그것은 또 무엇으로 어떻게 찾아낼 수 있는 것인가? 물론 서애가 남긴 글에서다. 그 글은 서애의 행적이다. 그리고 또 다른 이들이 서애에 대해 남긴 기록이나 실록(實錄, 명종·선조 연간)에서다. 이 또한 서애의 행적이다. 이는 이미 앞서도 말한 '사건, 사실의 진술'로서 '서사, 서술의 자료들'일 뿐, 자신의 심층에 닿아 있는, 심층에서 만들어져 심층에서 솟아오른 심층의 것은 아니다. 그렇다면 장르의 특수성, 창의 과정의 개별성, 독창성 그리고 순간 포착이라는 시작(詩作)의 유별성에서 시(詩)야말로 가장 심층의 것이며, 심층 그 자체라 할 수 있다. 시가 가장 이면, 내면, 내연의 것이며 자기 본연(本然)의 것이라 규정할 수 있다.

시가 본연이라면 시에서 찾는 서애가 오직 서애의 진상(眞相)이다. 내 연구의 주축은 리더십이고 서애 연구 또한 서애 리더십 연구다. 이제까지 연구에서 서애 리더십을 7개로 나눠 설명해 왔다. 이 리더십 연구는 어느 하나도 시를 통해서 본 것이 아닌 것만큼 이 연구는 서애 리더십의 진술서(陳述書)에 불과하다. 심층이 아닌 표층에서 설명을 늘어놓기만(陳) 하고, 그 표층의 언술을 진실인 양 장황히 해 왔으니(述) 진술서나 다름이 없지 않은가. 진술서는 어떤 진술서든 겉으로 드러난 사실만을 열거한다. 속을, 마음을, 심층을 들여다보려고도 않고 묻지도 않는다.

그것은 바로 '플라톤 동굴의 잔영(殘影)'에 비유할 수 있다. 동굴 밖의 실재(實在)는 보지 않고, 동굴 안으로 어슴푸레 비쳐드는 희미한 빛의 그림자를 잡고 실상(實相)이라고 생각하는 것, 그 허상(虛像)의 연구를 진상의 연구로 착각하는 것, 그것이 지금까지 사실의 추적, 즉, 'fact의 연구'라고 자신해 온 사회과학자 혹은 인문학자들의 연구인지도 모른다. 그래서 서애의 7개 리더십 하나하나를 심의의 장(場)으로 새로이 소환해서 재고찰, 재성찰의 장(章)을 만든다면, 그것이 곧 서애 시(詩)를 통해 서애 본연의 모습을 추수(追隨)하는 새로운 여정의 시작이며 목표가 될 수 있지 않겠는가.

1. 통찰의 리더십

첫째로 통찰(洞察)의 리더십이다. 통찰의 자전적(字典的) 의미는 예리한 관찰력으로 사물을 꿰뚫어 보는 것이다. 여기서 사물(事物)은 현재 진행되고 있는 일이며, 사건 사태를 포함해서, 일어나고 있는 모든 현상을 다 망라한 말이다. 그 복잡다기한 현상을 한눈으로 한꺼번에 온전히 다 파악해서, 거기서 일어난 난제들을 과거의 경험이나 학습에 의존하지 않고, 오로지 자기 사유와 직관으로 해결해 가는 것이 통찰이며 통찰력이다. 이 통찰, 통찰력의 핵심은 미래에 대한 예지(豫知)다. 그리고 예지력(豫知力)이다. 지금 일어나고 있는 이 일들이 내일 어떻게 될지, 그리고 어떻게 하면 해결할 수 있을지를 미리 아는 것이다. 이는 철학에서 말하는 '예지(叡智)의 세계'이기도 하다. '예지의 세계'는 초감각적인 세계다.

이 예지는 배워서 훈련해서 익히거나 가질 수 있는 것이 아니다. 타고나는 것이다. 우리 앎과 지력, 우리의 감각은 지극히 제한되어 있다. 보는 것 듣는 것 느끼는 것 그리고 아는 것이 모두 일정 범위 내에서다. 초감각은 그 범위를 훨씬 뛰어넘는 것이다. 그 같은 초감각이며 예지는 태어나면서 함께 갖는 것이다. 생물학적 의미에서 생래적(生來的)인 것이고 유교적인 의미에선 천명(天命)이고 천부(天賦)다. 하늘이 '그 사람'에게 명(命)한 것이고 하늘이 '그 사람'에게 준(賦) 것이다.

통찰의 리더십은 그런 통찰, 통찰력을 가진 리더가 발휘하는 리더십이다. 그런 리더십의 지도자가 지시하고 지휘하고 이끌어 가는 그 조직 특유의 단합력이며 그리고 그 조직 특유의 목적 달성 능력이다. 어떤 조직이든, 그것이 기업이든 국가든, 그 조직 집단의 성공과 실패는 예외 없이 그 조직 리더의 통찰, 통찰력의 있고 없음에 의존한다. 있으면 아무리 힘들어도 언젠가는 일어나고, 없으면 승승장구해도 그 어느 땐가는 무너진다.

리더의 통찰력의 있고 없음의 판별 또한 통상의 인식 범위를 벗어나는 경우가 허다하다. 한때 대단한 통찰력의 소지자로 인정된 사람이 시간이 지나 오류로 낙인되는 예도 많고, 반대로 통찰력이라고는 전혀 없는 리더십 상실자로 지목된 사람이 대단한 성취를 보인 예도 많이 있다. 지도자 통찰력의 유무 여부는 그만큼 일반인들의 감각이나 인식의 범위를 넘어서는 초감각적인 것이라 할 수 있고, 그렇게까지는 설혹 아니라 해도 범인(凡人)으로서는 그것을 알기도 갖기도 지난한 것임엔 틀림없다.

서애는 그런 통찰, 통찰력의 특출한 소지자라 할 수 있다. 그것은 당시로서는 누구도 상상할 수 없는 한반도 지킴의 통찰력이었고, 그 통찰력으로 한반도는 끝내 조선의 것으로 돌아왔다. 그 통찰력의 첫째는 육지 아닌 바다를 지키는 것이고, 둘째는 한양 수도권이 아닌 전라 호남권을 지키는 것이며, 그렇게 해서 셋째로 지구전(持久戰)으로 한반도 나라를 지키는 것이었다. 그 통찰력은 '예지(叡智)의 세계'에서만 지각할 수 있는, 경험이나 도학(道學)을 통한 표층(表層)의 수학(修學)에서는 결코 가능할 수 없는 통찰이며 통찰력이다.

그때까지 동양에서 모든 전쟁은 육지 전쟁이었다. 서양의 아테네와 스파르타 간 펠로폰네소스반도의 바다 전쟁은 동양에서는 있어 본 일도 없고 생각해 볼 수도 없었다. 왜구의 침략이 있어도 그것은 전쟁이 아니라 난(亂)이었다. 그 난도 바다 아닌 연안(沿岸)에서였고, 그것 또한 일시적이고 간헐적이었다. 이같이 서구식 바다 전쟁이라고는 있어 본 일이 없는 중국과 조선에서 '바다 전쟁'을 통찰한 것은 오직 '예지의 세계'에서만 가능한 일이다.

한산도를 보루로 해서 남해 바다를 지키면 왜군이 서해로 나갈 수 없고, 서해로 나가지 못하면 왜병은 호남에 이르지 못한다. 호남은 한반도 유일의 곡창이고 천혜의 병참 기지 보급창이다. 수도권은 육지인 것만큼 수성(守城)이 불가해도, 호남권은 양면이 수역(水域)인 것만큼 바다만 지키면 수성(守城)이 된다. 호남만 수성되면 우리는 지구전으로 버티면 되고, 왜군은 바다를 건너온 것만큼 병사도 군량도 지구전으로 나갈 수 없다. 처음은 승승장구해도 다음은 필패도지(必敗塗地)한다.

어떻게 그것을 미리 내다보았을까? 그 통찰, 통찰력은 도시 어디서 나왔을까? 사태를 미리 아는 예지(豫知)며 사물을 꿰뚫어 보는 예지(叡智)는 또 어떻게 갖게 되었을까? 이는 서애의 그 많은 기록들 그 어디에서도 말해 주지 않고, 물론 타인의 서애 행장(行狀)이며 인물평에서도 나오지 않는다. 아니, 나올 수가 없다. 그것들은 모두 서애의 표층(表層)이기 때문이다. 그래서 다시 서애의 시(詩)에 주목하고, 그의 시에서만이 그의 심층(深層)을 그리고 그의 수심(水深)을 들여다보고 알 수 있기 때문이다.

2. 지감(知鑑)의 리더십

둘째로 지감(知鑑)의 리더십이다. 지감은 지인지감(知人之鑑)의 준말이고, 사람을 알아보는 밝은 눈이다. 그 사람의 성품과 능력을 분별하고, 그 사람의 쓰임새와 쓰임의 자리를 판별해서 능력과 자리가 일치하도록 배치하는 것, 그것이 리더의 지감이고 지감의 리더십이다. 지감의 리더십은 누가 적재(適材)인가를 지감하고 어느 자리가 그에 맞는 적소(適所)인가를 간파(看破)함으로써 작게는 한 기업이, 크게는 한 나라의 명운(命運)이 걸린다. 아무리 뛰어난 인재도 자기를 알아보는 리더를 만나지 못하면 능력 발휘의 자리에 갈 수 없고, 자리에 가 앉을 수 없으면 자기 능력은 사장(死藏)된다. 이같이 인재의 지감과 능력의 사장은 언제나 함께한다.

임진왜란을 전후해서 서애가 지감한 인재는 대략 250여 명에 이른다. 이순신(李舜臣), 권율(權慄), 이성중(李誠中), 고언백(高彦伯) 등 적재라 해서 적소에 앉힌 너무 잘 알려진 인물은 말할 것도 없고, 정·종(正從) 6, 7, 8품의 낮은 품계에 속해 역사에 이름이 크게 알려져 있지 않아도, 서애가 직접 발탁하거나 다른 사람의 추천을 받아 적소에 앉힌 인물이, 그래서 전쟁 수행의 주축이 된 인재들이 바로 그때 그 당시 직접 전장에 나가 전쟁을 치르는 인물들의 절대다수를 차지한다. 다른 조신(朝臣)들은 도대체 무엇을 보고 있었나 할 정도로 인재 발굴과 기용에서 서애의 역할은 절대적이었다.

서애가 발탁하거나 추천하기 훨씬 이전 이미 중직(重職)에 올라 있던 인물들에 대한 서애의 지감 또한 뛰어났다. 예컨대 신립(申砬), 이일(李鎰), 김응서(金應瑞), 김명원(金命元) 등의 장재(將材)로서의 자질과 전쟁 하는 능력, 부하로부터 받는 신망과 병사를 다루고 대하는 태도, 그 하나하나에 대한 관찰의 예리함과 정확도가 실제 전쟁을 치르는 과정에서 그가 예측한 대로 판단한 대로 불행히도 너무 일치해 드러났다. 사람을 보는 그의 눈, 그의 지감력은 너무 놀랍고 너무 적중했다. 선조가 전쟁이 끝나도 그를 놓으려고 하지 않은 이유를 짐작하고도 남음이 있다.

신립이 왜군과의 첫 전쟁을 치르려 충주로 내려갈 때 장재로서 신립의 무략을 너무 잘 아는 서애는 그의 부장(副將)이며 사실상 수석참모로 김여물(金汝岉)을 딸려 보낸다. 김여물은 기축옥사(1589) 때 너무 가혹하게 너무 편파적으로 옥사를 다뤄 탄핵을 받아 물러나 있는 정철(鄭澈)의 수하로서 그때까지 감옥에 있었다. 서애는 김여물이 무략(武略)이 뛰어남을 직감하고 그를 풀어 신립에게로 보낸 것이다. 충주에 도착한 김여물이 이미 배수(背水)의 진(陣)을 굳힌 신립을 보고 이 싸움이 필패라는 것을 직감했다.

그는 신립을 보고 "배수진은 안 됩니다. 진흙 바닥인 논밭에서 말이 뛸 수가 없고, 더구나 총으로 무장한 적의 총구 앞에 우리 군사는 완전히 노출됩니다. 성(城)을 의지해 싸우는 것이 묘리(妙理)입니다"라고 말한다. 그러나 신립은 듣지 않고 오히려 화를 냈다. 이럴 때 배수진이 얼마나 묘수인지, 병법이라고는 전혀 모르는 자를 내려 보낸 조정 대신을 오히려 나무라고 욕했다. 죽음을 감지한 김여물은 마지막으로 아들에게 편지를 보낸다. "이 싸움은 필패다. 나는 여기서 죽는다. 남아가 나라를 위해 싸우다 죽는 것은 너무나 당연하지만 제대로 싸워 보지도 못하고 이렇게 죽는 것이 너무 원통하다."

서애 지인지감의 압권(壓卷)은 이순신이다. 서애는 어떻게 이순신을 알아봤을까? 서애(1542년생)와 이순신(1545년생)의 나이 차이는 세 살이다. 서애가 이순신을 처음 본 것은 이순신이 무과에 급제하기 전 20대 초반이고, 그때 서애도 20대였다. 서애가 서울 와서 문과에 급제해서, 그리고 한 동네 오직 이웃 사람으로서 이순신을 본 것이 처음이고 그리고 전부라 할 수 있다. 친구로서 서로 사귄 것도 아니고 같은 연령 집단 동료로 의기를 투합해 본 것도 아니다. 순전히 동네의 한 관찰자로서, 그것도 40대나 50대 장년의 나이로 20대 젊은이를 본 것이 아니라 같은 또래나 다름없는 젊은이로서 젊은이를 본 것이다. 그것도 '우연히' 몇 번 본 것이다. 오로지 몇 번, 그것도 한참 거리를 두고 떨어져서 본 것이다.

요사이 말로 '사회적 거리'를 두고, '심층적' 관찰자로서가 아니라 '무심한' 관찰자, 아니, 무심한 방관자(傍觀者)로서 방관이나 다름없는 관찰을 한 것이다. '무심한' 관찰자, 그것이 서애의 심층(深層)에 닿은 이순신을 보게 한 것이 아닌가? 『징비록』에도 이순신 이야기가 많이 나오지만 그것은 모두 이순신 출사(出仕) 이후이고, 출사 후 그의 직무 수행에서 그의 곧음(直)과 기개(氣槪)를 나타낸 것일 뿐, 장차 뛰어난 장재로서 기량을 나타낼 것이라는 대목은 아무데도 없다. 그저 '다른 사람과 다른 사람일 뿐이라는' 것뿐이다.

그런데 어떻게 낮고 낮은 직급(종6품)에 있던 그를 정3품 당상관으로, 그것도 말 타는 육군을 배 젓는 수군으로, 그 수군 중에서도 수군의 요직인 좌수사로, 좌수사 중에서도 전라좌수사로, 그렇게 그를 앉혔을까? 이는 사실만을 추적하는 사회과학으로서는 도저히 알 수도 설명도 할 수 없는 영역이다. 심지어 인사 참사(人事慘事)라고도 할 수 있는, 인사에서는 있을 수 없는 등용이며 승급을 그 많은 반대자를 물리치고 기어이 성사시키고 만 그 설득의 명분이며 저력은 어디서 나왔을까? 그렇게 해서 그 참혹한 전쟁에서 오늘날 '우리가 우리로 존재' 하게 했다 해도 그 결과만으로는 도저히 구명할 수 없는, "결코 이순신이 아니면 안 된다"는 그의 지감력은 그의 표층이 아닌 심층까지 내려가 봐야만 설명될 수 있다. 그래서 그의 시(詩)에 새삼스레 주목하는

것이다.[01]

3. 방법의 리더십

셋째로 방법(方法)의 리더십이다. 리더는 무엇을 할 것인가와 어떻게 할 것인가를 최종적으로 결정하는 사람이다. 조선시대는 '무엇을' 할 것인가를 체(體)라 했고 '어떻게' 할 것인가를 용(用)이라 했다. 체는 몸체며 원칙이며 뜻이고, 용은 쓰임이고 기술이고 방법이다. 체와 용의 뜻이 시사하듯, 용은 체의 하위 개념이다. 중요한 것은 용, 즉 방법은 체, 즉 그 원칙이며 뜻에 맞춰 시행하면 된다는 것이다. 그래서 체는 윗사람, 주인, 부리는 사람이 정하는 것이고, 용은 아랫사람, 하인, 부림을 당하는 사람이 윗사람들이 정해 준 원칙과 뜻에 따라 하기만 하면 된다는 것이다. 이처럼 조선시대는 어떻게 할 것인가의 방법의 개념이 없었고 경시했고 방법에 무지했다.

대표적인 예를 율곡(栗谷) 이이(李珥)와, 친구이며 같은 기호학파(畿湖學派)인 우계(牛溪) 성혼(成渾, 1535~1598)의 대화에서 찾을 수 있다. 성혼이 통진군수로 나가며 율곡에게 고을 다스리는 방법을 물었다. 율곡은 위

---

01 지감(知鑑)의 리더십에서, 리더의 지감이 먼저냐, 지감의 대상인 인재의 있고 없음이 먼저냐의 시비는 오래전부터 있어 왔다. 그 대표적인 것으로 당(唐)나라 최고의 문인인 한퇴지(韓退之, 한유韓愈, 768~824)의 글 「잡설(雜說)」을 들 수 있다. 여기서 한퇴지는 천리마(千里馬)가 먼저냐, 천리마를 알아보는 백락(伯樂)이 먼저냐의 논의에서 백락이 먼저라 하고 있다. 그 원문을 소개하면, "세상에는 백락이 있은 다음에 천리마가 있는 것이다. 천리마는 항상 있는 것이지만 그를 알아보는 백락은 항상 있지 않다. 그러므로 비록 명마(名馬)가 있다 해도 백락이 없으면 그 명마는 하찮은 다른 말들 틈에 섞여 아랫것들의 손에서만 길러져 여물통과 마판 사이를 배회하다 천리마로서 이름을 얻지 못하고 결국 죽고 만다(世有伯樂, 然後千里馬. 千里馬常有, 而伯樂不常有. 故雖有名馬, 祗辱於奴隷人之手, 騈死於槽櫪之間, 不以千里稱也세유백락 연후천리마 천리마상유 이백락불상유 고수유명마 지욕어노예인지수 변사어조력지간 불이천리칭야)."

읍이책(爲邑二策)—고을 다스리는 두 가지 방책이라며 '구폐일소(舊弊一掃)'와 '흥리제해(興利除害)'를 들었다. 묵은 폐단을 없애고, 이익을 늘리고 해 됨을 제거하면 백성이 잘산다는 것이다. 고을 다스리는 최고의 방법이라고 내놓은 것이 방법이 아니라 실은 원칙이었다. 어느 시대나 구폐일소와 흥리제해는 백성들의 바뀌지 않는 소망이다. 지금도 그것은 변함없는 원칙이다. 문제는 어떻게 그것을 실현하느냐의 방법이다. 조선시대 최고의 학자며 지식인이라는 분의 방법론에 대한 경시며 무관심이 이와 같다면 조선시대는 아예 방법론이 없다고 생각해야 할 것이다. 율곡 또한 체(體)는 있는데 용(用)이 없다고 비판 받는 이유도 거기 있다.

그러나 서애는 완전히 달랐다. 그는 율곡과 달리 체와 용을 겸비했다. 어느 조신(朝臣)이나 다 갖는 체는 다른 조신들과 공유하면서, 방법은 가장 실용적이며 실효적인 것을 강구했다. 그에게 실용적이지 않은 방법은 방법이 아니고, 실효적이지 않은 방법은 처음부터 시도하지도 생각하지도 않았다. 그렇다고 원칙에서 벗어나거나 도리에 맞지 않는 방법을 찾거나 택하려 하지 않았다. 조선조의 특징은 명분에 어긋난 방법은 설혹 그 방법으로 전투에 승리한다 해도 뒤에 반드시 탄핵을 당하는 것이었다.

임진왜란은 서애에게 사실상 군량 전쟁(軍糧戰爭)이었다. 1만 명의 군대에 요구되는 군량은 연간 7만 2천 석인데, 그것도 조선 주둔 명나라 군대의 65퍼센트 수준에서였다. 그 지급 수준에서 1만 명은 고사하고 1,500명의 군대 유지도 어려운 1만 석 군량 확보조차도 불가능한 상태였다. 그 불가능을 상당 수준에서 가능으로 전환한 서애의 방법이 유명한 공명첩(空名帖)이었다. 공명첩은 글자 그대로 실직(實職)이 없는 이름만의 벼슬을 내리는 제도다. 너무나 경직된 신분 사회였기에 곡식을 가진 사람들은 그 이름만의 문서일망정 사들였다. 이야말로 전시에는 으레 횡행했던 약탈식 내지 강탈식 군량 확보 방식이 아닌 민·관 자원(自願)의 호혜적 군량 확보 방식이었다.

이는 물론 서애가 아니면 도저히 생각해 내기 어려운 서애의 '방법의 리더십'의 하나일 뿐이다. 당시나 지금이나 리더에겐 '무엇을' 할 것인가의 원칙보다 '어떻게' 할 것인가의 방법이 훨씬 더 중요하다. 원칙은 그 안에 당위, 당연이 내포되어 있어 누구나 쉽게 공감하고 쉽게 일치를 보지만, 방법은 찾기도 어려울 뿐 아니라 찾아도 이견(異見)이 분분하다. 모두가 합의하는 방법은 찾기도 만들기도 아예 불가능에 가깝기 때문에, 원칙이 아닌 방법에 관한 한 리더의 역할이 절대적이다. 오직 리더에게만 그 역할이 주어져 있고 리더에게만 책임이 주어져 있다. 리더 아닌 다른 사람이 해도 그것은 리더의 위임일 뿐이다.

고대 그리스 때부터 서구에는 '뜻(원칙)이 방법이고 방법이 뜻(원칙)이다'라는 말이 있어 왔다. 현대에 와선 왕왕 '이념이 방법이고(Ideology is methodology), 방법이 이념이다(Methodology is ideology)'라고 말하고 있다. 방법을 찾지 못하면 뜻이든 이념이든 갖지 말라는 것이다. 말할 것도 없이 원칙도 세워서는 안 된다는 것이다. 방법이 없는 뜻은 펼 수도 없을 뿐 아니라, 펴면 펼수록 위기를 맞고 파탄하고 끝내는 재앙을 맞는다는 것이다.

임진왜란 중 이 '방법의 리더십'은 서애가 아니면 당시 누구도 가질 수도 없고 생각해 볼 수도 없는 서애 특유의 리더십이라 할 수 있다. 앞서 율곡과 성혼의 사례에서 보듯, 방법 개념이라곤 아예 없던 시대에, 어떻게 실용적이고도 실효적인 방법 개념을 가질 수 있었을까? 이 또한 무엇으로서 설명할 수 있으며, 설명해야 해명이 가능할까? 역시 서애 심층(深層)으로 귀환할 수밖에 없고, 그 심층에서 솟아오른 서애 시(詩)에서, 지금까지 해석해 온 사회과학이 아닌 인문학에서, 그 인문학적 상상력으로 추미(追尾)하고 추상(抽象)할 수밖에 없다.

III. 의식의 저류(底流)
—본연의 서애 리더십(2)

표층에 심층이 있다면, 그리고 표층의 보인 세계를 '동굴의 잔영'이라고 한다면, 심층의 그것은 '동굴 밖 햇빛'이다. 하지만 그 햇빛을 내 눈으로 직접 볼 수가 없다. 내가 사는 곳은 오로지 동굴 안의 세계다. 내가 천생적(天生的)으로 동굴 밖을 나갈 수 없고, 나갈 수 없는 한 밖의 그 생생한 빛은 내 육안의 소임이 될 수 없다. 내 육안은 영원히 그 빛을 보지 못한다. 오직 내 의식이 감지(感知)할 뿐이다. 그 의식은 저류(底流)의 의식이다. 표층의 심층처럼 의식의 저 밑자리에 저류가 흐른다. 바로 '의식의 저류'다.

강에서 저류는 강 저 깊은 곳 바닥에 흐르는 물이고, 바다에서 저류는 한바다 심해(深海)의 깊은 곳에서 흐르고 있는 물이다. 우리가 보는 강물은 강 표면의 물결이고, 우리가 보는 바닷물은 바다 표면에서 끊임없이 출렁이는 파도다. 이 표면의 물결이며 파도는 모두 그 저류가 흐르는 대로다. 그 저류의 반영(反影), 동굴의 잔영(殘影)처럼 저류의 그림자다. 밑이 조용하면 우리 육안(肉眼)의 물도 조용하다. 설혹 태풍이 일어도 노호(怒號)는 순간일 뿐이다. 밑의 흐름이 어떻게 되어 있느냐에 따라 위는 태평(太平)일 수도 있고 태란(太亂)일 수도 있다.

내 의식도 강물 바닷물처럼 저류가 있다. 바로 '의식의 저류'다. 내 속의 울화, 내 속의 불길은 모두 저류의 요동이다. 의식의 저 밑바닥 어디에서 꿈틀거리거나 요동치고 있는 것이다. 내 바깥의 표정, 지금 내 마음의 심상, 이 모두 저 의식의 저류에서 솟구쳐 나온 오직 바깥의 표상일 뿐이다. 그럼에도 나는 누구이며 그는 누구인가? 모두 무엇을 어떻게 하려는 존재들인가? 이 모두 표상일 뿐인 그의 글 그의 언사며 행동 행적에서 찾고 찾으려 한다. 하지만 서애의 또 다른 리더십을 보면서 서애 본연(本然), 그 '의식의 저류'가 또 어떻게 어떤 모습으로 흐르고 있는가를 보려고 한다.

4. 준비의 리더십

넷째로 준비(準備)의 리더십이다. 서애는 준비의 달인(達人)이라 할 수 있다. 준비의 종류와 방법, 무엇을 먼저 준비해야 할 것인가의 준비의 우선순위와 준비 양의 수준, 그리고 준비가 가져다줄 결과의 효과와 점검, 이 모두를 꿰뚫고 있었다. 체와 용을 함께 겸비하고 함께 통달(通達)해 있었다 해도 조금도 지나치지 않았다.

그는 선조 따라 의주에 머물고 있는 86명의 그 호성공신(扈聖功臣)들과는 완전히 달랐다. 이 86명의 조신(朝臣)들은 일반 백성들 모두가 겪는 전쟁의 비참함이라고는 제대로 겪어 보지도 않은 채 나중 호성공신이라는 최고 공훈 호칭의 공신이 된다. 임진왜란의 기막힌 역설(逆說)이었다. 서애는 이들과는 달리 영의정이면서도 전장의 현장이며 바로 그 현장의 후배지에서 다음 전쟁 준비며 이미 치른 전쟁의 뒤치다꺼리에 여념이 없었다.

　그는 평양이 왜군에 점령되어 있을 때는 평양과 의주 사이, 주로 안주(安州)를 중심으로, 그리고 왜군이 남쪽 해안 지역으로 물러났을 때는 도체찰사로서 전국을 누비며 준비와 대비에 골몰했다. 가장 힘든 군량 준비는 물론, 무너진 성곽의 수리와 재축성, 화약과 병기의 재생산과 재개발, 속오군 등 군제(軍制)의 재편성과 개편, 심지어는 소금 생산과 국경 무역까지, 어느 한 곳 그의 손길이며 정성이 미치지 않은 곳이 없었다. 그 과정에서 그는 심한 치질을 앓았고, 잠자리가 전쟁 폐허의 백성들 헛간 짚더미 위가 된 때도 여러 번 있었다. 그는 정말 '영의정'이었는가? 역사에 어느 영의정이 그렇게 할 수 있었는가?

　준비의 리더십에서 '준비'란 무엇인가? 어리석은 질문으로, 지도자는 왜 그토록 '준비'하는가? 역사에서 위인들, 성공한 위인들은 모두 준비에 통달한 준비의 달인들, 준비의 달자(達者)들이었다. 왜 달자가 되도록 그토록 준비에 전력하는가? 이유는 단 하나, 예감(豫感) 때문이다. 예감은 장차 일어날 사태를 미리 감지(感知)하고 느끼는 것이다. 예감은 동시에 직감(直感)이기도 하다. 직감적으로 사태를 파악하고 예견(豫見)하고 예측(豫測)하는 것이다. 많은 변수를 동원해서 인과 관계를 따지기 전에, 준비에 철저한 사람은 계산에 시간을 낭비하지 않고 즉각적으로 아는 것이다. 마치 시험 준비를 열심히 하는 학생이 시험 문제를 미리 예감하고 예측해서 좋은 성적을 내는 것과 같은 것이다.

　예감(感)하면 예견(見)이 되고, 예견이 되면 예측(測)하고 그리고 예비(備)한다. 예비는 대책을 세우고 강구하는 것이다. 1593년 1월 이여송(李如松)이 어떻게 평양 전투에서 고니시 유키나가(小西行長)를 이길 수 있었는가? 그것은 서애의 '예감' 덕분이었다. 그는 당시 아무도 상상할 수 없었던 간첩을 '예감'한 것이다. 안주에서 전쟁 준비에 골몰하던 그는 유키나가의 평양과 선조의 의주 사이에 간첩이 횡행함을 직감했다. 그래서 잡아낸 것이 대간첩 김순량(金順良)이었다.

김순량은 40여 명의 간첩을 거느리고 숙천 안주 의주까지 들어가지 않은 곳이 없었다. 일이 있기만 하면 곧바로 유키나가에게 직접 보고했다. 이 간첩을 잡아냄으로써 이여송이 대포를 끌고 압록강을 건너 숙천 안주를 지나 평양성 문턱에 이르도록까지 유키나가는 몰랐고 그리고 기습을 당해 패주했던 것이다. 서애의 오랜 '준비'가 가져다준 '예감 능력' 덕분에 사실은 이여송이 평양 전투에서 이길 수 있었던 것이다. 그런데 잇따라 벌어진 벽제관 전투에서 이여송이 참담한 패배를 당한 것은, 그것도 유키나가의 주력 부대가 아닌 지류 소부대에 당한 것은 '준비' 없이 이여송이 달려든 때문이었다.

5. 유연(柔然)의 리더십

다섯째로 유연(柔然)의 리더십이다. 유연(柔軟)이라 하지 않고 유연(柔然)이라 한 것은, 앞의 유연이 부드럽고(柔) 부드러움(軟)의 겹침이라면, 뒤의 유연은 그냥 부드러움(柔)의 자연스런(然) 모습이기 때문이다. 어느 어휘를 택하든 유연의 리더십은 굳고 단단하고 고침을 쉽게 허락하지 않는 경성(硬性)의 리더가 이끄는 리더십이 아니라 그 반대로 부드럽고 무르고 쉽게 고침을 허락하는 연성(軟性)의 리더가 이끄는 리더십이다. 이 대조되는 두 개의 리더십은 어느 것이 더 좋고 더 나쁘냐의 차이가 아니라, 이끄는 집단에 따라 또 맞는 상황에 따라 어떤 리더십이 더 효과적이냐의 차이다.

어쨌든 서애는 연성의 리더이고 유연의 리더십을 최고도로 발휘한 리더다. 어떤 상황에서도 그리고 어떤 상대를 맞아서도 그는 경성을 드러낸 일이 없고 상대를 긴장하게 하지 않았다. 부드럽게 대화를 이끌고 부드럽게 설득하며 그리고 부드럽게 상대와 협의했다. 그와 상대하는 명나라 장군들은 상당히 '야만적'이었다. 원래 장군 무인들이 그러했다 해도 그들은 정도가 지나쳤다. 그것은 사신으로 온 문인들의 경우도 크게 다르지 않았다. 오늘날도 외교가에서 그들 중국인의 얼굴이며 태도에서 젠틀맨십이며 교양을 읽기 쉽지 않다면, 당시는 오죽했겠느냐 상상할 수 있다.

그러나 그들은 이상하리만큼 서애 앞에서는 순(順)했다. 다른 조신들을 대하는 것과는 달리 오만하지도, 억지를 부리거나 화를 내거나 고함을 지르는 일이 없이 서애의 말, 서애의 주장과 요구에 잘 따르고 잘 받아들였다. 심지어 명나라 황제의 기패(旗牌)를 내세우며 서애의 요구와 주장을 꺾으려 할 때도 결국은 물러서 서애를 따랐다. 선조도 기이하게 생각할 정도로 명나라 사신이며 장군들은 서애와 친면(親面)했다. 그리고 조선에서는 오직 '류성룡'뿐이라는, '제일의 재상'으로 존경했다.

도대체 서애의 그 무엇이 그들을 사로잡았는가? 유능제강(柔能制剛), 부드러움이 굳셈을 제압한다는 그 단순한 생활 경험 때문이겠는가? 그 경험만이라면, 부드러움이라고 다 굳셈 것을 이기는 것은 아니다. 굳셈 앞에 꺾이는 부드러움이 수도 없이 많다. 당시 조선 조신들 중 '부드러운' 인물이 오직 서애만이었겠는가. 사실 명나라 사신이며 장군들 앞에 '부드럽고' 공손하고 거기에 예절까지 바른 조신들은 한둘이 아니었다. 실제로 그들과 마주했던 조신들의 대다수라 할 수도 있다. 그런데 왜 유독 서애인가?

이는 서애가 갖는 리더십, 그 유연의 리더십이 단순히 연성(軟性), 그 부드러움 이상의 것이 거기 있었기 때문이다. 그것은 미상불 굳셈을 제압하는, 심지어는 부드러움 자체까지도 초월하는, 영성(靈性) 카리스마가 있었기 때문일 것이다. 그 영성 카리스마가 '의식의 저류'에 흐르고 있고, '의식의 저류'에 흐르는 만큼 눈으로 확인할 수는 없지만 의식으로는 느껴지기 때문이다. 그 '의식의 저류'는 다시 그의 시(詩)에서 읽을 수 있고, 그의 시(詩)를 읽는 것만큼 그의 시심(詩心)에서 찾을 수 있을 것이다.

6. 권력 비(非)이데올로기화의 리더십

여섯째로 권력 비(非)이데올로기화의 리더십이다. 이데올로기(ideology)는 쉽게 말해 한 개인이나 사회 집단의 사상이고 믿음이고 주의(主義)다. 그냥 이념이라고도 하고 관념이라고도 한다. 이념은 이상적(理想的)인 것으로 여겨지는 생각이고, 관념은 어떤 일이나 사실 사건들을 바라보는(觀) 생각(念)이다. 한마디로 이데올로기는 '생각'이다. 이 생각이란 것이 천사만억(千思萬憶) 혹은 천사만려(千思萬慮)라는 말처럼 천 가닥 만 가닥으로 나누어지고 흩어져 있어, 이 생각들을 가닥을 잡고 틀을 만들고 체계를 세운 것이 우리가 일반적으로 쓰는 사상이고 이념이고 이데올로기다.

여기서 '권력 비(非)이데올로기화(化)'라는 말은 권력을 이데올로기로 만들지 않는다는 말이다. 이 말은 일반적으로 상용되는 말이 아니고,

이 글에서 조어(造語)한 것이어서 사실상 생소한 말이다. 그래서 핵심부터 말하면, 지금까지 모든 권력자에게 권력은 이데올로기였다. 역사상 어느 권력자도 자기가 잡은 권력을 이데올로기로 생각지 않는 권력자는 드물었다. 없는 것은 아니지만 참으로 희소했다. 그것은 한번 권력을 잡으면, 그것이 높은 지위의 대권(大權)이든 낮은 지위의 소소(小小)한 권력이든 절대로 놓으려 하지 않는 것이다. 그것이 이데올로기를 버리려 하거나 바꾸려고 하지 않는 것과 똑같다는 것이고, 그래서 권력의 이데올로기화(化)라고 말하는 것이다.

그렇다면 여기서 말하는 '이데올로기'란 무엇인가? 그것은 종교에서 신(God)과 같은 개념이다. 종교인에게 신은 내가 섬기는 거룩한 존재이고, 내가 사는 의미이며, 내가 존재하는 이유다. 신은 나를 행복하게 해 주는 수단이 아니라, 그 신을 믿음으로써 내가 행복하게 되는 내 삶의 목적이다. 신은 나의 주인이고 나는 그의 종이다. 종교의 신으로 이같이 바뀐 이데올로기를 '이데올로기화(化)'라고 말한다. 지난 세기 사회주의 공산주의자들의 이데올로기가 꼭 그러했다. 그들에게 사회주의 공산주의 이데올로기는 세상을 잘살게 해 주는 수단이 아니라 세상 사람 모두가 그 이데올로기를 위해 살아야 하는, 심지어는 목숨까지 바쳐야 하는 목적 그 자체였다.

권력이 이데올로기화한 권력자에게 권력은 삶의 목적이며 삶의 존재 이유다. 그래서 이데올로기처럼 버리려 하지 않고 이데올로기처럼 섬기고 이데올로기처럼 매달리고 숭상하는 것이다. 내가 왜 권좌에 앉으려 하고, 권력을 잡고, 권력을 행하려 하는가. 보다 많은 사람을 잘살게 하기 위해서, 어렵고 힘들게 세상 사는 사람들을 도와주기 위해서, 적폐를 개선하고 좋은 제도를 만들고, 가능한 한 힘자라는 데까지

공정과 정의를 펼치기 위해서라는 명분이다. 그런 권력자는 존재하지도 않고 기대할 수도 없다. 그것은 오직 권력자들—큰 권력이든 작은 권력이든—의 명시적(manifest)이며 겉으로 내세운 이유일 뿐이다. 잠재적(latent)이며 숨어 있는 이유는 오직 군림(君臨)이며 위압이며 위세다. 의뭉스럽고 두려운 권력의 이데올로기화(化)이며 공포다. 전통 사회, 특히 조선은 권력 이데올로기화(化)의 전형이었다.

예외적으로 서애는 철저한 권력의 비(非)이데올로기화(化)였다. 그에게 권력은 일을 하기 위해서도 쓰임이나 소용이 없었다. 그는 보스(boss)가 아니라 리더(leader)였다. 그는 영의정으로서 도체찰사로서 최고의 지위에 올라 있으면서도 아랫사람들에게 "하라"가 아니라 "하자"였다. 지시가 아니라 실은 협의고 논의였다. 그는 아랫사람들에게 위압으로서의 권력자가 아니라 존경으로서의 권위자였다. 그는 언제나 '책임을 지는 자'였고 '책임을 묻는 자'가 아니었다. 그의 자리는 봉사(奉事) 봉공(奉公)의 자리였다. 그래서 그는 끝내는 지쳤고, 그리고 떠나려 했다.

7. 물러남의 리더십

그리고 그는 떠났다. 그리고는 다시 돌아오지 않았다. 그는 지위(地位)를 떠났고 관위(官位)를 떠났다. 심지어는 높은 관직이 종생(終生)토록 남기는, 아니, 자손 대대로 그 명예와 위세가 전해지는 전통 사회 특유의 그 관위(官威)에조차 무심했다.

그리고 그는 완전히 서울을 떠났다. 다시는 서울로 돌아오지 않았다. '물러남의 리더십'은 관직을 떠나는 것만이 아니라, 실은 서울을 떠나는 것이다. 서울에 남아 있음은 언제고 임금 곁으로 다가갈 '가망(可望)'을 남기는 것이다. 예나 이제나 서울은 '가망의 도시'였다. 그때는 높은 벼슬자리를, 지금은 부(富)와 높은 지위를 가망케 하는 도시가 서울이다. 서울을 떠남은 그 요술 같은 가망을 완전히 없애는 것이다.

그래서 또한 예나 이제나 서울을 중심으로 수도권이라는 것이 생겨났다. 옛날의 수도권은 임금이 벼슬자리를 놓고 부르시면 하루 만에 당도하는 거리, 소위 '내포십현(內浦十縣)'이다. 충청도 53현 중 서울 쪽 10현—조치원에서 당진까지 선을 그으면 그 이북에 속하는 지역들이다. 물론 논산 등 일부 여타 지역도 있었지만, 물러난 벼슬아치들의 대다수는 이 10현에 머물며 임금님의 부름을 기다렸다. 기다리는 것만큼 '물러남'이 없고, 서울을 향해 안달하는 것만큼 나이 아무리 들어도 벼슬을 사양하고 물러나는, 옛말 그대로의 '치사(致仕)'라는 것이 없었다.

송강 정철의 가사(歌辭) 「관동별곡(關東別曲)」은 물러난 자기에게 벼슬을 내린 임금님의 은혜, 그 끝없는 은혜를 노래해서, 시작부터 "어와, 성은이여, 가디록 망극하다"였다. 망극(罔極)은 끝이 없고 다함이 없는 것이다. 그토록 임금님의 은혜가 하늘만큼 높고 땅만큼 넓은가? 그럴 리는 없다. 예나 이제나 글 배운 사람은 그토록 아부하지 않는다. 그런데 왜 정철은 그러한가? 물러나지 않으려 했기 때문이다. 임금님의 그 지극한 은혜—벼슬만 내리면 물러남이 저절로 없어지기 때문이다.

백사 이항복은 또 어떠한가? 철령(鐵嶺) 높은 재를 넘어 함경도로 유배 가면서까지 "고신(孤臣)의 눈물"을 저 구름아 "비 삼아 띄여다가 임금 궁궐에 뿌려 다오" 했다. 임금님이 다시 불러 주기만 하면 유배를 가도 다시 돌아와 물러나지 않아도 되기 때문이다.

그러나 서애는 달랐다. 완전히 물러났고 완전히 떠났다. 이러한 서애의 본연, 본모습을 무엇으로 설명할 것인가? 아니, 어떻게 찾아낼 것인가? 무엇이 그를 이토록 특유한 리더십의 소지자로 만들었는가? 왜 그는 다른 조신들과 그토록 달랐는가? 글에서도 행태에서도 충정에서도 성심에서도 그리고 서사적이며 서술적인 기록에서도 어느 것 하나 다른 조신들과 같음이 없었다. 그래서 그의 본연 본모습, 태어나면서 갖는 하늘이 부여한 그의 성(性)을 찾으려 한다. 그리고 그의 '의식의 저류'로 내려가 보려 한다. 심층을 내려가 봐야 비로소 표층의 의심을 풀 수 있고, 동굴 밖을 나가 봐야 그 '동굴의 잔영'—그림자의 실상을 볼 수 있다. 그래서 다시 그의 시(詩)에 주목한다.

제8장

중용, 위대한 정서

— 류성룡의 귀의(歸意)

I. 왜 류성룡 시(詩)인가

류성룡의 시(詩)는 방대(尨大)하다. 오직 '방대'하다는 말 외에는 달리 표현할 길이 없을 만큼 수에서나 양에서나 규모에서 그러하다. 수(數)로는 900수(首)에 가깝고, 양에서도 지금까지 우리말로 풀이된 것만도 500쪽, 평균 5권이 넘는다. 규모는 그 구상(構想)의 크기와 담대함이다. 서정과 서사, 세사(世事)와 자연, 도학과 향학(向學), 은자와 구도(求道)가 모두 그 상(想) 속에 아우러져 있고, 우국충정과 보국안민, 육친애와 효제(孝悌) 우의(友誼)는 물론, 이를 넘어서 달과 별, 구름과 바람과 비, 하늘과 우주까지 깃들어 있다. 그래서 그 읊조림에는 풍류가 있고 낭만이 흐른다.

시만 쓰는 전문 직업 시인이 아님에도 이렇게 많은 시를 남겼다는 것은 정말 기이한 일이다. 더구나 전시 수상으로 기나긴 전쟁을 치르고, 전시 아닌 평시에도 중직을 맡아 평생을 국사에 전념한 관인(官人)으로서는 상상을 불허하는 것이다. 그는 아마도 전생이 시업(詩業)이거나, 그래서 운명적으로 현생의 업에 관계없이 타고난 시인인지도 모른다. 비유가 적절한지는 차치하고, 두보(杜甫)의 말대로 "죽어서도 시작(詩作)을 멈추지 않겠다(사불휴死不休)"는 사람이거나, 라이너 마리아 릴케처럼 "쓰지 않고는 살지를 못한다"는 사람들이 모두 그런 운명의 시인이라 할 수 있다.

미당(未堂) 서정주(徐廷柱)를 두고 "그의 1,000편이 넘는 시업은 단군 이래 최대의 시인이라는 호칭을 자연스럽게 만들어 준다"고 극찬한 것에서도[01] 류성룡의 '방대한' 시업이 함께 겹쳐진다. 그러나 '단군 이래 최대 시인'이라는 서정주의 그것과 류성룡의 그것이 우선 양(量)에서 비슷한 수의 시작(詩作)이라 해도, 이 둘이 결코 같은 유형, 같은 선상에 놓일 수 있는 것이 아니다. 무엇보다 서정주의 시는 우리말 우리시이고, 류성룡의 시는 한문 한시다. 전자는 우리 언어 문학의 전통이 형성되고 강고해지던 시기의 것이고, 후자는 우리 언어 문학의 전통이 극히 미미했던 시대의 그것이다.

더구나 지금 우리에게 그때 한시를 최고의 수준에서 우리글로 옮겨 놓았다 해도 그 시는 영어, 불어나 다름없는 외국어 시다. 한문 한시가 우리말 시처럼 익숙한 사람들이 있다 해도 그 수는 역시 소수이고, 그 소수마저도 '시의 즐거움'—시락(詩樂)의 수준에서 시를 읽고 암송하는 사람은 더더욱 적다. 어느 평론가는 "우리 한국인은 지금 시와 시인의 왕국에서 살아가고 있다 해도 지나치지 않을 만큼 시를 사랑한다. 시가 죽었느니 침체했느니 말하는 사람이 있어도, 시는 여전히 우리 곁에서 우리의 사랑을 받고 있다. 많은 사람들이 시를 즐겨 읽고 깊이 감동받고 끊이지 않고 열심히 시를 쓰고 있다"[02]고 했다. 그러나 이 시의

---

01 유종호, 『시 읽기의 방법』, 73쪽.
02 서정주·방민호 공저, 『시를 써야 시가 되느니라』(2007), 서문.

왕국에서 찬사 받는 그 많은 시 가운데 우리 선조들이 쓴 한시(漢詩)는 결코 끼지 않는다.

그런 시의 차별이 극심한 나라에서 류성룡의 한시가 알려지기 시작한 것은 극히 최근의 일이다. 『국역 류성룡 시』로 번역되어 5권까지 나온 것은 2000년대도 한창 넘어서서다.[03] 두보(杜甫), 이백(李白) 등 중국 한시가 아니고 우리나라 한시가 그렇게 큰 분량으로, 그것도 상세한 주석까지 붙여 소개된 것은 미상불 유사 이래 처음 있는 일이라 할 수 있다. 불행히도 모국어가 아닌 한문으로, 그래서 번역되지 않고는 우리 머리로 우리 심장으로 다가갈 수 없었다 해도 우리말로 옮겨진 그만큼 류성룡 시는 값지고 의미가 있다.

왜냐하면 거기에는 우리만의 오열과 환희와 고뇌가 깊이 스며 있고, 우리 산과 우리 강, 우리 냇물, 심지어는 우리 하늘, 우리 구름과 우리 바람이, 때로는 세차게 때로는 은은하게 또 때로는 훈훈하게 불고 있기 때문이다. 한자라는 글자는 같아도, 그 글자에서 내어 쉬는 호흡이 다르고, 혈맥이 다르고, 그 혈맥에서 풍기는 피의 냄새가 다르기 때문이다. 그 문자가 우리 것이 아니라 해도 그 글자로 표현된 그 시에 실린 마음은, 감정은, 느낌은, 생각은 그리고 기쁨과 슬픔은 '너무도 모두 우리 것이구나'를 류성룡 시는 어느 절(節) 가릴 것 없이 참으로 절절(節節)이 일러 준다.

II. 숨겨진 보물, 우리 옛 한시(漢詩)

류성룡 시(詩)도 우리 옛 한시(漢詩)다. 한시는 한자를 얼마만큼 아는

---

03 류명희·안주호 역주·감수, 『국역 류성룡 시』 1~5권(2014).

기성세대도 읽고 이해하고 즐기기에는 너무 힘들다. 힘든 것만큼 그런 이해력을 가진 사람은 드물 수밖에 없다. 그러나 누군가는 이 보물 창고를 열고 안으로 들어가 보물들을 하나하나 챙겨 봐야 한다. 수장(收藏)된 보물은 햇빛을 보기 전까지는 그냥 물질에 불과하다. 그 물질에 혼을 불어넣고 가치를 매기는 것은 창고 밖을 나오면서다. 우리 한시도 그냥 창고 안에 넣어만 두고 있기엔 우리 문화의 너무 큰 사장(死藏)이다. 그것은 문화의 죽임이며 낭비다.

옛것이 대개 그러하듯, 그 옛것을 잘 캐내면 지하 광맥과도 같다. 금, 은, 동, 주석, 심지어는 다이아몬드, 캐면 캘수록 풍부하기 그지없는 지하 광산이다. 이 풍부한 지하 광산, 지하자원에는 반드시 그것을 캐내겠다며, 덤비며 매달리는 '기성(旣成)'이 있어야 한다. 기성은 기성품(旣成品)처럼 이미 만들어져 있는, 사람으로는 '이미 이루어져 있는' 사람들이다. 옛 문화가 있는 사회, 문화가 겨울눈처럼 겹겹이 쌓여 있는 사회는 반드시 이런 '기성'이 있고, 그 기성이 층을 이루어 엷든 두껍든 '기성층(旣成層, the completed)'이라는 것을 형성한다.

사회는 이 '기성층'이 있어 성숙하고, 그리고 이 기성층 안에 더러 지탄을 받기도 하지만 '유한층(有閑層, the leisure class)'이라는 것이 있어 격(格)을 높인다. 잔칫집의 한량 혹은 악사(樂士)들처럼 보이는 이 '유한층'이 있어 사회는 풍성하고, 문화는 지하든 지상이든 아직 잠겨만 있던 보물 창고가 열린다. 앞만 보고 달리는 젊은이들, 새로운 부와 지식을 창출하는 프론티어들에겐 이 유한층은 '할 일 없는', 의미도 기능도 기여도 없는 무용지물(無用之物)에 지나지 않는다. 그러나 노자(老子)의 '무용의 용(用)'처럼 이들이 있어 사회는 경박하지 않고, 갈등에 쉽게 흔들리거나 휩싸이지 않고, 안정되고 중후한, 기품 있는 사회가 된다.

류성룡 한시를 새롭게 조명하는 이유도 거기에 있다. 곁들여 우리 옛 한시 수편을 골라 일별하는 것도 그런 보고(寶庫)를 여는 의미가 있다. 우리 옛 한시는 역사가 오래인 것만큼 그 수와 양 규모 역시 방대하다. 이를 간추리고 간추려 『한국의 옛시』[04]에 수록된 것만 소개해도, 명단에 오른 시인 수는 신라·고려 45인, 조선이 238인, 그리고 시의 편수는 365개다. 이는 말할 것도 없이 우리 옛 시의 진보(眞寶)에 비기면 빙산의 일각이다. 그 일각조차도 지금 우리, 특히 우리 젊은 세대의 눈에는 생소(生疎)하고 생경(生硬)하기 그지없다. 낯설고 어색하고 친숙하지 못함이 영국과 미국, 서구 문학에도 비길 바가 못 된다. 보물은 그렇게 버려지고 있다.

1. 심금(心琴)—우리 마음의 거문고

1) 우리 한시의 조(祖)—최치원(崔致遠)

우리 한시의 조(祖)는 고운(孤雲) 최치원(崔致遠, 857~?)[05]이다. 고려 제일의 문장가로 일컬어지는 백운(白雲) 이규보(李奎報, 1168~1242)[06]는 "동방 학자들은 모두 그가 처음 시(詩)의 문을 열었다고 한다"고 하고 있다. 교과서에도 나오는 그의 시 「추야우중(秋夜雨中)」은 이미 천수백 년 전의 심금(心琴)인데도 지금 우리 마음의 거문고가 되어 있다. 지금도 너무나 감동에 차서 그제나 이제나 울리고 울림은 내내 그대로다. 어째서 역사는 그렇게도 흘러갔는데, 세상은 그렇게도 달라졌는데, 마음은

---

04 김희보 엮음, 『한국의 옛시』(증보, 2005).
05 신라 말기 당(唐)에서 활약한 시인이며 문장가.
06 고려 고종(高宗) 때 문장가, 『백운소설(白雲小說)』의 저자.

그렇게도 한결같은가. 한 핏줄이기에 그러하고 한 자연이기에 또 그러한가.

　　秋風唯苦吟, 世路少知音.　추풍유고음 세로소지음
　　窓外三更雨, 燈前萬里心.　창외삼경우 등전만리심

　　가을바람에 괴로이 읊조리나니
　　세상에는 통하던 친구 다 가고 없고
　　한밤중 창밖에 비는 쏟아지는데
　　마음은 만 리 밖을 달리고 있네.

　시는 긴 설명이 필요 없다. 읽고 또 읽고 또 읽으면 나도 모르게 시인의 지음(知音)이 된다. 시인이 읊는 시, 타는 거문고는 모두 나의 울림으로 바뀐다. 그래서 내가 시인인지, 시인이 나인지 분간 불능의 순간에 이른다.

2) 이어지는 천년—정지상(鄭知常)

　고려를 넘어오면 정지상(鄭知常, ?~1135)[07]이 있다. 호는 남호(南湖), 고려 제일의 시인이다. 교과서에도 실려 학생들에게도 진즉 알려진 역사 인물이다.
　「대동강(大同江)」이라고도 하고 「송인(送人)」이라고도 하는 이 시는 중국에서도 일찍부터 애송된 시다.

───────────

07　고려 인종(仁宗) 때의 문신. 묘청(妙淸)의 난에 연루되어 죽음.

雨歇長堤草色多, 送君南浦動悲歌. 우헐장제초색다 송군남포동비가

大同江水何時盡, 別淚年年添綠波. 대동강수하시진 별루연년첨록파

비 갠 언덕 풀빛은 푸른데

남포로 님 보내는 구슬픈 노래

대동강물 언제 마르랴

이별의 눈물 해마다 더하고 있는데.

현대 시인 이수복(李壽福)의 시 「봄비」[08]에 이런 구절이 있다.

이 비 그치면

내 마음 강나루 긴 언덕에

서러운 풀빛이 짙어 오것다

푸르른 보리밭길

맑은 하늘에

종달새만 무어라고 지껄이것다 (…)

이 시의 도입 부분이 정지상의 그것과 하나의 정한(情恨), 하나의 정조(情調)다. 정(情)도 한(恨)도 같이 서려 있고, 감정 조절도 같이하고 있다. 천년의 긴 세월, 그 세월의 기나긴 흐름을 잇고 또 이어 함께 하나로 끝없이 이어져 있는 것이다. 그같이 옛 고시(古詩)의 울림은 먼 산사

---

08 봄비가 그친 뒤의 해맑고도 애틋한 시정(詩情)을 한국적인 정감으로 노래한 시. 교과서에
    도 실려 있다.

(山寺)의 저녁 종소리처럼 이음에 끝이 없다. 그래서 옛 한시들이 숨겨진 보고인가.

3) 원천으로의 귀향―이규보(李奎報)

이규보의 「만망(晩望)―밤에 강산을 본다」는 조선에서는 쉽게 찾기 어려운 정말 고려인다운 시다. 이규보가 왜 '고려 제일'이라는 칭호를 받는지는 이 시만 보아도 알 수 있다. 그는 시의 원천이 무엇이며 어디 있는지를 너무 잘 알았다. 바로 이 시 한 편이 그를 말해 주고 있다.

李杜啁啾後, 乾坤寂寞中. 이두조추후 건곤적막중
江山自閑暇, 片月掛長空. 강산자한가 편월괘장공

이백 두보가 소리 한번 내고 간 뒤
천지가 모두 적막하구나
강산은 여전히 한가하고
조각달은 하늘 높이 걸려 있는데.

한시의 원조는 중국이지만 그 중국에 이백 두보가 간 뒤 또 누구를 내세울 수 있는가. 그 아무도 내세울 수 없음에 빈자리는 그대로이고, 그 빈자리 메우지 못해 그로 하여 강산은 적막한가. 시인 이규보의 절묘한 물음이다. 모두 이백 두보의 소리(조추啁啾)를 내려고만 하면 그것은 진면(眞面)이 아니고 가면(假面)이다. 임서(臨書)이고 모방이다. 시의 원천은 이백 두보가 아니라 저 하늘과 땅의 적막(寂寞), 그 적막함이다. 오직 무궁하기만 해서 고요하고 쓸쓸하고 외롭고 의지할 데가 없다.

그 천지를 느끼면 느낄수록 그 천지는 오로지 나만의 것이 되고, 천상천하유아독존(天上天下唯我獨尊), 나는 외로이 고고히 저 장공(長空), 넓고 넓은 하늘에 걸린 달이 된다.

그 달도 가득 찬 만월이 아닌 조각달 편월(片月)—반달이다. 반달은 차츰 채워져 만월이 되고 점차로 기울어져 조각달로 돌아온다. 천문학에선 만월도 편월도 같은 하나의 달이지만 내 마음속 달은 미당(未堂)의 「동천(冬天)」[09]처럼 초승달 다르고 편월 만월이 다 다르다. 차고 기욺이 다 달라서, 흘러내리는 빛이 달라서, 쏟아지는 기운이 달라서, 그럴 때마다 모양의 미(美)가 다르고, 기(氣)가 다르고, 둘러싼 기분이 다르고, 감도는 느낌이 다르고, 그래서 가치가 다르고 신앙이 다르고 엉기는 애정이 달라서, '우주의 적막', '강산의 한가', '편월의 장공', 퍼내도 퍼내도 다하지 않는 그 무진장함, 그것이 시의 원천이다. 그래서 '이규보'이고, 그래서 이백, 두보의 소리는 내지 않는다. 그만의 소리일 뿐.

4) 숨음(은隱)과 떠남(리離)—길재(吉再)

고려에는 삼은(三隱)[10]이 있고, 그 가운데 야은(冶隱) 길재(吉再)가 있다. 이 길재의 시, 「술지(述志—뜻을 적다)」는 제목과 달리 실은 뜻을 잊거나 버리거나 멀리하는 것이다. 다른 사람의 경우 이 '술지'의 지(志)—그 '뜻'은 세상에 대한 뜻이다. 그러나 길재는 이 세상에 대한 뜻을 거부

---

09 서정주, 「동천(冬天)」, "내 마음 속 우리 임의 고운 눈썹을 / 즈믄 밤의 꿈으로 맑게 씻어서 / 하늘에다 옮기어 심어 놨더니 (…)." 여기서 눈썹은 초승달, 미완성의 세계를 가리킨다 하고 있다.

10 삼은(三隱)은 포은(圃隱) 정몽주(鄭夢周), 목은(牧隱) 이색(李穡) 그리고 야은(冶隱) 길재(吉再)—모두 고려 말 고려가 망할 무렵의 고려를 대표하는 문신(文臣)들이다.

한다는 것이고, 세상 뜻과 인연을 끊는다는 것이고, 세상 사람 모두가 매달리는 그 뜻에 매이지 않고 작별한다는 것이다. 그럼으로 해서 세상으로부터 '숨음(은隱)'이라 해도 좋고, 그 세상으로부터 '떠남(리離)'이라 해도 좋다.

臨溪茅屋獨閑居, 月白風淸興有餘. 임계모옥독한거 월백풍청흥유여
外客不來山鳥語, 移床竹塢臥看書. 외객불래산조어 이상죽오와간서

시냇가 초가, 홀로 사는 한가로움
달 밝고 바람 맑아 흥취가 인다
사람 오지 않으니 산새가 말을 걸고
대숲에 침상 놓고 누워 읊는 옛글들.

그는 이미 고려의 수명이 다한 것을 알았고, 그 다한 명(命)을 포은(圃隱)처럼 한편에서 붙잡으려 하는 것도 불가(不可)하고, 목은(牧隱)처럼 이편저편 다 함께하려는 것도 '되는 일' 아니다. 그래서 갈 곳은 죽오(竹塢)—산언덕 위 푸르름 가득한 대밭밖에 없다. 대숲이 천명(天命)이다. 대숲은 절의(節義)도 있고 기개(氣槪)도 있다. 굳이 지키려 안 해도 의리가 있고 믿음—신념이 있다. 대숲엔 후회도 회한도 슬픔도 쓰림도 더구나 다툼도 없다. 햇볕 쪼여 푸르면 되고 바람 따라 울면 된다.

그 대숲에 왜 사람이 오는가? 무엇을 술지(述志)하려, 무슨 '뜻을 적으려' 사람이 오는가? 대숲엔 밝은 달 맑은 바람 그리고 오직 산새만 있다. 산새가 산새 말로 나에게 말을 건다. 나는 내 말로 산새와 주고받는다. 그리고 산새와 노래한다. 그러다 고단하면 대숲으로 옮긴 침

상에 눕는다. 산새와 놀다가 산새가 제 새끼 제 짝 찾아 날아가면 나는 심심하고 외롭다. 그러면 책을 펼친다. 누워서 편안히 읽는다. 그것이 나의 뜻이다, 나의 술지(述志)다. 그래서 자유로움이여, 한가로움이여, 감흥 그리고 흥취로움이여.

2. 반면시어(反面詩語)—선자(仙子) 착상

신라, 고려를 넘어 조선(朝鮮)으로 오면 류성룡에서 보는 '자유'며 '귀의(歸意)'를 담은 시가 많지 않다. '숨은 보고(寶庫)'로서의 옛 시라 해도 도학적이고 인륜적이고 교훈적인 시가 너무 많다. 신라, 고려와 달리 수백 년을 내리 쏜 주자학의 햇살이 너무 강해서다. 그 햇살을 조금이나마 피해 그늘에서나 받아 볼까 생각하는 것도 겨우 선자(仙子), 신선류의 착상이다. 우암(尤庵) 송시열(宋時烈)[11]의 「탁발(濯髮)」이라는 시가 그렇다.

濯髮淸川落未收, 一莖飄向海東流. 탁발청천낙미수 일경표향해동류
蓬萊仙子如相見, 應笑人間有白髮. 봉래선자여상견 응소인간유백발

맑은 내에서 머리 감다 떨어진 머리카락 거두지 못하네
그 한 올 동해 향해 나부끼며 흘러가리
봉래산 신선이 이를 보면 뭐라 할까
인간 세상엔 백발 있다고 깔깔깔 웃겠지.

11 우암(尤庵) 송시열(宋時烈, 1607~1689), 숙종 때 문신 노론의 영수.

흐르는 시냇물에 머리 감으니 머리카락 몇 올쯤은 냇물에 씻겨 떠내려가기 마련이다. 특히 늙은이 흰 머리카락은 더 많이 떨어져 더 멀리 동해바다로 흘러 흘러 갈 것이다. 이 시의 자안(字眼)은 그다음 구절에 있다. 자안은 글자의 눈이고 그 시의 핵심이다. 이 시의 핵심은 봉래산 신선이고 그리고 그 신선이 늙은이 흰 머리카락을 보고 "세상에, 사람들에겐 흰 머리카락이 있다니" 하고 깔깔깔 웃는 것이다.

많은 사람들이 신선이 되고 싶어 한다. 근심 걱정 없고 아웅다웅 다툼 없는, 그리고 병도 늙음도 없는, 더 이를 것도 없이 흰 머리카락도 없는, 그 신선이 되기를 바란다. 오늘날은 그런 신선 사상, 신선 생각이 희박하지만 우암 시대, 그 중세 시대는 누구나 신선을 소망했다. 그렇다면 우암의 이 시는 말할 필요도 없는 것을 시의 '자안'으로 삼은, 시의 '자안'으로서는 동어반복이다. 영어로는 미디오커(mediocre)한 것, 평범한 그릇, 매력 없는 부적격이 이 신선이다. 조선시대의 많은 시들이 도학, 인륜 교훈을 못 벗어나는 것도 미상불 그래서일 것이다.

만일 이 시의 '자안'을 지금 시인들 보고 만들라 하면 뭐라고 할까? 절대로 봉래산 신선은 아닐 것이다. 신선은 으레 인간의 흰 머리카락을 보고 웃는 것이니까. 웃지 않으면 신선이 아니니까. 그렇다면 '봉래산 선자' 자리에 그 어떤 대상을 앉혀야 진짜 이 시의 '자안'이 될까? 나는 전문 시인이 아니지만, 그럼에도 내가 만일 쓴다면, 그것은 인간과 대별되는, 혹은 허황한 있지도 않은 신선과는 유(類)가 다른, 흰 머리카락 없는 영원한 것, 아마도 '죽음'이라는 것이 없는 '절대적(絶對的)' 삶, '자연(自然)'이라는 것이 될 것이다. 그 자연은 우리 동해바다의 영원한 주인, 신선하고 그지없이 약동하는 생물, 명태며 고등어며 정어리 갈치 오징어 등의 생물이 될 것이다.

그 고기 떼가 바로 조해선어(朝海鮮魚)다. 조해(朝海)는 아침 바다이며 동시에 조선 바다다. 선어(鮮魚)는 신선하고 생생한 자연의 약동하는 고기 떼, 생선이다. 그들은 인간의 흰 머리카락을 감히 얼마든지 깔깔거리고 웃을 수 있다. 그들은 영원한 존재이고, 그리고 그들보다 더 영원한 존재는 없다. 그들은 있지도 않은, 인간이 만든 허구의 신, 신선이 아니라, 신선보다 더 오래 사는, 신선보다 더 격(格)이 있는 최고의 자연이다. 더구나 광활한 바다, 그 광대무변한 우주에서 마음대로 유영하는 그들의 자유는 언제나 우리의 상상을 넘어선다.[12]

물론 우암 시의 「탁발」이 조선 시를 대표하는 것도, 조선 시의 전형(典型)도 아니다. 그러나 조선의 뭇 선비들이 그의 시를 칭송하고 암송한다. 심지어는 이 시 한 편만으로 "이 노인의 스케일이 웅장하다는 것을 알겠다"[13]고 말하기도 한다. 하지만 시가 웅장하고 또 호방하다 해서 '자유'하지는 않다. 웅장 호방은 심한 과장이고 외면에서의 으리으리함이다. 그러나 자유는 내면의 세계이고, 그 내면에서 자아의 거리낌 없음이다. 그것은 조선 도학자들의 시의 세계와는 거리가 멀다.

---

12   정민 편역, 『우리 한시 삼백수』(김영사, 2013), 410~411쪽.

13   그래서 이 시의 자안을 바꾸면,

朝海鮮魚如相見, 應笑人間有白髮. 조해선어여상견 응소인간유백발

아침바다 선어들이 흰 머리카락 보면 뭐라 할까
깔깔거려 웃으며 인간 세상엔 백발 있다고.

3. 정(情)과 한(恨)—우리만의 고유(固有)

1) 몽혼(夢魂): 꿈의 넋—이명한(李明漢)

그래서 시의 원천에 다시 주목해서 인간과 자연과 사유, 정서(情緒)와 정한(情恨)과 정의(情意)의 세계로 다시 들어가 보면 조선시대에도 그에 충만한 시들이 적지 않다. 먼저 이명한(李明漢, 1595~1645)의 한역시(漢譯 詩) 하나를 보면,[14] 인간 마음이 흐르는 그 물줄기의 상수원, 그 근원(根 源)은 문화와 교육이 바뀐다 해서, 그리고 부모와 훈장들의 가르침이 달라진다 해서 다르거나 바뀌는 것이 아니구나를 생각하게 된다.

夢魂相尋屐齒輕, 鐵門石路亦應平. 몽혼상심극치경 철문석로역응평
原來夢徑無行迹, 伊不知儂恨一生. 원래몽경무행적 이부지농한일생

그리운 님 찾아 꿈속 헤매다 나막신 다 닳았네
철문도 돌길도 모두 닳아 다 평평해졌네
꿈길이야 원래 자취가 없건만
누가 알랴 이 한스러움 이 나의 슬픔을.[15]

이명한은 송시열보다는 조금 앞 세대 문신으로 병자호란 때는 척화

---

14 『우리 한시 삼백수』, 411쪽.
15 우리 고시조(古時調) 해설집에 실린 이 시조의 원문은 다음과 같다.

"꿈에 다니는 길이 ᄌᆞ최곳 나랑이면
님의 집 창밧기 石路라도 달으련만ᄂᆞᆫ
꿈 길이 ᄌᆞ최 업스니 그를 슬허ᄒᆞ노라."

이 시조를 『해동소악부』에는 신자하(申紫霞, 신위申緯)가 한역해 놓았다 했다.

파(斥和派)로 지목돼 심양(瀋陽)까지 잡혀갔지만 뒤에 대사헌 대제학에 이조판서 예조판서까지 지낸, 벼슬 문벌이 아득히 다 높은 전형적인 조선 사대부다. 그런 사대부도 생래(生來) 본연의 정한(情恨)을 꿈속까지 감출 수는 없어, 그렇게 나막신 굽이 다 닳고 철문 돌길이 다 헐리고 평평해지도록까지 님을 그려 헤매는 것이다. 주자학의 햇살이 아무리 세다 해도 몽혼(夢魂)——'꿈의 넋'이 다니는 그 무의식의 세계까지 비추지는 못하는 것이다.

2) 자유의 나래——허난설헌(許蘭雪軒)

조선에는 신라, 고려에는 안 보이는 여류 시인들이 있다. 류성룡에서 보는 '자유와 귀의(歸意)'에서 '조신'의 남자들은 모두 조선 여류 시인들에 미치지 못한다.

박목월의 시에 이런 시가 있다.

산수 좋기로 이름난

한국의 처녀야

흐르는 가람마다

감아 빗은 머리채…

이승 아니면 저승에서라도

그 기나긴 등솔기에

한 번만 얼굴을 묻게 해다오. (「송가頌歌」)

어쩌면 수백 년을 사이에 두고 조선 여류(女流)들은 지금 우리 시인들이 읊는 그대로 미(美)가 같고, 열정이 같고, 정념(情念)이 같은가. 감정

따라 일어나는 감히 억누를 수 없는 생각들이 그렇게 '자유'로운가.

人言江南樂, 我見江南愁. 인언강남락 아견강남수
年年沙浦口, 腸斷望歸舟. 연년사포구 장단망귀주

사람들은 강남이 즐겁다 말하나
나 보기엔 강남이 수심어린 곳이다
해마다 해마다 이 포구에서 보고 있나니
애간장 태우며 떠나는 배여.

참 묘한 시다. 허난설헌(許蘭雪軒, 1563~1589)의 「강남곡(江南曲)」이다.
허난설헌은 『홍길동전』을 쓴 허균(許筠, 1569~1618)의 누이다. 어렸을
때부터 시재(詩才)가 뛰어났고, 뛰어난 것만큼 요절했다. 가정의 삶도
불행했다. 「빈세음(貧世吟)」「동선요(洞仙謠)」「곡자(哭子)」「봉선화가」 등
뛰어난 작품들이 있다. 지금 우리에겐 신사임당(申師任堂)을 넘어서고도
남는 귀재인데도 조선조 내내, 이유야 번연하지만, 묻힌 광맥 숨겨진
보고(寶庫)가 되어 왔다.

이 시에서 배가 떠나는 사포(沙浦)가 어딘지는 알 필요가 없다. 오직
강남, 오늘날 저 강남구처럼 수없는 사람들이 왔다 가는 곳이거니, 땅
값도 집값도 비싸고, 그 비싼 땅, 집 가진 부자와, 돈 가지고도 월세 전
세도 얻기 어려운 사람들이 서로 맞대고 사는 곳, 그래서 포구를 떠나
는 사람들 마냥 애간장이 타지 않는 날이 없는 곳, 이런 강남이 그때도
있었거니 생각하면 된다. 사람 모여들고 시끄럽게 모여 사는 곳은 예
나 이제나 변함이 없어서 사고의 자유로운 나래가 펴지는 상상의 세계

에선 이미 그때 그 허난설헌이 지금 이 강남도 함께 본 것이다.

年年江南口, 腸斷望移住. 연년강남구 장단망이주

해마다 해마다 강남구에선
애간장 다 태우며 서로 마주하나니, 떠나는 사람도 머무는 사람도.

허난설헌의 그때 그 강남에서처럼 강남에선 이사 가는 사람도 이사 오는 사람도 애간장이 타는 것은 고금(古今)에 변함이 없다. '자유와 귀의', 그 자유와 상상을 함께하는 사람들은 마치 거울로 비추듯 시공을 넘어와 그때도 보고 지금도 보는 것인가. 그래서 우리 옛 시에서 숨겨진 보물을 지하 광맥 찾듯 찾고 있는 것이다.

3) 왜 조선인가—황진이(黃眞伊)

조선(朝鮮)은 어떤 나라인가. 이건창(李建昌)의 『당의통략(黨議通略)』에 의하면, 조선은 역대 어느 왕조에서도 볼 수 없는 8개 특징을 가지고 있다. 그중 순서대로 앞의 4개만 보면,[16] 첫째로 도학태중(道學太重)이다. 도학의 이름을 빌려서 자기의 허물을 감추고 남의 허물을 찍어 낸다. 도학은 원래 자신을 극복하고 사심을 없애는 학문인데, 거꾸로 자신을 이롭게 하려는 마음만 가득 채워서 스스로 무궁한 화를 만들어 내고 있다는 것이다.

---

16 이건창(李建昌, 1852~1898) 호는 영재(寧齋), 조선조 말 문인. 『당의통략(黨議通略)』은 이민수(李民樹) 역, 을유문화사, 1972년. 나머지 4개는 '대각태준(臺閣太峻), 관직태청(官職太淸), 벌열태성(閥閱太盛), 승평태구(承平太久)'이다.

둘째로 명의태엄(名義太嚴)이다. 명분과 의리가 지나치게 엄하고 모질고 가혹한 것이다. 명분과 의리는 원래 공평하고 치우침이 없고 정당한 것인데, 유독 혼자만 그런 것인 양 떠들고 주창하고 성인인 체하며 세상을 속이고 있다는 것이다.

셋째로 문장태번(文章太繁)이다. 문장이 넝쿨처럼 늘어지고, 반복 부연하는 수식이 심해서, 그 누구도 알 수 없는 복잡 번다한 글을 쓰면서, 그 글로 남이 쓴 글의 자구(字句)를 들추어내어 죄주고 악용함이 우리 조정보다 심한 나라가 없다는 것이다.

넷째로 형옥태밀(刑獄太密)이다. 당파의 화(禍)가 서로 이어져 죽이고 죽이는 것에 법도가 없는 나라가 조선이라는 것이다. 죄지은 본인만이 아니라 연좌(緣坐)까지 해서 친구며 친척 붕류(朋類)를 모두 섬멸하고, 그러다 권력이 바뀌면 어김없이 잔인하게 보복함이 무상할 정도로 반복하는 것이 이 조선이라는 것이다.

이건창의 이 『당의통략』에서 보면 조선은 나라가 아니다. 이런 나라에서 조정은 물론 백성이 어떻게 사느냐는 것이다. 그래서 다산(茶山) 정약용(丁若鏞)은 "백성은 오직 관가만 알고 조정 벼슬아치들은 오직 임금의 궁가만 안다(백성유지관가 조정유지궁가百姓唯知官家, 朝廷唯知宮家)"고 쓰고 있다. 관가만 있고 궁가만 있다면 오늘날 우리가 아는 그 '나라'는 어디 있느냐는 것이다. 이런 나라 이런 '조선'에 황진이(黃眞伊)가 있다는 것은 참으로 놀라운 것이다. 놀라움을 넘어 기이한 것이다. 황진이는 이런 조선에 사막의 오아시스다.

月下庭梧盡, 雪中夜菊黃. 월하정오진 설중야국황
明朝相別後, 情與碧波長. 명조상별후 정여벽파장

달빛 비치는 뜰에는 오동잎 지고

서리 맞는 들국화는 노랗게 피네

내일 아침 우리 서로 이별한 뒤에

우리 정은 강물 되어 푸르게 이어지리.

　월하의 달과 설중의 눈, 하나는 하늘이고 하나는 땅, 하나는 유구(悠久)이고, 하나는 유한(有限)이다. 그 유구에는 지는 오동잎이 있고, 그 유한에는 피는 들국화가 있다. 절묘한 대별(對別)이고, 오직 황진이에서만 보는 대별이다. 우주도 대별이고 인생도 대별인데, 푸른 강물 물결지어 흐르는 그 대별을 오직 황진이가 말해 주어서 별(別)을 새로이 느끼고, 새로이 보는 것이다. 내일 아침 우리는 떨어진다. 그리운 님은 멀리 간다. 가도, 멀리 가도, 푸른 강물처럼 이어 주는 것이 있다. 정(情)이다. 자리를 넘어 시간을 넘어 시공을 넘어 이어 주는 정이 있다. 황진이는 이 '위대한' 정을 노래하는 것이다. 누구에게도 거리끼지 않고 얽매이지 않는 오직 '자유'이기만 한 정[17]을 노래하는 것이다.[18]

III. 류성룡의 귀와(歸臥)

　시는 누구나 쓸 수 있다. 정(情)이 있고 한(恨)이 있고 의(意)만 있으면

17　정(情)은 모든 언어 중에서도 가장 어휘가 풍부하다는 영어로도 번역이 안 되는, 오직 우리만이 갖는 어휘라 할 수 있다. '정'을 sympathy, compassion, pity, 혹은 mercy, charity, 혹은 감정을 나타내는 feeling(s), sentiment, emotion, 혹은 heart 등으로 표현할 수도 있지만, 사실 우리가 쓰고 느끼는 우리의 이 '정'은 이 모든 영어 어휘들을 다 합친 말이라 할 수 있고, 혹은 다 합쳐도 우리말 '정'과는 다른 것이라 할 수도 있다. 특히 이 시에서 보는 황진이의 '정'은 그러하다 할 수 있다.

18　『청구영언(靑丘永言)』 『해동가요(海東歌謠)』 『가곡원류(歌曲源流)』에 나오는 그 어느 시조보다 황진이의 시조가 가장 뛰어나다는 것은 이미 시조인들에 의해 평(評)해진 것이

된다. 그리고 언어 기술(記述) 능력도 있어야 한다. 물론 그 능력은 특별할 필요는 없다. 보통이면 누구든 쓸 수 있다. 단, 의(意)가 있어야 한다. 의는 쓰겠다는 마음이고 혹은 쓸 수 있다는 의지다. 사람은 태어날 때 정을 가지고 태어난다. 살아가면서 한이라는 것도 생겨난다. 이는 모두 자기 의지와 관계없다. 천부(天賦)일 수도 있고 섭리(攝理)일 수도 있고 자연일 수도 있다. 의(意)도 내 안에 들어 있는 것이다. 오직 발동하느냐 하지 않느냐만이 내가 하는 것이다.

그러므로 시를 쓸 수 있는 시의 원천(源泉), 바로 시의 샘은 누구나 다 갖고 있다. 그 샘의 물이 풍부하냐 아니냐도 사람 따라 별 차이가 없다. 왜냐면 사람은 모두 그만그만하니까. 특별한 사람도 더러 있지만, 더러 있는 그 특별한 사람도 특별히 시를 잘 쓰거나, 또 시를 꼭 쓰는 것은 아니니까. 문제는 내가 오직 시를 쓰고 싶으냐, 기어이 써야 하겠느냐의 내 의지다. 그래서 어떤 사람은 시를 쓰고 어떤 사람은 시를 전혀 쓰지 않는다. 시를 쓰는 사람도 그 일생에서 얼마나 시에 매진하느냐도 사람에 따라 다 다르다.

문제는 누구나 다 시를 쓸 수 있고 또 시를 열심히 쓴다고 해서 모든 시가 역사에 다 남는 것은 아니다. 역사란 묘한 것이어서 언제나 불평등하다. 불평등할 뿐 아니라 공정(公正)하지도 않다. 물론 그 불평등은

고, 그중에서 한역(漢譯)된 것이면서 본래의 그 어느 한시보다 우리 마음을 흔드는 '위대한' 정을 노래한 시를 하나 적으면,

靑山影裡碧溪水, 容易東流爾莫誇. 청산영리벽계수 용이동류이막과
一到滄海難再見, 且留明月影婆娑. 일도창해난재현 차류명월영파사

청산리 벽계수야 수이 감을 자랑 마라
일도창해하면 도라오기 어려우리
명월이 만공산하니 수여 간들 엇더리.

인간이 보는 불평등이고 인간이 생각하는 불공정이다. 하느님의 생각에서, 섭리의 진행에선 전혀 다른 것인지도 모른다. 어쨌든 시간이 가면서 어떤 시는 계속 살아남고 어떤 시는 땅속에 묻혀 버린다. 물론 좋은 시가 오래 살아남겠지만 별스럽지 않은 시도 오래오래 낭송되고 기억된다.

설혹 그렇다 해도 우리의 옛 한시들은 우리가 오래 기억해 오고 또 기록해 놓은 것만큼 좋은 시며 빼어난 시들이라고 생각해야 한다. 문제는 우리의 옛 한시들이 이백, 두보에 못지 않은 시의 원천에 다가가 있음에도, 그래서 한시를 이해하고 즐기는 사람들에겐 더없는 시의 보고(寶庫)—보물 창고에 가득한 보물임에도, 지금 절대다수의 문인들에게도 거의 절대적으로 잊힌 보물이 되어 있다. 잊힌 보물, 숨겨져 있는 보물은 사람들이 찾아내 햇빛 아래 나오기 전까지는 보물이 아니다.

류성룡의 한시(漢詩)도 그 하나다. 다른 한시들과 마찬가지로 언어, 한문이라는 문화 장벽에 막혀 아는 사람만 알고 읽는 사람만 읽는다. 그러나 앞서 말한 대로 『한국의 옛시』에 수록된 한시들은 이 문화 장벽을 상당히 걷어 내서 높은 수준에서 한시의 이해와 한시가 주는 즐거움을 함께 누릴 수 있도록 선사하고 있다. 『한국의 옛시』에 실린 류성룡의 「재거유회(齋居有懷)」—서재에 머물며 떠오른 생각을 통해 그의 시 세계를 그리고 그의 시심(詩心)을 보려 한다.

細雨孤村暮, 寒江落木秋. 세우고촌모 한강낙목추
壁重嵐翠積, 天遠雁聲流. 벽중남취적 천원안성류
學道無全力, 臨岐有晚愁. 학도무전력 임기유만수

都將經濟業, 歸臥水雲陬. 도장경제업 귀와수운추

부슬비 내리는데 산마을은 저물고
가을 강물은 찬데 떨어지는 나뭇잎들
산초록빛 서재 벽은 남기[19] 거듭 어울리고
하늘엔 기러기 울음소리 멀리멀리 흐른다
학도[20]에는 온 힘을 쏟아도 미치지 못해
저 높은 봉우리[21] 오르지 못함을 뒤늦게사 후회하네
이제와 내 장차 할 일은[22]
수운(水雲)마을로 돌아가 사는 것.

이 시만큼 류성룡을 잘 나타내는 시도 드물다 생각된다. 물론 류성룡의 그 많은 시들이 류성룡의 특색을 모두 잘 나타내고 있지만, 그럼에도 유독 이 시를 택한 이유는 『한국의 옛시』에 이 시가 대표적으로 올라 있기 때문이다.

이 시는 두 부분으로 구성된다. 앞 4행과 뒤 4행. 앞 4행은 한 폭의 그림이다. 내가 살던 어렸을 때의 내 고향은 꼭 그러했다. 아마도 조선시대는 더 그러했을 것이다. 설혹 그러하지 않았다 해도 그때는 그러하다고 생각해야 한다. 왜냐면 그때는 다 그러했으니까. 이를 4개로

---

19 남기(嵐氣): 해 질 무렵 멀리 보이는 푸르스름하고 흐릿한 기운.

20 학도(學道): 학문과 도(道), 혹은 학문의 길.

21 임기(臨岐): 여기서 岐는 준(峻)과 같은 의미로 '높고 험함'을 의미한다.

22 도장경제업(都將經濟業)은 '장차 하려는 나라 경영, 세상 다스림'과 같은 큰일 대업(大業)을 의미한다. 여기서는 '물과 구름이 흐르는 수운마을로 돌아가 사는 것', 그것이 바로 경제업이라는 의미.

나눠서 보면 류성룡이 뭘 소망하고 뭘 지향하는지를 알 수 있다. 좋은 시일수록 모두 그 사람의 본연(本然)이니까.

1. 세우(細雨)

세우는 부슬비, 이슬비라고도 하고 가랑비라고도 한다. 우리말 우리 느낌에 이 세 비는 조금씩 다 다르다 해도 한자는 모두 가늘 세, 가늘 게 오는 비, 세우(細雨)다. "나 하늘로 돌아가리라"(「귀천歸天」)라는 시로 유명한 천상병(千祥炳) 시인의 시에 "오늘은 부실부실 부슬비가 오는데 / (…) 그래서 나는 이곳이 좋아 이곳이 좋아" 하는 시가 있다. 400년 전 류성룡의 세우나 지금의 천상병 부슬비나 그때나 이제나 시인들이 함께하는 비는 다 같이 이 같은 가는 비였는가.

천상병 시에서나 다름없이 류성룡의 그 부슬비 내리는 그곳은 외딴 마을 산마을이다. 어느 화가가 그 산 밑 마을을 그린다고 상상해 보라. 그 마을 뒤편으로는 소나무 밤나무 참나무 싸리나무들이 숲을 이룬 야 트막한 산일 것이고, 앞에는 강, 그렇게 넓지도 깊지도 않은, 꼭 하회 마을을 돌아가는 그런 강물일 것이다. 가을이 와서 물은 찬데, 그 찬물 위로 나무들은 이젠 수명이 다된 잎들을 한 잎 두 잎 떨어뜨릴 것이고, 강물은 아무런 뜻 없이 그 잎들을 실어 갈 것이다. 그러나 잎들은 지금 까지 붙어 있던 그 나무들의 정(情)을 잊지 못할 것이고, 그래서 유수무 의(流水無意), 낙엽유정(落葉有情)의 스토리가 만들어질 것이다.

옛날 옛적, 어느 시인이 "유수무의송도화 도화유정수유수(流水無意 送桃花, 桃花有情隨流水)"라 읊었다. 흐르는 강물은 생각이 없어 (자기에게 온) 복숭아꽃을 그냥 흘려 보내는데, 복숭아꽃은 정을 품고 강물 따라

가더라는 것이다. 류성룡의 "한강낙목추(寒江落木秋)"도 그와 같을까? 가을 강 그 찬물을 차다 하지 않고 마냥 다가온 낙엽들, 가을 강은 그 낙엽에 뜻을 둘까 두지 않을까? 낙엽은 그 강물에 정을 쏟을까 쏟지 않을까? 아니면 그 정을 자기를 떠나보낸 그 나무에 계속 두고 있을까?

2. 성류(聲流)

해 질 무렵 멀리서 보이는 흐릿하면서 푸르스름한 기운, 그것이 남기(嵐氣)다. 그 남기에 산초록빛이 겹쳐 서재 벽은 이중으로 푸르름이 더했다. 그 서재에 앉았는데 하늘 저 멀리서 기러기 울음소리가 들린다. 그러나 그 기러기 울음소리를 들린다 하지 않고 '흐른다' 했다. "천원안성류(天遠雁聲流)"—성류는 '소리가 흐른다'이다. 절묘한 표현이다. 기러기 울음소리가 하늘 멀리멀리로 '흐르고 있는 것'이다. 가을 되면 시인들은 기러기를 찾는다.

> 기러기 떼는 무사히 도착했는지
> 아직 가고 있는지
> 아무도 없는 깊은 밤하늘을
> 형제들은 아직도 걷고 있는지 (…) (김규동, 「송년送年」)

이 시에서 김규동 시인은 기러기는 '간다' 했고 혹은 '걷는다' 했다.

> 열두 살 때의 찬서리 오던 그 달밤 하늘을
> 줄지어 울고 가던 기러기 소리

예순다섯 해나 지났건만은

아직도 귀에 울리는 듯하여라. (서정주, 「기러기 소리」)

미당 서정주도 '가다' 혹은 '울리다' 했다. 미당의 또 다른 시에도 '걸어 걸어'라 했고, 또 '간다' 했다.

기럭 기럭아 너는 무슨 재주로

꽁꽁 언 하늘을 걸어 걸어

구만 리 먼 나그네길 지칠 줄도 모르나

동지섣달 밤하늘을 이마로만 걸어 걸어

짐도 없이 시리운 영원(永遠)처럼만 가느냐.

율곡(栗谷) 이이(李珥)는 「화석정(花石亭)」이라는 시가 있다. 이 「화석정」은 조선시대 많은 선비들이 받들어 읽고 높이 칭송하던 시다. 지금도 한시 좋아하는 사람들은 많이 읊는다. 모두 8행으로 되어 있는데, '기러기'가 나오는 뒤 4행만 보면, "산토고륜월 강함만리풍 한홍하처거 성단모운중(山吐孤輪月, 江含萬里風. 寒鴻何處去, 聲斷暮雲中)"이다.

산에는 둥근달이 솟아오르고

강에는 끝없는 바람이어라

기러기는 어디로 가는가

저무는 구름 새로 소리 끊겼어라.

이 시를 옛사람들이 좋아하는 것은 '산, 달' '강바람'의 대구(對句)에

다 아마도 산이 입으로 달을 토해 낸다는 '산토(山吐)'와 강이 입으로 바람을 머금다는 '강함(江含)'에 똑같이 입 구(口)가 들어 있어, 요사이 말로 비주얼(visual)—시각 효과가 미상불 있어서일 것이다. 이는 중국 시인들이 즐겨 쓰는 글자 용법인데, 그러나 율곡의 이 시는 시차(時差)가 잘못돼서 시로서는 억지로 짜맞춘 것이 된다. 시 구성으로서 전혀 자연스럽지 못하다는 의미다. 왜냐면 가을날 고륜월—수레바퀴같이 완전히 둥근 만월이 뜨는 시간은 어둠이 캄캄한 밤 6~7시가 넘어서이고, 기러기가 서쪽 하늘로 날아가는 시간은 황혼이 어둑어둑 깃들기 시작하는 저녁 4~5시 무렵이다. 만월이 뜰 때는 기러기는 없고, 기러기가 날 때는 만월이 없다.

그러나 본론으로 다시 돌아가면, 울음소리다. 현대 시인 김규동과 서정주는 모두 기러기가 그냥 '울며 간다' '소리 내어 간다' 했다. 그런데 율곡은 "성단모운중(聲斷暮雲中)—구름 사이로 기러기 울음소리가 끊겼다" 했고, 서애는 "천원안성류(天遠雁聲流)—하늘 멀리멀리로 기러기 울음소리가 흘러간다" 했다. 서애와 율곡만 놓고 보면, 한 사람은 '흐르는 기러기 울음소리'를 생각하고, 다른 한 사람은 '끊어진 기러기 울음소리'를 생각한다. 한 사람은 연속적으로 흐르는 자연, 유유자적하는 자연을, 다른 한 사람은 순간적으로 단절되는 자연, 의지 냉철의 자연을 생각했다 할 수 있다. 그래서일까. 서애는 당시로서는 장수를 했고, 율곡은 요절했다 할 수는 없어도 쉰이 되기도 전에 죽었다.

3. 귀와(歸臥)

물과 구름이 흐르는 수운(水雲)마을(村墺)로 돌아가 살자 혹은 살겠다

는 것이다. 이 구절은 우리 옛 한시 어느 편에서도 발견하기 어려운 착
상(着想)이다. 앞서 '성류(聲流)'의 절묘함에서처럼 이 또한 절묘하기 이
를 데 없다. 먼저 마을 추(陬)를 보면 이 마을은 보통 들판에 자리 잡고
있는 흔히 보는 그런 마을이 아니라 반드시 언덕 아래 있는, 언덕을 뒤
로 해서 그 앞에 터를 잡고 있는 마을이다. 그리고 마을 앞으로는 어느
강의 지류처럼 그렇게 넓지도, 깊지도 않은 물이 흘러간다. 그것이 옛
사람들이 말하는 마을이란, 한자에서 가리키는 추(陬)라는, 언덕 부(阝)
가 붙은 마을이다.

　구름은 언제나 언덕 위의 구름이다. 언덕이 있어 구름이 모인다. 그
언덕에는 수림(樹林)이 있고 수풀 잡목이 성하다. 그래서 다람쥐 토끼
노루 사슴이 논다. 구름은 그들을 보고 모여든다. 그리고 마을 앞으로
는 쉬지 않고 풍족한 냇물이 혹은 작은 강물이 흘러간다. 그 냇물 강물
에는 봄에는 도화(桃花)가, 가을에는 낙엽이 함께 가자며 떨어진다. 흐
르는 물이야 뜻이 있든 없든, 떨어진 도화 낙엽도 정(情)을 갖든 안 갖
든, 물은 흐르고 꽃과 낙엽은 떨어진다. 그래서 수운마을 수운추(水雲
陬)다. 그래서 그 마을로 돌아가 살겠다, 귀와(歸臥)[23]하겠다 하는 것이
다.

　온 힘을 모아 학문의 길에 전력(全力)도 해 보았다. 그러나 그 길에는
전력이란 것이 없었다. 쏟아도 쏟아도 쏟지 않음과 같은 '학도무전력
(學道無全力)', 바로 그것이었다. 그래도 그 높은 봉우리를 향해 오르고
오르려 노력도 했지만 끝내는 뒤처지기만 했다. 뒤늦게사 후회하고 탄
식해도 또 후회하고 탄식해도 매양 높기만 한 그 봉우리, 그래서 '임기
유만수(臨岐有晚愁)'라 읊었다. 하지만 수운마을로 가는 길은 율곡의 시

23　귀와(歸臥): 돌아와 사는 것, 돌아와 쉬는 것.

구대로 '유명기유인(由命豈由人)'이었다.[24] 누구에게나 명(命)이란 것이 있어 사람이 마음대로 하는 것이 아니었다.

　명(命)에 따라 조정으로 불려 나와서 나라 경영도 하고, 백성도 잘살게 하고, 세상도 이롭게 하는 충군애국의 길에도 들어서 보았지만, 헛되고 헛되었다. 전쟁을 맞아 나라 지키고 나라 살리기 위해 뼈가 부스러지도록 애도 써 보았지만 이 나라 일으키는 자강(自强)의 길은 멀기만 했다. 자칭 천군(天軍)이라는 명군(明軍)도, 불공대천지원수라는 왜군(倭軍)도 하나도 차이가 없는 남의 나라 군대였다. 내 나라는 오직 내가 임자다. 임자인 내가 임자 노릇을 잘못해서 왜군에게도 짓밟히고 명군에게도 짓밟혔다. '도장경제업(都將經濟業)'은 내가 이 나라를 재조(再造)하고 내가 이 나라를 부흥시키는 대업이다. 수운마을 서재에서 갖는 유회(有懷)다.

IV. 위대한 정서(情緖)

　사람은 남과 더불어 산다. 홀로 있고 싶은, 고독한 존재가 되고 싶어도 하지만 홀로 살 수는 없다. 반드시 남과 함께 살아야 하고, 남과 꼭 관계를 맺으며 살아야 한다. 흔히 말하는 사회관계며 사회 공동체를 만들어야 한다. 그런데 도대체 무엇이 이렇게 남과 꼭 더불어 함께 살도록 하는가? 그것은 혼자서는 생업(生業)을 할 수 없기 때문이다. 먹고살기 위해 일을 해야 하는데, 그러기 위해선 반드시 남과 '연결(connection)'되어야 한다. 그래야 협업을 할 수 있고 협동도 할 수 있

24　율곡의 「구퇴유감(求退有感)」 첫 구 "행장유명기유인(行藏由命豈由人)", 사람의 일생 운명에 의한 것이지 사람에 의한 것 아니다.

다.

　그러나 일을 위해서 연결되는 그것만으로 사람은 꼭 관계하고 함께 일하지는 않는다. 그것은 필요조건이지만 충분조건은 아니다. 충분조건은 사람과 사람 간의 서로 당김이다. 우주에 만유인력이 있어 우주가 되듯이 사람과 사람 사이에도 서로 당김, 인력(引力)이란 것이 있어서 사회관계가 만들어지고 사회 공동체가 형성된다. 그러면 무엇이 이 사람간의 당김, 인력을 만들어 주는가? 도대체 무엇이 있어 나는 저 사람에게 이끌리는가? 저 사람은 그 무엇으로 나를 이렇게 당기는가? 물론 숨겨진 매력(魅力)이 있어서다. 매력—그 매력의 매(魅)는 남을 홀리는 것이다. 남의 눈을 홀리고 정신을 홀리는 것이다.

　그 홀리는 것이 무엇인가? 그것이 정(情)이고 정서(情緖)다. 사람은 정이 있어 남에게 홀리고 정이 있어 남과 서로 당김이 있는 것이다. 이 정 이 당김이 유달리 심한 것이 한국인이라 생각한다. 한국 사람은 예로부터 '사랑을 끊고는 살아도 정을 끊고는 못 산다' 했다. 바로 '정의적(情誼的) 관계'다. 사람에게는 함께 목적을 달성하기 위한 '합목적적(合目的的) 관계'도 있고, 뜻과 이념을 같이하는 '합가치적(合價値的) 관계'도 있고, 오래 습관으로 서로 관계를 맺는 '전통적(傳統的) 관계'도 있다. 이런 여러 관계 중에서 유독 관계가 심하고 두터운 것이 '정 때문에, 정 때문에' 하는 '정의적 관계'다. 이야말로 '위대한 정서'다.

　우리 옛 한시는 이 '위대한 정서'의 유산이다. 이 유산이 한문이라는 문화 장벽에 가리고 막혀 많은 사람들에게는 '잊어진 보고(寶庫)' 숨겨진 보물 창고'가 되어 있다. 방대한 수의 류성룡 시 이해를 위해서 '위대한 정서'를 담은 옛 시 8개를 골라 그 정서를 풀이하고, 이를 류성룡 시「재거유회(齋居有懷)」와 연결하고 연상해 보는 데 목적을 두었다.

제9장
중용, 천도무타(天道無他)
— 류성룡의 대도(大道)

I. 시유본연(詩有本然)

류성룡은 어째서 그렇게 많은 시를 썼을까? 그의 시작(詩作)은 평생에 걸친다. 과거에 합격해 조정의 하급 관리로 시작할 때도 썼고, 물론 관리로 출발하기 전에도 썼다. 최고의 자리인 영의정이 되어서도 썼고, 무참한 전쟁을 치르면서도 썼다. 세사(世事)가 뒤얽힌 삼타래 같았어도 썼고, 정치가 칡덩굴 등나무 덩굴처럼 뒤엉켰어도 썼다. 말할 것도 없이 직(職)을 모두 내려놓으면서도 썼고, 죽음에 임해서도 썼다. 그의 시 샘(泉)은 한 번도 마르지 않았다. 우물에서 퍼올리는 두레박의 물처럼, 가슴에는 늘 시의 물이 고여 있었다.

그의 시작(詩作)은 생래(生來)인가 환경인가? 혹은 수기(修己)인가 학문인가? 그는 태어나면서 시인이었는가, 아니면 정치, 사회 혹은 역사의 환경이 그를 시인으로 만든 것인가? 옛 사람들은 수기(修己)의 방편으로 시를 썼다. 학문 하는 한 방식으로도 시를 썼고, 학문의 긴 여정에서 그 축적의 결과로 시가 절로 솟아나오기도 했다. 류성룡은 이 시작(詩作)의 지도에서 어디쯤에 위치하는가? 망망한 대해(大海)에도 길이 있듯이 보임(視)도 느낌(感)도 없는 이 시의 바다에 그는 어디쯤에 자리하고 있는가?

시는 인간의 본연(本然)이다. 사람의 본색대로다. 소설은 본색을 바꿀 수도 있고, 위선으로 가장할 수도 있고, 가면을 쓴 채 행세할 수도 있다. 사설(辭說)이 길기 때문이다. 늘어놓는 말이 많을수록 참도 거짓이 되고 거짓도 참이 된다. 그러하기엔 시는 너무 간단하다. 사설이 길면 시가 못 된다. 늘어놓을 사설이 없기에 잡음도 없고, 섞일 잡것도 없다. 그래서 단순하고 그래서 순수하다. 그래서 인간의 본연이고 본색이 된다.

사람의 본색은 시대가 어려울수록 잘 드러난다. 심신이 지치면 누구에게나 먼저 드러나는 것이 본색이다. 사람의 본색은 여러 갈래 여러 색깔이 아니다. 단순하고 명료하다. 누구든 지치면 쉬려 하고, 위로받으려 한다. 그리고 가슴 울리는 소리를 들으려 한다. 가슴이 울리지 않으면 원기가 일지 않고 힘이 솟지 않는다. 단 몇 마디 몇 줄만으로 깊은 울림을 주는 것이 시다. 그 깊은 울림으로 해서 시에는 시간과 고통을 이겨 내는 힘이 있다.

역사에서 류성룡 시대는 고난의 시대다. 참담함이 그보다 더한 시대는 드물다. 그의 생의 시작에서부터 죽음으로 그의 생애가 마감될 때까지 그의 시대는 모두가 지쳐 있었다. 임금도 백성도 조정도 사직도 그리고 양반도 상민도 그 누구의 그 어느 하루도 평화가 없었다. '편안민(便安民)'—'백성을 편안하게'라는 유교 국가의 최고 이상은 꿈에도 그릴 수 없는 그 극한의 시대, 모두가 지칠 대로 지친 그 극점(極點)에서 류성룡은 그 어떤 울림으로 살 수 있었을까? 필연코 그의 가슴엔 마르지 않는 시의 샘(泉)이 있었을 것이고, 그 샘에서 두레박을 넣어도 넣지 않아도 마실 수 있는 시의 물이 솟아나고 있었을 것이다.

그 솟아나는 물의 힘, 마치 흐르는 냇물이 대지를 적셔 만물을 소생시키듯, 시의 샘에서 솟아나는 물 또한 온몸을 적시고 온 세포를 눈뜨게 하고 온 맘에 생기를 불러일으켰을 것이다. 뇌는 자유롭게, 심장은 맑게, 가슴은 공명(共鳴)으로 뛰게 했을 것이고, 안광(眼光)은 빛나고 피부는 부드럽고 얼굴은 옅은 미소로, 그리하여 육신은 늘 기(氣)로 가득하고 생생함이 있었을 것이다. 그 흐르는 시의 물로 해서 밖은 항시 우중충하고 시시각각 절망으로 어둠이 짙어도, 안은 불빛이 타오르고 먼동이 트듯 희망이 다가오고 있었을 것이다.

II. 심원폐정(心源廢井)

'심원여폐정(心源如廢井)'이라는 기막힌 소리가 있다. 시의 구절이다. 하루도 시를 쓰지 않으면 마음속은 버려진 우물처럼 메말라 버린다는 것이다. 풀이 자라지 않는 불모의 땅, 황폐함이 대지며 내 안의 가슴을 온통 뒤덮어 버리듯, 심장은 뛰어도 감동이 없고 감흥이 없고 감격하는 바가 없어 성(性)에도 심(心)에도 우주의 기(氣)가 동하지 않는다는 것이다. 정말 그토록일까? 그토록 시가 전부일 수 있을까? 시의 광(狂), 시에 미쳐 버린 시 미치광이가 아니고서야 그렇게까지 시와 인간이 하나로 합일하는 시인합일(詩人合一)의 경지에 이를 수 있을까? 이르지 못한다면 그런 경지를 주장만이라도 할 수 있는 것인가?

두보(杜甫, 712~770)는 "내 시가 사람을 놀라게 하지 않는다면 나는 죽어서도 시작(詩作)을 멈추지 않겠다" 했다.[01] 그렇다면 두보는 시의 광인인가? 시와 인(人)이 합일의 경지에 이른 것인가? 이백(李白)이며 왕유

(王維) 백거이(白居易) 등 그 많은 당대(唐代)의 시인들이 모두 그런지도 모른다. 그렇지 않고서야 오늘날까지, 아니 백 년도 아닌, 천 년도 훨씬 더 지나는 그 기나긴 세월을 넘어 그 많은 사람들의 뇌수(腦髓)에 기억에 박혀 있을 수 없고 입으로 귀로 오르내릴 수가 없다.

一日不作詩, 心源如廢井. 일일부작시 심원여폐정
朝來重汲引, 依舊得淸冷. 조래중급인 의구득청랭

하루라도 시를 쓰지 않으면
마음속은 버려진 우물이나 다름없지
아침마다 반복해서 물을 길어 올리면
언제나 맑고 시원한 물을 얻을 수 있지.[02]

---

01 두보, 「강상치수(江上値水)」.

爲人性僻耽佳句, 語不驚人死不休. 위인성벽탐가구 어불경인사불휴
老去詩篇渾慢興, 春來花鳥莫深愁. 노거시편혼만흥 춘래화조막심수

사람됨이 타고나기를 아름다운 시구만을 탐해
그 시구가 사람들을 놀라게 하지 않으면 죽어서도 멈추지 않으리
늙어서도 시만 보면 흥취 절로 온통 일어
봄이 오면 꽃과 새들이 깊은 시름 달래 주네.

02 이 시는 가도(賈島, 779~843), 성당(盛唐) 시인으로 제목은 「희증우인(戱贈友人)」. 이 시의 3번째와 4번째 구절과 끝의 7번째 8번째 구절은 생략했음. 생략한 3, 4구와 7, 8구는 다음과 같다.

笔硯爲轆轤, 吟詠作縻綆. 필연위녹로, 음영작미경

붓과 벼루가 도르레라면
시의 읊조림은 두레박줄이지.

書贈同懷人, 詞中多苦辛. 서증동회인 사중다고신

시를 써서 친구에게 보내나니
글자 속엔 내 고뇌가 넘쳐나지.

매일매일 시를 쓰는 것과 매일매일 두레박으로 우물의 물을 퍼올리는 것, 그것은 시인이 아니면 도저히 함께 동시적으로, 함께 떠올릴 수 없는 절묘의 비유이며 절묘한 대칭이며 절묘하게 나눔이 가신 일체다. 하지만 정말 그렇게 될 수 있을까? 그것이 어찌 다름이 없는 하나이며 일체가 될 수 있는가? 누구나 글방에서 시를 쓰고 우물에서 물을 마신다. 그럴수록 시는 시이고 물은 물이다. '산은 산이요 물은 물(山是山, 水是水)'이라는 어느 선사(禪師)의 깨달음이 아니라도 누구에게나 시와 물은 하나가 아니요, 둘이다.

그럼에도 하나가 되는 '세계'가 있다. 그 '세계'는 인간 내의 세계일 수도 있고, 인간 밖의 저 먼 우주라는 세계일 수도 있다. 어느 세계든, 시가 우물에서 막 퍼올린, 그것도 자고 일어나서 깔깔해진 목을 시원하게 적셔 주고 씻어 주는 그 청랭(淸冷)한 물이고, 그 물이 바로 시이고, 시가 또 바로 그 물이 되는 시물일체(詩物一體)의 세계가 있다. 그리고 그 물과 나 또한 하나가 되는 물아일체(物我一體)—형이상(形而上)이며 형이하(形而下)의 구분이 없는 그 일체의 세계가 있다. 그 세계를 만들어 준 것이 가도(賈島)라는 시인이 말하는 '심원여폐정'이다. 그래서 1,200년 전의 이 가도의 시가 지금도 내내 읽히고 있는 것이다.

III. 우음우영(偶吟偶詠)

가도(賈島)의 이 "일일부작시 심원여폐정(一日不作詩, 心源如廢井)"은 바로 류성룡의 시작 일지(詩作日誌)며 시 생활(詩生活)이라 해도 지나치지 않다. 그의 시에 유달리 우음(偶吟)이 많다. 우득(偶得)이라고도 하고 우영(偶詠)이라고도 하고 우제(偶題)라고도 했다. 이 모두 '우연히' 떠오른 시의 착상으로서의 시상(詩想)이기도 하고, 시의 상념으로서의 시상(詩像)이기도 하다. 어느 것이든, 또 우연히 그냥 시적 느낌이 일어서의 유감(有感)이기도 하다. 그 어느 것이든 부지불식(不知不識)이며 부지불각(不知不覺)이다. 미리 알지도 미처 깨닫지도 못한 사이에 일어나는 것이다.

'우영'은 아무런 인과 관계 없이 뜻하지 않게 그냥 머리에 떠오른 것이며 가슴에서 그냥 스며 나온 것이다. 그건 작위(作爲)가 아니고 그냥 우물에서 물이 흘러나오듯, 혹은 누군가의 기울인 두레박에서 퍼올린 물이 그냥 줄줄 새어 나오듯, 그냥 그렇게 자기도 모르게 시가 나온 것이다. 작위는 일부러 하는 행동이고, 뜻을 세우고 하는 행동이고, 생각해서 하는 행동이다. 우리가 시를 짓는 것이며 글을 쓰는 것은 거의 모두가 작위다. 주제를 잡고 프레임을 짜고 혹은 시스템을 만들어서 그리고 온 마음을 먹고 정성을 다해서, 그렇게 해서 모든 시며 글들은 '만들어지는 것'이다.

그렇다면 '우음'은 그렇게 '만들어지지 않음'으로 해서 다른 시들과 다른 시의 한 장르(genre)가 될 수 있다. 장르는 한 형(型)이며, 다른 형과 형을 달리하는 한 부류(部類)이며, 다른 부류와 유(類)를 달리함으로 해서 또한 고유형이다. 고유형은 새로운 것이며 순수한 것이다. 새로 나왔으니 다른 데서 보지 못한 것이고, 보지 못했으니 새로운 것이고, 하늘이 준 그대로 짓지 않고 나왔으니 다른 욕심이 섞일 수 없고, 섞임이 없으니 순수할 수밖에 없다.

노자(老子)『도덕경(道德經)』 마지막 장에 '성인부적(聖人不積)'이란 말이 있다.[03] 글자 그대로 풀이는 '성인은 쌓지 않는다' 혹은 '쌓아 두지 않는다'는 말이다. 무엇을 쌓지 않는다, 혹은 쌓아 두지 않는다는 말인가? 해석은 가지가지다. 우선 쌓으면, 혹은 쌓아 두면 온갖 것이 모이고 온갖 것이 섞인다. 이것저것 이 생각 저 생각 천사만억(千思萬憶) 번뇌며 고뇌, 그러면 마음은 어지럽고 생각은 번다하다. 쌓아 둠이 오히려 힘들고 소란하고, 쌓지 않음이 얼마나 고요하고 편안한가를 알 수 있다.

성인만 그러한가. 범부(凡夫)도 그걸 안다. 하지만 안다고 누구나 다 되는 것이 아니다. 아는(知) 것과 '이르는(至) 것'은 다르다. 이르는 데는 언제나 경지(境地)가 있다. 경지는 그만이 도달한 단계이며, 그만이 이룩한 고유한 세계다. '성인부적', 그래서 '부적' 앞에 성인이 붙고, 성인이 붙은 것만큼 경지도 예사 경지가 아니다. 거기에 노자가 말했다 해서 그 경지는 더욱 높고, 더욱 심오하고, 신비함까지 느껴지기도 하는 것이다. 노자 『도덕경』 속의 말들이 다 그러하지만, 이 '성인부적'은 다 그러함과는 다른 그윽하고 미묘한, 현묘(玄妙)한 경지가 있다.

'우음'은 바로 이 성인부적의 경지에서 나오는 것이 아닐까. 마음 지음(作)이 없는데도 시가 절로 지어지고, 마음 쌓음(積)이 없음에도 시가 절로 읊어지고, 마음 모음(集)이 아닌데도 시가 절로 외워진다. 그래서 우음(偶吟)이고 우영(偶詠)이고, 그리고 모두가 우연히 얻어지는 우득(偶得)이다. 바로 도연명(陶淵明)의 「귀거래사(歸去來辭)」에 나오는 '위심임거류(委心任去留)'도 이 경지일 것이다.[04] 내 마음의 가고 옴을 오직 대자연

---

03 『도덕경』 81장 '성인부적(聖人不積)'은 그다음 구절과 연관해서 "성인은 자기 것으로 쌓아 두지 않고 남에게 모두 나눠 준다"로 풀이하기도 한다. 다음 구절은 "기이위인 기유유 기이여인 기유다(既以爲人, 己愈有; 既以與人, 己愈多. 이미 남에게 베푸는데도 자기 것이 더욱 늘어나고, 이미 남에게 다 주는데도 자기 것이 더욱 많아진다)"이다.

04 도연명(도잠陶潛), 「귀거래사」 중 이 구절과 함께하는 구절:

寓形宇內復幾時, 曷不委心任去留? 우형우내부기시 갈불위심임거류

이제 이 세상에 남아 있는 날이 그 얼마이리
어찌 마음을 대자연의 섭리에 맡기지 않겠는가.

의 섭리에 맡겨 버린다. 내 마음의 주인은 내가 아니고 대자연이고 섭리다. 섭리는 나에게 인과(因果)를 묻지 않는다. 자연 그대로의 생(生)과 상(想)과 상(像) 그리고 감(感)만을 보낸다.

1. 한거우제(閒居偶題)

昨夜春風吹雨過, 杏花新綻兩三枝. 작야춘풍취우과 행화신탄양삼지

간밤에 춘풍 불고 비마저 내렸으니
살구나무 두세 가지에 꽃망울 터지겠네.[05]

서애 류성룡의 이 글의 시제(詩題)—시의 제목은 「한거우제(閒居偶題)」다. 한가로이 있는데 우연히 떠오름이다. 떠오르는 것은 물론 시상(詩想)이다. 시상은 시의 시작(始作)이고 시작으로 마음속에 떠오른 생각이다. 이 생각이 시의 근본이며 근원이다. 그것이 '우연히' 떠오른 것은 마음의 우물에 신선한 물이 고여 있음으로써 해서다. 이 신선한 물이 아무 작위 없이 자기도 모르게 부지불각으로 늘 일고(起) 있는 생각이고, 이 생각으로 해서 시가 마음 밖으로 흘러나왔든 밀려 나왔든 나온 것이다.

시의 배경은 정주(定州) 공관이고 그 공관에서 문 닫아걸고 한가로이

---

05 이 시의 원제(原題)는 「춘일정주공해(春日定州公廨)」이고 칠언절구로 앞 2구는:

重門深鎖獨棲遲, 靜裏幽懷只自知. 중문심쇄독서지 정리유회지자지

중문까지 닫아걸고 홀로 쉬고 있는데
사방이 고요해 회포 그윽히 몸에 이네.

쉬는 중이다. 그 한가로움에는 정적(靜寂)이 흐르고 적막감이 인다. 외롭고 쓸쓸해진다. 정감이 느껴진다. 센티멘트며 감흥이 솟아난다. 센티멘트는 간밤에 비가 내려 더 푸르게 마음에 적셔 들고, 감흥은 봄바람을 맞아 더 붉게 몸속으로 배어든다. 모든 것이 순간이고 모든 것이 우연이고 우발이다. 내가 뭐 하고자 한 것이 아니다. 오랜만에 참으로 오랜만에 한가로움 중에 좌정하고 있을 뿐이다.

그런데 우연히 참으로 우연히, 저만치 멀리, 아니 가까이 살구나무가 있다. 그 살구나무에 이제 곧 잉태가 시작된다. 꽃망울이다. 머잖아 살구꽃이 필 것이다. 비가 오고 바람이 불고, 그 비는 우렛소리와 함께 내리는 뇌우(雷雨)가 아니고 촉촉이 내리는 단비이고, 그 바람은 거셈도 시샘도 다 가신 부드러운 춘풍, 아 봄바람이다. 그 단비 그리고 그 봄바람에 살구꽃 꽃망울은 곧 격발할 것이다. 이 시의 작자는 지금 그 꽃망울 내면의 소리를 듣고 있는 것이다. 그래서 '행화신탄양삼지(杏花新綻兩三枝)'이고, 그 앞서 '작야춘풍취우과(昨夜春風吹雨過)'다.

2. 마상우음(馬上偶吟)

孤村夜雨水生溪, 夜草靑靑山鳥啼. 고촌야우수생계 야초청청산조제[06]

외딴 마을 밤비 내려 시냇물 흐르고
들풀은 푸르고 푸르러서 산새가 지저귄다.

---

06 이 시는 한식(寒食) 지나고 어느 날 평안도 정주(定州)로 부친께 문후 드리러 가는 길에 연서촌(延曙村)이란 곳을 지나면서 마상(馬上)에서 우연히 읊은 시다. 칠언절구로 뒤 2구는:

又是一年寒食節, 獨騎羸馬出關西. 우시일년한식절 독기리마출관서 류성룡이 말을 타고 외딴 마을을 지나다 문득 떠오른 시다. 우연이다. 순간적인 느낌이고 순간의 포착이다. 시의 제목도 「마상우음(馬上偶吟)」이다. 말을 타고 가며 떠오르는 대로 읊는 것이다. 시상에 오래 잠겨 있었던 것도 아니고, 시를 쓰려 생각했던 것도 아니다. 그냥 말을 타고 외딴 마을을 지나가고 있었을 뿐이다. 마을 앞 개울물에는 개울물치고는 제법 풍성히 물이 흘러간다. 설혹 풍성히는 아니라도 적어도 졸졸 흐르는 도랑물은 아니다. 밤사이 비가 제법 많이 내렸음에는 틀림없다.

그 밤비에 마을 앞들에는 풀이 푸르고 푸르다. 시 속의 야초(夜草)는 바로 들에 싱싱히 자라고 있는 들풀 야초(野草)다. 밤의 풀 야초(夜草)는 모두 비를 맞는, 그것도 들에서 자라니만큼 더 많이 언제나 비를 맞는다. 그래서 시인은 구태여 야초(野草)라 하지 않고 야초(夜草)라 했다. 예사롭게는 밤풀이 어디 있으랴 들풀이지 하고 그냥 야초(野草)라 썼을 것이다. 그러나 그것은 그냥 들풀(野草)일 뿐, 시의 풀 야초(夜草)는 아니다. 시의 풀은 시상이 깊고 감수성이 예리하다. 그래서 이 시에서는 밤의 풀, 밤비를 촉촉이 혹은 축축이 맞고 있는 야초(野草) 아닌 야초(夜草)다. 이 야초(夜草)가 바로 두보가 말하는 '어불경인(語不驚人)'의 그 어(語)며, 야(野)가 아닌 야(夜)다.

이 시의 시작은 외딴 마을 고촌(孤村)이다. 그러나 이 시인의 시에서는 외딴 마을의 '외로움'이라곤 전혀 없는, 아니 외로움이 전혀 느껴지지 않는 외딴 마을이다. 다른 마을들과 멀리 떨어져 있어 공간적으로 거리 상으로만 오직 외롭게 보일 뿐, 시(詩) 속의 느낌의 공간에선 외로

다시 일 년 지나 한식절이 되었는데
지친 말 타고 홀로 관서 지방에 왔네.

움이라곤 전혀 찾을 수가 없다. 왜일까. 마을을 싸고 있는 풍성한 자연이다. 마을을 둘러 끊임없이 흐르는 맑고 깨끗한 냇물이 있고, 그리고 그 냇가에는 시에는 없지만 어김없이 있을, 키 크고 잎가지 길게 늘어진 버들이 있고, 푸르디푸른 들풀과 함께 다른 나무들 사이로 항시 날아와 지저귀는 새들이 있다. 외로움을 느낄 사이가 없다. 그러나 시 밖에서는 외롭고 외딴 마을이다.

3. 초당우영(草堂偶詠)

梅花落盡柳初黃, 草屋蕭然枕小塘. 매화낙진유초황 초옥소연침소당[07]

  매화꽃 다 지자 버들잎 노랗게 물들고
  외롭고 쓸쓸한 초가집 한 채, 작은 연못 베개 삼아 이웃해 있네.

 이 시의 점정(點睛)은 침소당(枕小塘)이다. 용을 그리는데 마지막으로 찍은 눈동자가 침소당이라는 것이다. 용은 이 눈동자가 있어 하늘로 날아오른다. 명시는 모두 이 점정이 있어 명시가 된다. 하지만 정(定)한 순서가 있고 정해진 배치가 있다. 매화 가고 버들 오고, 그것이 계절의 순서다. 매화꽃 천지에 날릴 때 버들은 저만치 서 있다. 버들잎 노랗게 물들 때 매화꽃은 자취를 감춘다. 그것이 천리고 자연의 법칙이다.

 그런데 이 천리며 자연에 관계없이 초가집이 한 채 서 있고, 그리고 초가집을 이웃해 작은 연못이 하나 옆에 있다. 그 풍경은 매화꽃이 피건 지건, 버들잎이 물들건 들지 않건 변함없이 사철 그대로다. 철 따

---

07 시제(詩題)는 「우인초당(友人草堂)」, 벗의 초당이다. 뒤의 2구는 다음 각주 참조.

라 바뀌면 외롭지 않고 철 따라 변하면 쓸쓸하지 않다. 초가집은 매화꽃이 피건 지건 버들잎이 물들건 들지 않건 작년 그대로고 재작년 그대로다. 이해라고 다르고 내년이라고 다를 리 없다. 그래서 외롭고 쓸쓸하다. 초가집을 보는 나그네도 시인도 외롭고 쓸쓸하기는 마찬가지다.

그러나 '소당(小塘)'—작은 연못이 나타나면서 시의 분위기는 '일전(一轉)'한다. 이 '일전'은 한 번 도는 일전이 아니라 완전히 도는, 싹 바뀌는, 심기일전의 그 '일전'이다. '소당' 앞에 '침(枕)'이 등장한 것이다. '침'은 베개다. 베개는 베는 것이다. 베개를 베야 잠을 잔다. 소당은 초옥의 베개나 다름없는, 그래서 초옥과 소당은 불가분의 관계를 갖는다. 그러면 이 초옥은 예사 초옥과 다르다. 도사(道士)의 초옥, 은자(隱者)의 초옥 혹은 세속에 초연한 고고한 선비의 초옥이 되는 것이다. 이를 침(枕)자 한 글자가 만들어 놓은 것이다. 글자 한 자로 시의 봉우리를 완전히 바꿔 놓는 이 시인의 언어 선택의 경지에 감탄하는 것이다.

山鳥不驚春晝永, 百年高臥道心長. 산조불경춘주영 백년고와도심장[08]

산새 놀라지 않는구나 봄날 이리 긴데도
한백년 베개 높게 베고 도심이나 길러 볼까.

시인은 다시 읊는 것이다. 여기 작은 연못 베고 누운 초옥에서 나 또한 베개 높이 베고 누워 도심(道心)이나 길러 보자고. 모두가 한가하고 모든 것이 한가롭다. 세속의 누(累)는 다 벗어나서 마음 가는 대로 살

08 앞의 「우인초당」의 뒤 2구.

수 있다. 산새를 보라. 놀람이 없다. 새는 놀람(驚)이 그 삶의 일상이다. 짧은 겨울날이 가고 봄날이 길면 노리는 적도 많다. 적의 수가 늘어난 것만큼 산새의 간은 더 작아진다. 그러나 날이 아무리 길어도, 그래서 적들이 많이 늘어나도 산새는 놀라지 않는다. 고요하고 편안하고 즐겁기만 하다.

산새나 나나 자연대로 살면 된다. 그것이 도심(道心)이다. 도심은 자연의 마음이다. 자연은 누(累)를 만들지 않는다. 누를 만드는 것은 인간이다. 그래서 도심은 인심(人心)을 지우는 것이다. 인심은 늘 남을 탓한다. 남을 탓하면 번뇌도 깊어진다. 괴로움도 많아지고 고민도 늘어난다. 베개를 높이 벨 수가 없고 늘 앙앙(怏怏)이고 그리고 불락(不樂)이다. 도심은 이런 인심을 없애는 것이다. 없앰이 어렵다면 적어도 한 발자국이라도 멀리하는 것이다. 그 도심을 기름에는 이 초옥이 적격이다. 산새의 노래는 공짜로 들을 수 있다. 작은 연못의 천광운영(天光雲影), 하늘빛 구름 그림자는 인심이 아니고 도심이다. 그 또한 내 마음 짓지 않아도 된다. 작심(作心)은 하늘빛에 사라지고 인심은 구름 그림자에 묻혀 버린다.

4. 민가우제(民家偶題)

臨溪弄泉水, 心與水較淸. 임계농천수 심여수교청[09]

시냇가에 앉아 샘에서 흘러나온 물 보고 농한다
물아 내 마음과 너 누가 더 맑으냐.

　기발(奇拔)한 시다. 우리 옛 한시는 물론, 기발한 시들이 많고 많은 당시(唐詩)에서도 찾아내기 어려운 시구다. 사람들이 많이 찾아오지도 않고 많이 살지도 않는 한적한 마을, 그 마을 앞 시냇가에 홀로 앉아, 이제 막 샘에서 솟아서 나와 맑고 맑게 흘러서 내려오는 냇물을 보고 묻는다. "너와 내 마음, 어느 것이 더 맑으냐?" 물론 이 물음은 농(弄)이다. 장난삼아 물어보는 것이다. 물이 대답할 리 없으니 실(實)이 있는 물음도 아니다. 그래서 이 물음은 오히려 실이 있고 더욱 실이 있어 보이는 것이다.
　그 실(實)은 내 마음이다. 내 마음에서 그 실을 찾는 것이다. 내 마음이 이 물처럼 맑을 리 없다. 그것은 나도 알고 너도 알고 모두가 안다. 사람이면 누구나 다 안다. 누구나 다 아는 그것을 물에게 물어보는 것이다. 물은 대답하지 않는다. 아니, 대답할 리 없다. 그럼에도 묻는다. 그래서 농천수(弄泉水)—기발하기 한량없는 농(弄)자를 시의 글자로 빌려온 것이다. 농가성진(弄假成眞)—장난삼아 거짓(假)으로 한 것이 진실이 되었다는 의미다. 그러나 여기서 농가(弄假)의 가(假)는 거짓의 가(假)

09　이 시는 왜란이 끝난 이듬해인 1599년 서애 58세 때, 파직되어 서울을 떠나 귀향하던 중 경북 봉화에 있는 도심리란 마을에 한동안 머물면서 지은 시로 되어 있다.

가 아니고 빌리다, 빌려오다의 가(假)다. 빌려온 농(弄)이 이 시에서는 보통과 다른 보기 드문 진실의 농(弄)이 된 것이다.[10]

　나는 왜 물에게 물어볼까? 물처럼 맑을 수 없는 내 마음을, 너와 나, 누가 더 맑을까를 왜 물어볼까? 물처럼 맑고 싶어서일까, 아니면 내 마음을 이제부터라도 맑고 맑게 닦아서 너처럼 맑고 맑게 해 보겠다는 마음가짐에서일까? 어느 것이든 중요한 것은 농(弄)자의 이 '농'에 있다. 처음부터 이 시는 '농'을 점정(點睛)으로 한 것이다. 그것이 시인 본래의 의도였는지 우연이었는지 알 길이 없지만, 이 시의 앞 2구에서 그 의미를 캐낼 수 있다.

　　我來道心里, 愛此道心名. 아래도심리 애자도심명[11]

　　내가 이 도심 마을에 오고 나서
　　이 도심(道心)이란 이름을 사랑하게 되었네.

　여기서 '도심리'는 도심리라는 고유명사로서 마을 이름이지만 '도심'은 도의 마음, 도 닦는 마음이라는 일상의 대화 중에 쓰는 보통명사다. 시인은 고유명사로서의 '도심리'보다는 보통명사로서의 '도심'을 이 '도심리'라는 마을에 오고 나서부터 사랑하게 되었다는 것이다. 도심은 앞절에서 본 대로 인심과 대비되는 자연 그대로의 마음이다. 인위적으로 작심한 마음이 아니고, 더구나 세속에 찌들 대로 찌든 마음

10　이 농(弄)을 『국역 류성룡 시』 1권에서는 '샘물을 긷다' 뜻으로 풀이했다. 류명희·안유호 역주·감수, 229쪽.

11　앞의 「민가우제」의 첫 번째 2구임.

이 아닌 태어날 때 그대로의 순수한 마음 선한 마음이다. 도심은 열심히 도를 닦아서 이 본래의 순수한 착한 마음을 본래 그대로 되돌려 되찾은 마음이다.

그러나 그것은 쉬운 일이 아니다. 시간도 시간이지만, 지금까지 너무나 짙게 묻은 마음의 때를 마음에서 깨끗이 씻어 내는 것, 그래서 저 맑은 샘물처럼 마음이 맑아진다는 것, 그것은 시간에 더하는 마음의 비움, 마음 가득히 쌓인 먼지며 쓰레기를 모두 털어 내는 그 비움이 있어야 한다. 비움이 곧 명경(明鏡)처럼 마음을 맑게 비추고 물처럼 맑은 모습이 되는 것이다. 어쨌든 나는 이 도심리에 와서 도심에 도심을 더해 닦아 왔고, 그리고 마침내 물을 보고 묻는 것이다. "물아, 내 마음의 때가 얼마나 씻겨 나갔느냐, 맑기가 너만 하냐?" 그래서 이 농(弄)은 가짜가 진실이 되는 '농가성진'의 그 농이 아니라 '농'자를 빌려 진실의 세계를 묻는 그 '농가성진'인 것이다.

IV. 천도무타(天道無他)

천도(天道)란 무엇인가? 예나 이제나 변함없는 질문이고 누구나 갖는 의문이다. 사마천(司馬遷)도 천도를 물었고 김부식(金富軾)도, 근세의 정약용(丁若鏞)도 물었다. 사마천은 "소위 말하는 천도란 것이 있는가 없는가(당소위천도 시야비야儻所謂天道, 是邪非邪)?"라고 물었고, 김부식은 신라가 어떻게 매소성(買肖城) 전투에서 20만 당나라 대군을 물리치고 고구려 멸망 후 10년인 678년 청천강 이남을 통일할 수 있었는가 물었다. 류성룡도 시 「숙파사성(宿婆婆城)」에서 미상불 그 옛날 매소성 전투를 생각하며 잠 못 이루는 시를 썼다.[12] 정약용 역시 호한(豪悍)무쌍한 고구려가 망하고, 거기에 인구와 생산이 가장 많고 풍부한 백제가 어떻게 삼국 중 제일 먼저 망하는가를 천도에 빗대어 썼다.[13]

그러나 류성룡 시에서의 천도는 전혀 의미를 달리한다. 사마천, 김부식 등이 느끼고 생각하는 역사나 정치, 혹은 인간사에서의 천도는 '헤아릴 수 없음'이다. 인과 관계며 필연(必然)이 아닌 오직 우연(偶然)이며, 인지(人智)나 인력(人力) 밖의 것인 불가지론(不可知論)이다. 선한 자 편에 서는 것도 아니고, 악한 자 편에 서는 것도 아니다. 선한 자가 망하는 것도 부지기수고 악한 자가 승승장구하는 것도 부지기수다. 그래서 천도미상(靡常) 혹은 천도무상(無常)이라고 했다. 천도는 덧없다. 천도는 항시 그 모습 그대로 있는 것이 아니다. 아무것도 확실하지 않고 아무런 근거도 없다. 불교에서 말하는 공(空)이나 다름없다. 그것이 앞서 모든 이들이 보통으로 말하는 천도론이다.

이 천도 불가지론과 달리 류성룡 시의 천도론은 확실성이다. 불확실성으로 의심하지 않는다. 근거가 없다고 부정하지도 않는다. 아마도 그 역시 정치나 역사 인간사 내에서 피력하는 천도론은 앞의 논의들과 한 치의 차이가 없을지도 모른다. 오직 술이부작(述而不作)으로 해설만 달리할 뿐 다른 새로운 소리, 다른 새로운 창작을 할 수 없는 것이 천도론이다. 그러나 시는 다르다. 시는 초월(超越)이다. 초월하지 않는 시는 모두 술이부작이다. 『논어』『맹자』 등 사서(四書)를 읽듯이 경(經)을

---

12 "病客有遠思, 輾轉夢不成(병객유원사 전전몽불성)." 夢不成에서 遠思를 어떻게 풀이하느냐에 따라 詩 내용이 완전히 달라진다. 1) "지쳐 병든 나그네 먼 곳에 그리운 님 있어 / 이리 뒤척 저리 뒤척 잠 못 이뤄 하네"(류명희 교수 역)와 2) "전쟁에 지친 나그네 먼 옛날 이곳 전장터를 생각하며 / 이리 뒤척 저리 뒤척 꿈속에 들지 못하네"로 전혀 달리 번역된다.

13 『여유당전서』 내 「고구려론」「백제론」에서.

그대로 외우고 읊조릴 뿐이다.

초월은 현실 세계를 뛰어넘는 것, 그 현실 세계에선 절대 경험할 수 없는 세계로 뛰어드는 것이다. 현실 세계는 명리(名利)의 세계다. 권력과 이익과 명예로 이뤄져 있는 세계이며, 그것을 갖기 위해 쉼 없이 다투는 세계다. 그 명리에 초연(超然)함, 연연하지 않음이 시의 세계다. 권력에 연연하면 정치시가 된다. 세사에 연연하면 세속시가 된다. 시는 오직 거기서 벗어남이며, 벗어나서 바라봄이며, 생각함이며 깊은 사유의 세계로 들어감이다. 류성룡이 정치와 역사 세속을 떠나 그의 시 세계로 들어감은 그래서이다.

1. 광풍제월(光風霽月)

天道無他只自然, 看來毫髮已非天. 천도무타지자연 간래호발이비천[14]

천도는 다름 아닌 자연일 따름이다
다시 와 보면 터럭만큼도 천연 아닌 것이 없다.

천도란 무엇인가? 바로 자연이다. 자연은 하늘이 만든 천연 그대로의 것이다. 사람이 만든 모든 것, 그것은 하늘이 준 재료, 곧 천연의 재료를 가공(加工)했을 뿐이다. 하늘이 준 '본래의 것'에 이렇게 저렇게 인공(人工)만 가했을 따름이다. 이 '본래의 것'은 모두 하늘이 준 것이고, 하늘이 준 '그대로이다' 해서 천연(天然)이라 했다. 천연은 또 사람이 만

---

14 「독도서(讀道書)」―"느낀 바 있어 절구 두 수를 써 둔다(감이제이절感而題二絶)"고 한 기이(其二)의 앞 2구.

든 것이 아니다 해서 자연(自然)이라 했다. 자연은 하늘이 준 '본래의 것'이고, 이 '본래의 것'은 사람이 아무리 지능이 발달해도 만들어 낼 수 없는 것이다.

이는 또 자연 없이는 아무것도 할 수 없다는 말이다. 이 자연이 바로 천도다. 자연은 거짓이 없다. 물론 속임도 없다. 자연은 질서가 정연하다. 봄이 오면 꽃이 피고 꽃이 지면 열매를 맺는다. 봄 다음 가을이 오거나 가을을 제치고 겨울이 오는 법은 없다. 순서가 명확하고 약속은 꼭 지킨다. 그것이 자연이다. 그 자연이 털끝만큼도 본래의 궤도에서 이탈하는 것을 본 일이 있는가. 좀 더 덥거나 좀 더 추울 때는 있다. 하지만 더울 때 춥거나 추울 때 더운 일은 없다. 그것이 자연이고 그리고 천도이고 또 그것이 자연의 융통성이며 천도의 여유다.

자연은 광풍제월(光風霽月)이다. 광풍은 밝은 햇빛 시원한 바람이고, 제월은 비 갠 뒤의 밝은 달빛이다. 물론 그 반대인 경우도 많다. 구름에 가린 어두운 햇빛이며 달빛, 습기에 찬 눅눅한 바람 아니면 살갗을 에는 차디찬 바람. 그러나 그것이 본연은 아니다. 빛의 본연은 맑음이고 바람의 본연은 시원함이다. 그 본연과 때로 다르게 나타남, 그 또한 자연의 융통성이며 천도의 여유다. 그 융통성으로 해서 우리는 더 밝음을 빛에서 보고, 그 여유로 해서 더 시원함을 바람에서 느낀다.

광풍제월이 자연이라면 천도 또한 광풍제월이다. '광풍제월무변지(光風霽月無邊地)'라 했다.[15] "아, 밝은 햇빛 시원한 바람, 비 갠 뒤의 맑은

---

15 앞 「독도서」 '기이'의 뒤 2구.

光風霽月無邊地, 只在昭昭不在玄. 광풍제월무변지 지재소소부재현

비 갠 뒤 맑은 바람 밝은 달빛은 변방이 없나니
천하는 온통 광명 아래 있을 뿐 어둠 속에 있지 않네.

달빛 아래에는 변방이 없구나"이다. 변방은 어두운 곳이고 가난한 곳이다. 음습하고 외지고 힘들고 고달픈, 무엇보다 시원한 바람이 불지 않는 곳이다. 그러나 광풍제월―밝은 햇빛이며 달빛 그리고 바람은 어디나 비추고 어디서나 불어온다. 변방이 있을 수 없다. 햇빛이며 달빛, 빛이 어찌 한가운데만 비추고 변두리는 비추지 않으랴. 동서남북 사통팔달로 부는 바람, 그 바람이 어찌 변방이라고 가닿지 못하랴.

그래서 광풍제월은 바로 소통이며 차별 없음이다. 어디나 그 무엇에나 바람이 불고 통해 나가듯 하는 소통이며, 어디나 그 무엇에나 환히 밝혀서 꼭 같이 밝음이 드러나게 하는 그 빛의 차별 없음이다. 그것이 자연이고 그것이 천도다. 천도며 자연은 푸른 것은 푸르게 흰 것은 희게 대접한다. 천도며 자연은 어느 만물에나 한 약속을 꼭 지킨다. 매일 아침 해가 뜨듯이, 그 약속은 규칙적인 운동을 하며 어김없이 계절을 만들어 준다. 그 질서정연함이 바로 천도며 자연이 아니겠는가. 그 이상 또 무엇을 의심하며 번민하겠는가.

2. 대도난종(大道難從)

大道難從口耳傳, 此心隨處自悠然. 대도난종구이전 차심수처자유연[16]

대도(大道)는 입과 귀로는 전하기 어렵나니
이런 마음가짐이면 어딜 가나 유유자적해진다네.

대도, 큰 도는 천도이기도 하고, 자연이기도 하고, 크게 깨달은 도이

---

16 「정관재춘일유감(靜觀齋春日有感)」, 1568년(선조 원년) 서애 27세.

기도 하고, 진리이기도 하고, 혹은 보통 사람이 도달하기 어려운 깊고 깊은 또는 높고 높은 경지이기도 하다. 문제는 이런 큰 도 높은 도 심오한 경지의 도는 입과 귀, 말로 전하고 귀로 들어서 깨닫거나 알 수 있는 것이 아니라는 것이다. 그래서 '대도난종(大道難從)' 혹은 '대도난전(大道難傳)'이라 했다. 큰 도는 따르기도 어렵고 전하기도 어렵다는 뜻이다.

그러나 그 도는 다름 아닌 자연이다. 우리가 그 속에 살고 있고, 한시도 하루도 떠나서 살 수 없는 그 자연, 그 자연의 생태, 그 생태의 변화, 그 변화의 규칙, 그 규칙이 내보이는 약속, 그 약속의 엄숙(嚴肅)함, 그 가차 없고 단호함이 우리가 매일매일 맞는 도다. 그 도는 집밖에 서 있는 버드나무의 수수많은 가지에도 있다. 봄이 오면 그 많고 많은 가지들에 올올이 스며드는 봄기운, 그 기운은 어느 가지에 먼저 스며들고 어느 가지 늦게 스며드는 선후가 없다.[17] 꼭 같이 골고루 스며드는 봄기운, 그것이 바로 도(道)다.

그러나 그 도가 드러내는, 아니 도에서 솟아나는 감흥(感興)은 누구나 다 같이 갖는 것이 아니다. 도는 누구에게나 차별 없이 약속한 대로 나타나지만 그것을 알고 느끼고 '감흥'하는 것은 사람마다 다르다. 도는 이 '감흥'이다. 도는 이 '감흥'이 몸과 마음에 가득 참이며, 그 가득 참으로 해서 몸과 마음을 불태움이다. 그 불탐, 그 불태움은 스스로 타지 않고는, 그 불탐 불태움의 직접적 경험 없이는 입으로 말하듯 귀로 들

---

17 「정관재춘일유감」의 뒤 2구:

靜觀軒外千條柳, 春入絲絲不後先. 정관헌외천조류 춘입사사불후선

정관헌 밖 수많은 버들가지
봄기운 올올이 스며들매 선후가 없네.

듯 설명이 되지 않는다. 이른바 대도난전(大道難傳)이다. 시에서 말하듯 대도난종구이전(大道難從口耳傳)이다.

서애 연보를 보면 류성룡은 이 시를 1568년 27세에 썼다. 어떻게 그 나이에 이 같은 시를 쓸 수 있었을까? 큰 도며 이 큰 도의 깨침은 입과 귀로 전해지기 어렵다는 것을 그 나이에 어떻게 그렇게 빨리 깨칠 수 있었을까? 그로부터 250~260년 후 아마도 1820년대에서 '30년대쯤 추사(秋史) 김정희(金正喜)는 그의 유명한 〈부작란도(不作蘭圖)〉에 이렇게 화제(畵題)를 달았다. "난초를 그리지 않은 지 20년, 우연히 하늘로 치솟는 기운이 솟았다. 그 기운으로 이 난초를 그린다."[18]

그리고는 그다음 구절이 참으로 듣기 어려운 깨침의 소리다. "법가이인인전 정신흥회 즉인인소자치(法可以人人傳. 精神興會, 則人人所自致)."

법(法)은 방법이며 법칙이며 이론이다. 그 법칙 그 이론은 누구에게나 입과 귀로 얼마든지 설명해 전해 줄 수 있다. 하지만 그것의 원초가 되는 정신이며 감흥 흥취의 일어남은 사람사람이 각기 스스로 도달하지 않으면 안 된다. 그것은 입과 귀로 말하고 전해질 수 있는 것이 아니다. 류성룡의 시 그대로 대도난종구이전(大道難從口耳傳)이다.

3. 정사허적(靜思虛寂)

靜思憐虛寂, 閒身愛翠微. 정사연허적 한신애취미[19]

---

18 "부작난화이십년 우연사출성성중천(不作蘭花二十年, 偶然寫出性中天).
19 「우흥(寓興, 흥취에 붙여)」 8구 중 첫 2구.

정사는 허적을 그리워하고
한신은 취미를 사랑하네.

정사와 허적, 한신과 취미. 묘한 짝을 이루는 대도무타(大道無他)의 시구다. 선시(禪詩)나 다름없다. 정사(靜思)의 정(靜)은 내적(內的) 고요며 조용함이다. 마음이 고요한 상태에 이르러 있는 것이다. 정사의 사(思)는 그냥 생각하고 있는 것이다. 무엇을 파고들며 찾고 있는 사색(思索)이나 개념을 구성하고 판단하고 추리하는 사유(思惟)가 아니라 그냥 멍히 생각에 잠겨 있는 것이다. 허적(虛寂)의 허(虛)는 사랑도 미움도 희로도 애락도 다 가신, 안은 안대로 밖은 밖대로 다 비운 비움 그 자체다. 적(寂)은 정(靜)과 반대로 마음 밖, 몸 밖이 다 고요한 외적 고요다. 적(寂)과 꼭 붙는 적막의 막(寞)은 쓸쓸하다는 의미이고, 그래서 적막은 바깥이 고요함으로써 쓸쓸하다는 말이다.

한신(閒身)은 번뇌 번민이 없는 몸이다. 번뇌(煩惱)는 마음이 안팎으로 시달려서 괴로운 상태이고, 번민(煩悶)은 마음이 복잡하고 답답해서 괴로운 상태다. 한신은 이런 몸과 마음의 시달림 괴로움 복잡함이며 답답함이 없는, 그 어느 것에도 구속됨이 없는 자유의 몸이다. 취미(翠微)는 산 중허리에 엷게 낀 푸른 빛깔의 산색(山色)이며 산기(山氣)다. 산의 가장 아름다움은 산기슭이나 산꼭대기에 있는 것이 아니라 산 중허리의 아름다움이다. 푸른 빛깔의 산색 산기의 오묘함이며 신묘함이 거기에 있다.

정사는 왜 허적을 그리워하고 한신은 왜 취미를 사랑하는가? 큰 도의 경지, 깨달음의 지경에 이르는 길은 정사는 허적을 통해서이고 한신은 취미에 붙어서이다. 희로와 애락, 사랑과 미움을 벗어나지 않으면 정사는 부서진다. 산꼭대기만 보고 산기슭에만 머물면 산색의 조화 산기운의 신통을 알지 못한다. 허적과 취미는 도달의 목표이기도 하고 이르는 길이기도 하다. 정사와 한신은 발심의 본원이기도 하고 발현의 동력이기도 하다.

4. 차중진의(此中眞意)

散月千峯皓, 驚霜萬葉飛. 산월천봉호 경상만엽비[20]

> 달빛 흩어지니 천 개 봉우리 희게 빛나고
> 서리에 놀라니 만 잎새 낙엽 되어 흩날리네.

큰 도는 무엇으로 나타나는가? 혹은 천도(天道)는 사람에게 어떻게 말하는가? 도는 도라고 말하지 않는다. 『노자(老子)』에 "도가도 비상도(道可道, 非常道)"라 했다. 도를 도라고 말하면 그것은 온전한 도가 아니라는 것이다. 하늘의 달 가을의 서리, 그것이 도이고 그것이 진리다. 천 봉우리에 비친 흰 달빛, 그것은 달이 아니고 달의 비침이다. 낙엽이 서리가 아니고 서리가 낙엽으로 나타난 것이다. 그럼에도 달은 천 봉우리의 흰 달빛으로 우리에게 오고, 서리는 흩어지는 낙엽으로 우리 눈에 들어온다.

불교 승려들이 즐겨 그리는 그림에 원숭이가 시냇물에 비친 달을 잡는 광경이 있다. 화제(畵題)로 "막구수중월 진월여심중(莫求水中月, 眞月汝心

---

20 위 「우흥(寓興)」 8구 중 제5~6구.

中"이라 했다.[21] 물속에 비친 달 잡으려 하지 말라, 진짜 달은 네 마음속에 있다는 것이다. 진짜 하늘의 달이 우리 마음속에 있다는 말이다. 우리는 천 개의 봉우리에 눈부시게 쏟아져 내린 달빛을 즐겨 마음에 담는다. 마치 원숭이가 시냇물에 비친 달을 잡으려 하듯이. "시몬, 너는 낙엽 밟는 소리가 들리느냐(구르몽Rémy de Gourmont, 「낙엽」)의 시구에서처럼 우리는 그 낙엽이 서리에서 온 것은 생각하지 않는다.

도연명(陶淵明) 시에 "산기일석가 비조상여환(山氣日夕佳, 飛鳥相與還)"이란 구절이 있다. "산기운 날 저무니 더욱 좋다 / 날새들은 짝을 지어 집으로 돌아오는구나" 하는 시다. 놀라움은 그다음 구절이다. "차중유진의 욕변이망언(此中有眞意, 欲辨已忘言)"이다. "이 가운데 참뜻이 있는데 / 말하려다 벌써 말을 잊어버렸다"이다.[22] 해가 저물어 오면 산기운은 더욱 아름다워진다. 나는 새들은 그 아름다움 속을 짝을 지어 날며 집으로 돌아온다. 그것이 진리다. 그 속에 참뜻이 있다.

그러나 그것을 말로써 할 수 없다. 말을 하려니 이미 말을 잊어버렸다. 잊은 말을 찾을 수가 없다. 그것은 말의 경지가 아니다. 내가 표현할 수 있는 언어의 영역을 훨씬 넘어서 있다. 류성룡이 말하는 큰 도는 입으로 말해지지 않고 귀로 전해지지 않는 '대도난종구이전(大道難從口耳傳)'이고, 도연명이 말하는 '욕변이망언(欲辨已忘言)'이다. 그래서 다시 류성룡의 '산월천봉호 경상만엽비(散月千峯皓, 驚霜萬葉飛)'로 돌아온다.

---

21 선묵화(禪墨畫)로 유명한 범주(梵舟) 스님이 1990년 일본 가와사키 다이치 초대전에 출품했던 수묵화의 화제(畫題)(https://blog.daum.net/songchen/5667899, 2022. 4. 20 접속).

22 도연명, 「잡시(雜詩, 飲酒 其五)」의 마지막 구절.

V. 다시 시심(詩心)에서

　류성룡은 시의 샘이 있다. 그의 내면에는 매일매일 시가 흘러나오는 시의 우물이 있는 것 같다. 그 우물에서 두레박으로 물을 퍼 올리듯이 매일매일 시를 쓴 것이 아닐까. 두레박으로 물을 퍼 올리는 것은 작위(作爲)다. 작위는 마음먹고 짓는 것이고 일부러 하는 것이다. 대다수 시는 그렇게 생산되는 것이고, 류성룡 시라고 다를 바가 없다. 우물의 물을 두레박으로 퍼 올리는 것처럼 노력이 따르고 고통이 따른다. 대다수 시인들은 그렇게 마음의 우물에서 물을 쏟아 내듯 시를 쓰고 그렇게 쏟아 낸 시를 우리는 즐겨 읽는다. 그것이 시를 쓰는 시인이든 시를 읽는 독자든 공통 과정이다.

　그런데 시에는 꼭 그런 공통의 과정만 있는 것이 아니다. 두레박으로 퍼 올리지 않아도 그냥 솟아나는 물이 있다. 작위가 아닌 그냥 우연한 느낌, 우연한 감흥에서 자연적으로 쏟아져 나온 물처럼 쓰인 시가 있다. 우음, 우영, 우득, 우제의 시들이 그렇다. 특히 류성룡 시에는 이 '우연' 느낌의 시들이 많다. 하나의 시 장르로 분류해도 좋을 만큼 수적으로 많을 뿐 아니라 시의 주제들이나 시의 내용 그리고 시적 표현들이 아주 다양하다. 아마도 시의 본연이며 시인의 본색은 이 우음 우영의 시들에서 더 잘 드러날 수 있지 않을까 생각된다.

　또 다른 그의 대표적 주제의 하나로 큰 도는 입과 귀로 전하기 어렵다는 대도난전(大道難傳)이다. 이 대도난전을 흩어지는 달빛 산월(散月)이라든지, 놀란 서리 경상(驚霜)이라는 어휘 등으로 잘 풀어낸다. 이런 그의 시에는 화룡점정(畵龍點睛)의 글자들이 많다. 침(枕)과 농(弄)이 그 한 예다. 작은 연못을 베개로 삼아 함께하고 있다는 초옥을 그리는 데 쓴 베개 침(枕)자 그리고 샘에서 막 흘러나오고 있는 물과 나의 마음, 어느 것이 더 맑은가 희롱 삼아 비교를 나타내는 농(弄)이 점정(點睛)의 예다.

류성룡 시는 읽을수록 시심이 깊고 기발함이 많다. 그 기발함은 착상이며 대상의 선택이다. 그러면서 시의 내용은 너무 쉽고 표현은 아주 자유롭다. 어느 글자를 골라도 좋은 시가 되는 타고난 언어 감각을 가진 생래적 시인임에 틀림없다. 만일 그가 그렇게 시를 쓰고 그것도 그렇게 많은 시를 쏟아 내듯 쓰지 않았으면 그는 어떤 사람으로 살고 있었을까? 그의 시적 본연과 다른 삶은 어떤 삶이었을까? 그의 시심에 들어갈수록 그리고 그의 시심을 읽을수록 궁금해지는 것이 그것이다.

사람 찾아보기

사항 찾아보기

중용의 길 류성룡 리더십

초판 1쇄 발행일 | 2025년 4월 8일

지은이 | 송 복
펴낸이 | 안병훈

펴낸곳 | 도서출판 기파랑
등 록 | 2004. 12. 27 제300-2004-204호
주 소 | 서울시 종로구 대학로8가길 56 동숭빌딩 301호   우편번호 03086
전 화 | 02-763-8996 편집부 02-3288-0077 영업마케팅부
팩 스 | 02-763-8936

ⓒ 송 복, 2025

이메일 | guiparang_b@naver.com
홈페이지 | www.guiparang.com